具有中国特色的语言景观研究

阅读城市

罗靖——著

暨南大学出版社
JINAN UNIVERSITY PRESS

中国·广州

图书在版编目（CIP）数据

阅读城市 / 罗靖著. —广州：暨南大学出版社，2024.11
ISBN 978-7-5668-3892-6

Ⅰ．①阅… Ⅱ．①罗… Ⅲ．①城市—语用学—研究—广东、香港、澳门 Ⅳ．① H030

中国国家版本馆 CIP 数据核字（2024）第 078172 号

阅读城市
YUEDU CHENGSHI
著 者：罗 靖

出 版 人：阳 翼
责任编辑：梁月秋
责任校对：刘舜怡 王雪琳 许碧雅
责任印制：周一丹 郑玉婷

出版发行：暨南大学出版社（511434）
电 话：总编室（8620）31105261
营销部（8620）37331682 37331689
传 真：（8620）31105289（办公室） 37331684（营销部）
网 址：http://www.jnupress.com
排 版：广州市尚文数码科技有限公司
印 刷：广州市友盛彩印有限公司
开 本：787mm×1092mm 1/16
印 张：15
字 数：291 千
版 次：2024 年 11 月第 1 版
印 次：2024 年 11 月第 1 次
定 价：68.00 元

（暨大版图书如有印装质量问题，请与出版社总编室联系调换）

目录

第一章

绪　论

一、研究背景

随着全球一体化进程的不断推进，国与国之间的跨文化交流日益频繁。语言作为人类传情达意与认知世界的重要工具与媒介，在跨文化交际过程中起着至关重要的桥梁作用，它也是传达和展现城市形象最基本、最经济、最具感染力的手段与方式。不同语言和文化之间的接触、碰撞与交融正在加速，和谐共荣的语言生态逐步构建，城市的多语现象也日趋明显，在具体区域，语言的使用呈现出复杂性和多样性。国际化、城市化、信息化进程以及人口结构的变化对中国大城市社会语言生活产生的影响日益深刻，多种语言并存、语言价值多元、语言需求多样的语言生活格局将长期保持。

多语现象（multilingualism）作为社会语言学的研究对象，已经被讨论多年。传统模式中，分析重点往往集中在发音、口音等口头因素，忽视了语言以书面形式在公众场合的呈现，但在多语实践中，语言的可视形式与口头形式同样重要。人们主要通过书面语言来获取作为认知客体的城市的相关信息，并以此在大脑中建立起关于该城市的表象，进而形成城市形象。语言文字在城市的精神内涵、文化风貌、经济文化生活的塑造方面，也起着不可或缺的作用。因此，近年来，国外社会语言学对多语或双语环境中城市空间书面文本使用方面的研究日益增多，尤其对城市中随处可见的语言景观更是关注颇多，中国学者也开始步入这一领域。研究者通过分析公共空间不同形式的语言景观来考察景观设置的动机、社会机制、意识形态、身份认同、权势层级等社会问题。城市中大街小巷随处可见的语言景观是城市文化面貌的映像，可以从中了解城市的某些社会经济文化特征。所以，我们也可以说，语言景观就是反映城市形象的一张名片。

语言不仅反映和展现城市形象，还具有构筑乃至重构城市形象的建构性功能。Fairclough 等的"语言建构论"认为，话语作为社会实践的语言，与社会之间存在着互建互构、相辅相成的辩证关系。一方面，话语作为社会的产物，要受到社会结构的制约；另一方面，话语又潜在生产和建构社会实在、社会意义和社会关系，参与社会变革。话语作为语言的真实应用，不仅反映世界，更具有组织世界和建构世界的建构性功能。可见，恰切、得体的语言使用，不仅能很好地反映和传递城市形象，还可以建构乃至重构城市形象。良好城市形象的展现与构筑，与城市语言景观建设息息相关。（闫亚平、李胜利，2019）得体、恰切的语言使用，有助于对城市形象的正确认知与提升；反之，如果不注意语言的得体、恰切使用，不仅有损于意义的圆满传递，也严重影响了人们对该城市形象的认知与印象。

二、相关名词解释

（一）语言景观

1. 语言景观的概念

语言景观是社会语言学中的一个概念，由 Landry & Bourhis（1997）最先提出并使用，其界定为："出现在公共路牌、广告牌、街名、地名、商铺招牌以及政府楼宇的公共标牌之上的语言共同构成某个属地、地区或城市群的语言景观。"2015 年创刊的《语言景观》（*Linguistic Landscape: An International Journal*）给出了一个更加全面的定义，它在描述其研究目的和范围时写道："语言景观研究尝试去理解公共空间内所出现的各种语言及其形式背后的不同动机、不同用法、不同意识形态、不同变体和彼此竞争关系。"从内容来讲，这里的"语言"已经被拓展成更加宽泛的概念，既包括视觉，也包括听觉等多模态因素。从地域来看，语言景观是一个动态的、不断更新的领域。可以说，其研究的领域不再局限于公共空间，因为有学者已经开始把学校或网络空间之类的半公共或非公共空间纳入了研究视野。它是目前社会语言学的一个新兴领域，通过考察一定区域内书面语言使用的特点和规律，探究这一地区的语言活力、语言竞争以及语言选择背后所蕴含的深层次的语言发展、语言政策、民族身份认同等问题，为研究一个城市或地区的社会语言生态以及多语现象打开了一扇新的窗口。

2. 语言景观的功能

Landry 和 Bourhis 在 1997 年就已经提及关于语言景观的两个基础功能的概念，一个是信息功能，另一个是象征功能。信息功能指语言景观中的语言或图案等语言标识所含字面的信息内容，可以向公众传递相关信息，如指路、发布信息、广告、提醒等，起着交流的作用。这是语言景观的直接功能。信息功能是显性的，而象征功能则是隐性的。所谓象征功能，是指景观中语种的大小、数量、位置甚至载体材质等情况能折射出一个国家或社会的语言政策、语言生态或民间的语言意识形态。它反映语言的价值和地位，能映射出某一民族语言使用的强势或者弱势情况，即是否处于主导地位。象征功能之下又包括认同、文化、教育等功能。（郭熙，2018）显然，它是一种隐藏的、深层次的信息。随着社会和全球化的不断发展，越来越多的城市迎来了外国游客甚至居民，因此双语环境甚至多语环境逐渐流行，使得语言景观的象征功能变得越来越重要。根据前人的研究结果，外国移民或国外游客会因为在语言景观中看到母语而感到备受尊重。这两种语言景观功能是语言景观研究的基础。它们反映了语言景观对于一种语言和一个城市的重要性。

（二）粤港澳大湾区

粤港澳大湾区（Guangdong-Hong Kong-Macao Greater Bay Area，GBA）由香港、澳门两个特别行政区和广东省广州、深圳、珠海、佛山、惠州、东莞、中山、江门、肇庆九个城市组成，总面积 5.6 万平方公里，2018 年末总人口已达 7 000 万人。这个城市群，是在"一个国家、两种制度、三个关税区、四个核心城市"背景下的复合叠加型湾区经济体，是中国开放程度最高、经济活力最强的区域之一。粤港澳大湾区具备得天独厚的地理条件和发展优势，在"一带一路"建设中具有重要地位。其优势主要体现在国家及地方政策、制度、区位及腹地、经济、创新、交通体系和国际合作等方面，其依托港澳开展国际合作的优势是国内其他城市群无法比拟的。因此，该地区发展成为国际一流湾区的条件已经成熟。

2016 年 3 月，《中华人民共和国国民经济和社会发展第十三个五年规划纲要》正式发布，明确提出"支持港澳在泛珠三角区域合作中发挥重要作用，推动粤港澳大湾区和跨省区重大合作平台建设"；同月，国务院印发《关于深化泛珠三角区域合作的指导意见》，明确要求广州、深圳携手港澳，共同打造粤港澳大湾区，建设世界级城市群。2017 年 7 月 1 日，《深化粤港澳合作 推进大湾区建设框架协议》在香港签署，习近平总书记出席签署仪式。2017 年 10 月 18 日，习近平总书记在中国共产党第十九次全国代表大会上作报告，明确提出"要支持香港、澳门融入国家发展大局，以粤港澳大湾区建设、粤港澳合作、泛珠三角区域合作等为重点，全面推进内地同香港、澳门互利合作，制定完善便利香港、澳门居民在内地发展的政策措施"。

2019 年 2 月 18 日，中共中央、国务院印发了《粤港澳大湾区发展规划纲要》，阐明了合作目标。强化广东作为全国改革开放先行区、经济发展重要引擎的作用，构建科技、产业创新中心和先进制造业、现代服务业基地；巩固和提升香港国际金融、航运、贸易三大中心地位，强化全球离岸人民币业务枢纽地位和国际资产管理中心功能，推动专业服务和创新及科技事业发展，建设亚太区国际法律及解决争议服务中心；推进澳门建设世界旅游休闲中心，打造中国与葡语国家商贸合作服务平台，建设以中华文化为主流、多元文化共存的交流合作基地，促进澳门经济适度多元可持续发展。努力将粤港澳大湾区建设成为更具活力的经济区、宜居宜业宜游的优质生活圈和内地与港澳深度合作的示范区，携手打造国际一流湾区和世界级城市群。可以看出，中央对粤港澳大湾区的战略定位有五个：一是充满活力的世界级城市群；二是具有全球影响力的国际科技创新中心；三是"一带一路"建设的重要支撑；四是内地与港澳深度合作示范区；五是宜居宜业宜游的优质生活圈。2021年两会的《政府工作报告》提出，深入实施区域重大战略、区域协调发展战略、主体功能区战略，构建高质量发展的区域经济布局和国土空间支撑体系；扎实推动粤港澳大湾区建设。大湾区再次成为全国两会关注焦点。

党的十九大把粤港澳大湾区建设作为国家发展战略，这是习近平总书记亲自谋划、亲自部署、亲自推动的重大国家战略。自大湾区建设启动以来，广东省以贯彻落实《粤港澳大湾区发展规划纲要》为主线，积极携手港澳推进大湾区建设不断取得新进展新成效，朝着建成富有活力和国际竞争力的一流湾区和世界级城市群加速迈进。打造粤港澳大湾区，建设世界级城市群，有利于丰富"一国两制"实践内涵，进一步密切内地与港澳交流合作，为港澳经济社会发展以及港澳同胞到内地发展提供更多机会，保持港澳长期繁荣稳定；有利于贯彻落实新发展理念，深入推进供给侧结构性改革，加快培育发展新动能、实现创新驱动发展，为我国经济创新力和竞争力不断增强提供支撑；有利于进一步深化改革、扩大开放，建立与国际接轨的开放型经济新体制，建设高水平参与国际经济合作新平台；有利于推进"一带一路"建设，通过区域双向开放，构筑丝绸之路经济带和21世纪海上丝绸之路对接融汇的重要支撑区。

由于历史原因，香港和澳门处在中西文化长期交汇的跨文化环境中，深圳和广州被设定为国际化大都市，这种本土民俗风情和全球化的城市形象相结合的人文价值链是粤港澳大湾区非常突出的品质，是东京湾区、纽约湾区、旧金山湾区所不具备的独特元素，更拥有中国其他地区不具备的多语和跨文化学习资源。《粤港澳大湾区发展规划纲要》指出，要共建人文湾区，增强大湾区文化软实力，提升居民文化素养与社会文明程度，共同塑造和丰富湾区人文精神内涵。语言作为文化的重要载体，对宣传和传承文化，搭建起文化、贸易、技术、教育等的桥梁起着不可替代的作用。粤港澳大湾区的目标是打造国际一流湾区和世界级城市群，域内所使用的语言多种多样，英语以其广泛的受众人群成为第二外语。语言景观对塑造大湾区的中国创新高地、全球金融高地、国际贸易高地形象起着重要作用，同时，城市语言景观中大量的外语文字，为学习者学得和习得语言提供了客观、真实的文字环境，为第二外语学习提供输入来源。优化语言景观、改善语言生态，有利于建设富有活力和国际竞争力的一流湾区和世界级城市群，打造高质量发展的典范。

（三）粤港澳大湾区与语言景观

语言在信息传递与人文交流中有着关键的地位，粤港澳大湾区的多语生态能促进经济文化交流。但是粤港澳地区存在着"双语双言""多语共存"的特点，语言运用和生态现状情况极其复杂，其中，代表城市广州、深圳一文两语，香港两文三语，澳门三文四语。因此，本书拟以粤港澳大湾区四个城市广州、深圳、香港、澳门的多语生态为研究对象，监测其语言内生态和外生态，并将语言作为一种资源分析其经济效应和价值，以期维护粤港澳语言生态的主体性与多样性，为多语保护、语言资源开发、语言政策的制定提供借鉴，有效助力大湾区的繁荣与稳定。力图从语言作为一种资源的角度分析其效益，以促进粤港澳地区语言的发展和语言服务的融合。

总体来说，我国的语言生活是"单语单言"型的，百余年来，确定了"以北京语音为标准音，以北方话为基础方言，以典范的白话文著作作为语法规范"的汉民族共同语。（李宇明，2012）《中华人民共和国宪法》第十九条规定国家推广全国通用的普通话，第四条规定各民族都有使用和发展自己的语言文字的自由。这两条可以说是中国关于语言文字的根本政策。2001年实施的《中华人民共和国国家通用语言文字法》明确指出国家通用语言文字是普通话和规范汉字。政府管理部门也颁布了相关行政管理条例，指导广播影视、新闻出版、行政工商管理等行业系统以及人名、地名管理等方面的语言文字工作，规范公共空间的语言使用。如民政部1996年发布的《地名管理条例》第八条规定"中国地名的罗马字母拼写，以国家公布的《汉语拼音方案》作为统一规范"。2008年中华人民共和国国家标准《地名标志》规定"海域、水系、地形、行政区域、专业区、设施、纪念地和旅游地地名标志，以及街、巷、区片、小区、村等居民地地名标志，上部五分之三的区域标示地理实体的汉字名称，下部五分之二的区域标示地理实体名称的汉语拼音"。1998年国家语言文字工作委员会下发"关于颁布《城市社会用字管理工作评估指导标准（试行）》的通知"，随后印发了《一类城市语言文字工作评估标准（试行）》《一类城市语言文字工作评估标准（试行）实施细则》等文件，开展城市语言文字工作评估。

21世纪以来，中国的语言生活进入了一个新的历史发展阶段，在全球化、信息化、国际化等因素的推动下，中国的城市语言生活发生了巨大变化。以国家通用语言文字为主导的"多语多言"的语言生活正在形成。（李宇明，2011）中国社会最突出的变化之一就是城市化，城市的语言使用也发生着重大变化。依照《国家通用语言文字法》，我国城市的主导性文字应该是国家通用语言文字，现实中道路街巷、公共单位的各种牌匾标识，商贸、旅游、交通、邮政、电信、金融、医疗、文化、体育、娱乐等领域的语言标识，共同构成了粤港澳大湾区四大中心城市公共空间的语言景观。同时由于历史原因，澳门的三文四语和香港的两文三语体现出了该地区独特的语言风貌，与深圳、广州的一文两语构成了粤港澳大湾区极具特色的语言多样性格局。自提出粤港澳大湾区建设目标以来，学界对此课题研究充满了热情。以中国知网为例，截至 2022 年 1 月，笔者以"粤港澳大湾区"作为主题词进行检索，可以获得 10 923 篇研究成果。然而在对大湾区的语言研究上，成果则寥寥无几，只有 85 篇，研究成果也多以语言战略、语言环境建设、语言服务为主，相关学者包括屈哨兵、郭杰、徐艺芳、尚国文、许光烈等。对该区域的语言景观的研究更是鲜有涉及，"城市形象构建"为主题的文章 443 篇，深圳相关文章 7 篇，广州 20 篇，香港 5 篇，澳门 0 篇，说明该领域的研究还有很大提升空间。

（四）城市形象

城市形象（City Image）是社会公众、市民和游客对城市的整体印象和评价。美国著名城市规划专家凯文·林奇（Kevin Lynch，1960）首次明确提出"城市形象"的概念，当时城市形象的内涵仅仅是指"城市景观"，局限在城市规划、设计、建设范畴之内。林奇认为，多数居民共同的心理图像构成了对一座城市的"公众印象"，一座城市中的道路、边界、区域、节点和标志物等关键性元素是人们识别一座城市的认知符号。林奇强调城市环境的秩序感，认为与视觉形象混乱的城市相比，具有良好视觉形象的城市会有更强的表现力。中国社会科学院唐磊（2020）认为"林奇所认为的城市形象主要是一种评估城市发展质量的理论工具"。

凯文·林奇之后，学界逐渐接受将城市形象视作一种集体认知的结果。20世纪 80 年代后，世界范围内的城市形象学著作逐渐将社会发展的整体视角引入研究。意大利学者约翰·富特（John M. Foot，1999）提出："城市形象是人们对城市的主观印象，是通过大众传媒、个人经历、人际传播、记忆以及环境等因素的共同作用而形成的。"研究具体分为城市形象定位理论和城市形象塑造理论，这使城市形象的内涵和外延都得到大幅拓展。周宁（2010）认为："'形象'作为一种文化隐喻或象征，是对某种缺席的或根本不存在的事物的想象性、随意性表现，其中混杂着认识的与情感的、有意识的与无意识的、客观的与主观的、个人的与社会的内容。"

20 世纪 30 年代，我国开始了最早的城市形象研究。90 年代以后，伴随着城市的可持续发展理念家喻户晓，城市形象的理念被提出。城市形象塑造旨在通过塑造城市特色，将城市形象定位推向市场，吸引更多的外部资源和城市顾客，以促进城市经济发展。近年来，城市形象塑造理论可归纳为城市形象发展观、城市形象塑造要素观、城市形象塑造文化观、城市形象塑造标志观、城市形象塑造CIS 观。本研究运用的是城市形象塑造 CIS 观。CIS（City Identity System）战略是整合性战略，将其导入到城市建设中，进行从城市的理念到城市文化再到城市形象的系统整合，借此提供改变城市生态环境、凸显城市文化个性等综合服务功能。

（五）城市形象与语言景观

一般认为，语言景观是"某一特定的领域或地区公共及商业标牌上语言的可视性和凸显性"。城市景观建设离不开城市文化的支撑，应体现出鲜明的城市特色，设置相应的文化语言标牌或增添其他形式的文化因素，以彰显城市的精神文化风貌，从而构建特有的文化形象。城市形象是一座城市内在底蕴和外在特征的综合表现，是城市总体的特征和风格。积极的城市形象能彰显城市的内在实力、外显活力及良好的发展前景。城市形象作为提升城市竞争力的重要一环，越来越受到各级政府的关注。城市形象构建意识逐渐增强。城市形象传播包括许多方面，语言景观是城市形象构建的一种外在表现形式，除了无声可见的语言文字符号，还包括有声的语言符号。多语语言景观作为一种跨文化传播的载体，在公共信息的传递中扮演重要的角色。在"城市形象""语言景观""公示语"关键词下，国内外的研究大致分为五类：第一，从语言特点的角度对语言景观进行研究；第二，从翻译现状和译学理据的角度对公示语进行研究；第三，从城市形象塑造和提升的角度对语言景观进行研究；第四，从跨文化角度和城市国际化形象方面对语言景观进行分析；第五，具体分析某个城市或风景区的形象构建与语言景观的研究。但相关研究总体偏少，关于城市群形象的研究更是鲜有。城市形象是城市内部与外部公众对城市内在实力、外显活力和发展前景的具体感知、总体看法和综合评价。语言景观则是城市语言环境和人文环境中不可缺少的组成部分，也是城市精神面貌和文化形象的重要体现。所以关于它的研究对构建城市语言形象意义重大。

由于地理位置原因，在粤港澳这个特定的文化空间里，语言异常丰富，它的多语多文现象一直是近几年国内多语生态研究重点。郭杰（2019）认为，粤港澳大湾区的任何语言政策规划和语言服务实践，都必须仔细思考血脉传承和民族认同问题，借由语言文字，将大湾区凝聚成为一个高度向心的共同体。殷俊、徐艺芳（2019）认为，语言多样性既构成经济发展和社会融合的障碍，又能成为一种经济资源。在社会文化包括语言上具有既同根同源又丰富多样之特点的粤港澳大湾区，正是用于阐述这一理论的重要案例。因此本书选取粤港澳中心城市进行语言景观研究。

三、研究问题、目标与方法

语言景观作为语言生态环境的重要表现形式，是目前社会语言学的一个新兴领域，为研究一个城市或地区的社会语言生态以及多语现象打开了一扇新的窗口。作为社会语言学研究的一个重要领域，不同学者从语言学、符号学、社会学、人类学和民族志学等不同角度推动语言景观的理论构建与发展。（张天伟，2020）Purschke（2017）认为语言景观的理论框架可以分为主题范围（如Blommaert，2013）、分析矩阵（如 Scollon & Scollon，2003）和解释框架（如Ben-Rafael，2009）等。在我国，语言景观的研究开始较晚。从研究内容上看，地区单一是国内语言景观研究的主要问题。对城市群、都市圈等大区域的形象研究不足；对城市景观形象背后的框架、话语等隐性因素的研究更是少见。

粤港澳大湾区是中国开放程度最高、经济活力最强的区域之一，在国家发展大局中具有重要战略地位。推进粤港澳大湾区建设，是以习近平同志为核心的党中央作出的重大战略部署，2019 年 2 月 18 日，中共中央、国务院印发《粤港澳大湾区发展规划纲要》。按照规划纲要，粤港澳大湾区不仅要建成充满活力的世界级城市群、国际科技创新中心、"一带一路"建设的重要支撑、内地与港澳深度合作示范区，还要打造成宜居宜业宜游的优质生活圈，成为高质量发展的典范。纲要指出，以香港、澳门、广州、深圳四大中心城市作为区域发展的核心引擎。因此本书以粤港澳大湾区的四座中心城市为研究案例，开展该区域城市语言景观的调查研究。具体包括国内外语言景观研究综述，深圳、广州、香港、澳门语言景观多样性研究以及语言景观对城市形象的影响，四座城市间语言景观现状的比较研究，改进语言景观对城市形象构建的影响研究。

（一）主要研究问题

1. 国内外语言景观研究现状及启示

本书将系统地收集国内外语言景观文献，从研究历程、研究领域、研究评述、研究启示等方面展开对该话题的综述。国外的研究发端于 20 世纪 70 年代，经历了萌芽阶段、发展阶段和高峰阶段，各学者从语言学、符号学和语言政策等方面对语言景观进行研究。国内对该主题的研究始于 21 世纪初，而相关语言景观的研究论文在 2005 年开始小幅增长，在 2012 年前后开始大幅增长，数量大致由每年 15 篇增长至每年 120 篇。国内虽然在数量和质量上都略逊一筹，但全球整体语言景观研究开始走向成熟，语言景观也成为社会语言领域的一大热点。总体来看，语言景观研究只有短短四十余年的历史，但是这个新兴领域很快获得广泛关注，已经成为应用语言学和社会语言学研究的重要领域之一。

2. 粤港澳地区四座中心城市的语言景观多样性研究

本书将选取粤港澳地区四座中心城市内部公众集中的老城区和外部公众聚集的旅游景区各 1～2 处作为研究区域，考察语种的分布情况、主导语言类别、语言规范程度等。语料收集范围从实体文字拓展到听觉符号。笔者将搜集到的标识语言进行数据统计，主要回答以下问题：该地区双语或多语语言景观的语言构成状况如何；双语或多语语言景观上的语言模式有哪几种，所占比例如何；官方标识与非官方标识的语言模式及其所反映的语言顺序有何异同；双语或多语语言景观表达是否规范等。此外，还将对不同场景下的语言景观进行分析，并讨论其对城市形象的影响。

3. 四座城市语言景观现状比较研究

根据收集的语料数据，本书将尝试回答 Backhaus（2007）所提出的语言景观研究的三个基本问题：语言景观由谁设计、语言景观供谁阅读、语言景观反映了哪些社会语言状况。根据对语言景观的两个基本类别统计，我们可以了解四城语言景观中两类设计者（政府、民众）的情况、设计特点，了解在城市形象构建中双方的角色、差异以及作用等，同时通过数据分析，横向比较四座城市的社会语言生态异同，并分析形成原因。

4. 语言景观对城市形象构建影响研究

本书按照城市形象识别系统（CIS）的三类来对语言景观进行分类研究，即理念识别 MI（Mind Identity）、行为识别 BI（Behavior Identity）、城市精神理念视觉识别 VI（Visual Identity），有针对性地体察该城市语言生态的客观存在。从社会语言学角度，探讨语言景观对城市形象构建产生的影响，并尝试从语言景观角度提出构建城市积极形象的建议。

（二）主要研究目标

本书从城市形象识别系统角度对语言景观进行分类分析，从语符组合等语言特征的角度考察其信息功能，同时通过语言与空间的互动反映其象征功能，研究其如何塑造族群的权势和地位。尝试分析该类语言景观背后反映的社会语言状况，以及给城市内在和外在形象构建带来的影响，进而阐述语言景观对城市群形象建设的影响。主要回答以下几个问题：城市中语言景观现状如何；语言景观如何体现该城市的社会语言生态；语言景观从哪些方面影响城市形象的构建。本书还尝试建立四城语言景观的基础数据库，通过这些数据可以展示目前该城市公共空间领域语言文字的使用状况，为语言文字应用对社会文化生活、城市形象构建的互动影响提供研究基础，并为城市语言服务、语言规划和语言教育政策制定提供数据和理论支持。

（三）主要研究方法

（1）文献分析法。本研究在研究双语或多语语言景观、城市形象、城市群、城市形象系统的概念和研究现状时，采用了文献分析法，对相关研究文献进行比较评述。

（2）个案分析法。根据经济发展程度和城市形象鲜明度，选取粤港澳大湾区城市群的代表城市深圳、广州、香港、澳门，对它们的社会语言生态和城市形象展开讨论，分析其会为城市形象带来何种影响，并对四城社会语言生态进行横向比较。

（3）田野调查法。本书选取历史悠久的老城区和游客众多的旅游景点各1～2处进行实地考察，收集语言景观资料，研究对象包括典型的语言实体和声音景观。笔者及团队深入城市的大街小巷对语料进行拍照采集或现场录音，尽量对语料做到穷尽式收集。同时将收集的语料按照城市形象识别系统分成 MI、BI 和 VI 三类进行研究。

（4）跨学科研究法。本书以语言为研究对象，以城市形象识别系统为理论方法，借鉴了城市规划学的思路，在研究中体现了社会语言学、城市规划学、市场营销学和传播学等多个学科对城市形象构建的研究，进行多角度、多层次、多维度的分析与探讨。

2017—2022 年，研究团队多次到广州、澳门、香港、深圳四地进行数据收集，根据历史情况和游客数量分别选取了各地的老城区和新城区，如广州市三个比较著名的商业区（上下九步行街、沙面岛和宝汉直街），澳门新城区（以大三巴牌坊遗址、官也街为样本点）和旧城区（以澳门塔和岛内其他住宅区为样本点），香港的旺角、尖沙咀、维多利亚港，深圳的罗湖老街、蛇口、华侨城。同时为了考察语言景观对语言学习的影响，还走访了四地的知名大学，如广州的中山大学南校区、暨南大学石牌校区、暨南大学华文学院、广东外语外贸大学大学城校区和华南师范大学大学城校区，香港的香港中文大学、香港城市大学、香港理工大学、香港科技大学，澳门的澳门大学、澳门科技大学、澳门城市大学、澳门理工学院、澳门旅游学院。语言景观既包括视觉，也包括听觉，本书也尝试对城市的听觉语言景观进行研究，选取了深圳主要地铁线路及沿线车站、宝安机场和蛇口港客运码头等多处交通枢纽进行语料的采录，累计收集图片和音视频材料近 4 000 份。

四、研究意义

土耳其诗人纳乔姆·希克梅说过："人的一生中，有两样东西永远不会忘记，这就是母亲的面孔和城市的面貌。"著名经济学家、2001 年诺贝尔经济学奖获得者约瑟夫·斯蒂格利茨指出，中国的城市化和以美国为首的新技术革命将是影响 21 世纪人类进程的两大关键性因素。国家"十四五"规划也提出了"我国坚持走中国特色新型城镇化道路，建成文化强国、教育强国，国家文化软实力显著增强"。党的二十大报告指出，以城市群、都市圈为依托构建大中小城市协调发展格局，提高城市规划、建设、治理水平，加快转变超大特大城市发展方式，实施城市更新行动，加强城市基础设施建设，打造宜居、韧性、智慧城市。国际化的具有鲜明城市形象的城市群已经成为衡量一个国家或地区经济发展水平的重要标志。2019 年初颁布的《粤港澳大湾区发展规划纲要》提出，大力推进生态文明建设，树立绿色发展理念。城市形象重要组成部分是文化，而语言是文化的主要载体。语言景观是城市多语研究新途径，也是考察城市社会语言生态的一个好方法。加强和谐语言生态环境的构建，可以有效改善人类社会赖以生存的环境、和谐各民族与各国别语言之间的关系，有助于语言内部的协调发展，促进社会健康文明发展，为和谐社会精神文明和生态文明的建设提供精神支持。

语言景观是国内较新的研究主题，实证研究比较缺乏，研究内容和方法也比较单一，研究深度和广度都有限，本书从社会语言学、营销学的视角出发研究城市形象，促进了类似课题跨学科、跨领域的研究，丰富研究的深度和广度。而在当今时代，双语或多语的社会语言环境正在日益普遍化，关注语言此消彼长、融合衍变的多维生态具有深刻现实意义，可以为全球化及语言接触对语言本身的影响提供证据。

（一）学术价值

本书既涉及国外对语言景观的学术关注点，即语言与社会群体的互动，也结合了中国特有的双语或多语语言景观的用语规范化标准化研究，尝试展开"具有中国特色的语言景观研究"，以结出国内语言景观研究发展自身的创建性理论成果，为社会语言学科的纵深发展做出贡献。

（二）应用价值

语言景观是学习者二语习得过程中重要的输入来源和语料环境，是有力的教育工具，因此在语言教学中宜善加利用，为语言教育服务。本书旨在通过研究粤港澳大湾区中心城市的语言景观现状，探讨其语言生态环境如何影响人们二语习得。语言景观对于语言的学习和习得能发挥哪些具体作用？语言景观在语言教学中应如何加以利用？本书将为粤港澳大湾区的外语学习和教学改革提供思路，以期对中国其他地区各个阶段的外语教学有所启迪，进而培养出真正的国际化、复合型人才，推动中外文化交流互鉴，支持粤港澳大湾区的全球化发展。

（三）实践价值

从实际应用层面来看，语言景观不仅反映社会语言环境，也有助于构建新的社会语言环境。因此，决策者制定或修订语言政策时，语言景观研究的实证数据可用作参考，在重塑（reshape）社会语言环境的过程中发挥作用。前期语言景观研究局限于单个城市，没有统一研究城市群，不符合目前国家战略发展。此外，探讨良好的城市形象有利于城市旅游业的发展，有利于域外人才和资金技术的引进，有利于增强城市的知名度和美誉度，有利于本市地方产品的外销，有利于开展对外交流，有利于城市建设与国际接轨。良好的城市形象是实现城市国际化的必要条件，有利于城市的经济振兴和腾飞，也有利于整个社会的全面综合发展。通过提升城市形象加强市民对城市的归属感和自豪感，同时通过规范语言景观树立新风尚，加强精神文明建设。

综上所述，语言景观作为国内较新的研究主题，实证研究比较缺乏，研究内容和方法比较单一，研究深度和广度有限，目前从社会语言学角度研究城市形象构建的学术成果非常少。本书从社会语言学、营销学出发研究城市形象，将促进相关课题跨学科、跨领域的研究，具有开拓性，同时在收集语料方面具有一定创新性，能够充实双语或多语语言景观数据库，并能对政府外语语言战略的制定提供建议。

第二章

语言景观研究进展及评述

一、语言景观概念

"景观"作为名词有两个基本含义，第一个是从一个地方一次可以看到的一块或一片风景的字面意思，第二个是代表自然风景的图片。当它用作语言景观时，表示的是语言的字面研究，用于语言的符号和表示。语言景观（linguistic landscape）的历史实际上"和文字的历史一样悠久"（Coulmas，2009）。早在古巴比伦和古埃及时期，楔形文字和象形文字就可看作是语言景观的一种表现形式。制作于公元前196年的古埃及罗塞塔石碑或许是最早的语言景观现象。（Gorter，2013）

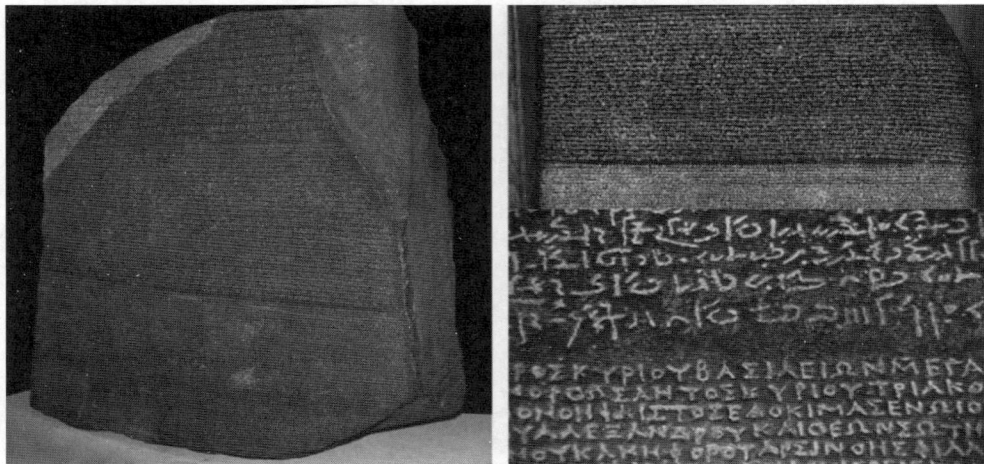

图 2-1　罗塞塔石碑

虽然语言景观作为一种现象存在的历史久远，但其作为一个专门的研究领域和主题却是近40年的事情。从20世纪70年代开始，有学者开始研究城市的语言使用情况。Rosenbaum（1977）对以色列耶路撒冷一街道上的标识中的英语使用情况进行调查，Spolsky和Cooper（1991）对以色列耶路撒冷的语言进行了专题探究。这些是早期对公共标识进行的调查研究，但尚未使用语言景观一词。

"语言景观"这一概念是由加拿大学者Landry和Bourhis（1997）在《社会心理学与语言期刊》（*Journal of Language and Social Psychology*）上发表的《语言景观与民族语言活力——一项实证研究》（*Linguistic Landscape and Ethnolinguistic Vitality: An Empirical Study*）一文中提出的，该文将其具体界定为："某个属地、

地区或城市群的语言景观由出现该地理区域内的公共路牌、广告牌、街道名、地名、商铺招牌以及政府机构的公共标牌上的语言所共同构成。"后 Shohamy 等进一步扩大范围，认为语言景观应是"不断变化的公共空间中出现或陈列的文字"。这也是语言景观研究中最经典、引用最为广泛的定义：

Landry and Bourhis (1997, cited in Shohamy et al., 2001) define "linguistic landscape" as all linguistic tokens "which mark the public sphere, including road signs, names of sites, streets, buildings, places and institutions as well as advertising billboards, commercials and even personal visit cards". Large cosmopolitan urban centres are often culturally and linguistically diverse, composed of separate and identifiable neighbourhoods, each with its own linguistic culture, that is "the set of behaviours, assumptions cultural forms, prejudices, folk belief systems, attitudes, stereotypes, ways of thinking about language, and religiohistorical circumstances associated with a particular language". (Schiffman, 1996: 5)

Landry 和 Bourhis 在 1997 年就提及语言景观有两个基础功能：信息功能 (informative function) 和象征功能 (symbolic function)。信息功能是语言景观的显性功能，而象征功能则属于其隐性功能。信息功能指语言景观内部包含了大量丰富的信息，音和义是语言符号的重要组成部分。其中，音是外在物化的形式，而义是背后的含义，两者结合就形成了完整的语言符号。语言符号可以分成口头语及书面语两种。和语言符号相对的就是非语言符号，包括肢体语言、图像、音乐、颜色等。人们之间的交流沟通要借助语言符号来实现，语言符号是信息传递的重要媒介，利用语言符号能够表述思想、交流知识、传递情感。语言景观成为特定区域内文化发展的写照。为此，语言景观是使人们更好地了解某种文化或某种事物的载体。通过语言景观的信息特征，能够实现特殊地域特殊文化的写照。所以信息功能也是语言景观最基础的特点和最基本的功能，它能帮助人们了解一个语言群体的地理边界和构成，以及该地区内使用语言的特点。（伍坤，2017）象征功能指的是语言景观能映射出的语言权势与社会身份和地位，语言群体成员对语言价值和地位的理解。在多语并存的社会，被选择用作路名、地名等公共语言标识的语言，是官方认可的主导语言，这就使讲该语言的族群相对于其他族群具有较优势的社会身份。（索朗旺姆等，2021）语言景观的这两个功能互相作用，反映一个城市、一个地区乃至一个国家的语言状况、语言的表征以及不同语言在特定社会语言语境中的相对权力和地位问题，从而勾勒出城市的语言生态、城市文明、市民素质等形象。这两种语言景观功能是语言景观研究的基础，它们反映了语言景观对于一种语言和一个城市的重要性。

其他学者对语言景观也有界定，如 Tagi 和 Singh（2002）提到，语言景观指的是"公共领域中可见的书写形式语言的应用"。Ben-Rafael 等（2006）把语言景观定义为"标识公共空间的语言对象"；Ben-Rafael（2009）又提出语言景观指的是"公共空间的象征性建构（symbolic construction）"，从这个角度看，语言景观的定义似乎变得更加宽泛了，这也意味着研究将不仅仅针对公共机构内或私企内的标识，也将涉及这些场所或建筑的外部。而很多学者也进行了个人解读，比如 Jaworski 和 Thurlow（2010）从社会符号学将语言景观定义为"语言、视觉活动、空间实践与文化维度之间的相互作用，特别是以文本为媒介并利用符号资源所进行的空间话语建构"。人们对于语言景观的理解在不断变化及加深，语言景观也从其核心"公共空间"不断发展延伸。另一种定义来源于 Cenoz 和 Gorter（2011），他们指出，从字典上来看，"景观"作为一个名词有两种含义：在某地某一时刻能看到的所有广阔的景象或一个描绘自然风景的画面。他们还指出，在语言景观的研究中，这两种含义都被采用了。Gorter 认为，语言景观研究即对语言在公示语上使用的文学性研究，这样的研究是非常重要的，因为随着这几年英语的不断发展和少数民族语言的复兴，它还体现了语言的特性以及文化的全球化。日本学者中村冈福将语言景观定义为：语言景观是视觉信息，语言景观是公共场所看到的标识；语言景观可以是用书面语书写的标识（如禁止停车），也可以是用口语书写的标识（如请不要在这儿停车）。但随着社会商业经济的发展，城市公共区域出现的语言形式变得更加丰富多样，因而语言景观的定义也逐渐得到补充与扩展。除了固定的实体语言景观外，灯箱海报、LED 发光板、电子显示屏等新型语言景观的载体也随着技术的进步而被广泛使用。此外，车身广告、游行标语、街头艺术、文化衫等动态的、去语境化置放的语言景观也同样值得关注与研究。标签、宣传册、传单、邮票、车票等实体语言材料，也在一定程度上被认为是语言景观。（Kasanga，2012）例如，Sebba（2010）强调了将银行公告与公交车票等纳入可移动的语言景观这一范畴的重要性，Jaworski 和 Thurlow（2010）研究了明信片上的语言景观，发现并非所有明信片均有语言文字的出现，甚至一些语言文字并非是用于传递信息，而是具有象征功能。这些语言景观的研究，极大地丰富了语言景观的传统定义，开阔了研究思路，丰富了研究语料。又如，在众多学者关注当代城市语言景观建设的情况下，Coulmas（2009）另辟蹊径，将目光转向历史，研究了汉谟拉比法典、罗塞塔石碑、贝希斯敦铭文与泰姬陵等历史文化遗产的语言文字，将这些历史遗迹视为语言景观，发现其语言的选择及书写材料均主要以阅读者为主，能读懂的文字、易留存且较为美观的材料是语言景观设立者的首要选择。由此可见，语言景观的定义不仅仅局限于城市街区等公共空间内可见的固定语言景观，可移动的语言景观以及含有语言文字的历史遗迹等均可视为语言景观来进行解读。随着数字通信技术的进步，虚拟空间得到了前所未有的发展。而在公共的虚拟空间里也同样存在语言文字，此空间里的语言文字也可被视为语言景观。可见，电子空间及互联网等虚拟空间再一次使语言景观的界定得到扩展。（Bolton，2012）Ivkovie和Lotherington（2009）认为虚拟语言是全球语言生态中的重要力量，他们在Web 1.0和Web 2.0应用环境中描述了虚拟语言景观的概念，尝试发现虚拟世界语言景观的特点，为虚拟空间中的语言景观研究进行了有益探索。（王晓军、朱豫，2021）语言景观的内涵和外延也在不断扩大，从"某个属地、地区或城市群的语言景观，由出现在该地理区域内的公共路牌、广告牌、街道名、地名、商铺招牌以及政府机构公共标牌上的语言所共同构成"（Landry & Bourhis，1997）到"公共区域内出现的所有文字形式的语言使用皆划归到语言景观"（Itagi & Singh，2002），再到"城市的语言景观除了实体语言景观外，还应包含门户网站、语音指引、网络宣传、文化内涵、语言态度等各方面"（Purschke，2017）。随着科技的不断进步，日益成熟的新媒体技术也在潜移默化地改变着人们的生活方式，人们开始从网络渠道获取更多的信息，因此，网络电视、政府网站和官方微博、微信公众号等就逐渐成为人们认识和了解一个城市，构建出该城市基本形象的新渠道。所以概括来讲，城市语言景观划为实体空间语言景观和虚拟空间语言景观，其中实体空间语言景观包括海报、橱窗、展板、装饰画、横幅、商店标牌等，虚拟空间语言景观包括网站、微信公众号、微博、电视频道等。（刘洁等，2020）

　　语言景观研究通常区分两类标识。一是官方标识，即政府设立的具有官方性质的标识，如路牌、街名、建筑名等，在文献中也常称作自上而下的标识（top-down signs）。由于这类标识的设立者一般是执行当地或中央政策的机构，因此标识语言代表的是政府的立场和行为。二是私人标识，即个人或企业所设立的用作商业或信息介绍的标识，如店名、广告牌、海报等，在文献中也称作自下而上的标识（bottom-up signs）或非官方标识等。由于私人标识所受条规限制相对较少，语言使用较为自由，因而更能真实反映一个地区的社会语言构成情况。简言之，官方标识主要体现国家和地方政府的语言政策及意识形态，展示形式常常有法规可依，而私人标识主要体现制作者的个人喜好和需求，语言呈现形式具有多样性。官方与私人标识的分类主要是按照标识的主体（agency）来划分的。此外，也有学者提出其他分类方式。例如，Spolsky 和 Cooper（1991）指出，根据研究目的，语言标识可按三种标准进行归类：①根据标识的功能和使用分类，如街牌、广告牌、警示牌、建筑名、信息牌、纪念牌、物品名牌、涂鸦等；②根据标识的制成材料或物质形式分类，如金属、陶瓷、木料、石头等；③根据标识上使用的语言及其数量分类，如单语标识、双语标识、多语标识等。Leeman 和 Modan（2009）把商店标识分成店铺特设标识和店铺一般流通标识，前者一般用于标明店铺的名称，后者则用于提供其他信息。

二、国外语言景观研究

（一）研究阶段

国外语言景观研究自 20 世纪 70 年代发端，当时的一些学者开始研究城市语言的使用。例如，Rosenbaun（1977）调查了耶路撒冷语言的使用；Tulp（1978）重点研究了布鲁塞尔广告牌上荷兰语和法语的分布，发现法语占主导地位，而荷兰语的空间则很有限。Spolsky 和 Cooper（1991）调查了耶路撒冷老城的语言标识，针对符号创造过程中影响语言选择的因素提出了语言选择理论。而 Calvet（1990，1994）则对达喀尔和巴黎的语言景观进行了比较分析。早期的研究为语言景观研究的后续发展奠定了基础，但这些研究没有独立地提出语言景观的概念，并进行系统的语言景观研究。

加拿大学者 Landry 和 Bourhis 于 1997 年提出了"语言景观"并使用了这一概念。同时，提出了语言景观的两种主要的功能类型：信息功能和象征功能。与语言景观相关的研究也进入了理论探索的第二阶段（1997—2006）。Scollon 和 Scollon（2003）提出了公共场所识别研究的地理符号学理论框架，它包括诸如代码偏好、题字和安置等子系统。面向代码的研究方向是对语言之间关系的分析，它反映了不同语言区域的价值识别和判断。符号学理论为语言景观分析提供了一个相对完整和全面的框架。Hult（2003）从语言生态学视角讨论了瑞典社会中英语和瑞典语之间的关系。Reh（2004）调查了乌干达莫桑比克自治市语言景观的双语展示情况。Ben-Rafele（2006）基于社会学理论提出了语言景观的四个创造原则，并指出了四个原则间地位的不平等。这一阶段的重要成果是提出了语言景观的概念，同时积极有效地构建理论体系，如分析单元、两个功能、分析角度和模型等，学者们进行了一定规模的案例分析，奠定了后来研究的理论基础。

2006 年以后，语言景观研究进入了第三阶段——高速发展期。在此期间，成果数量众多，研究方法和观点日益多样化，理论进一步完善和多样化，多学科交叉逐渐成为一个重要特征。广告、城市地理、符号学和教育领域的研究人员涌入。2007 年，Backhaus 出版了一本语言景观研究领域的综合性专著 *Linguistic Landscapes: A comparative Study of Urban Multilingualism in Tokyo*。Huebner（2009）认为可以参照 Hymes 的 SPEAKING 模型对语言景观进行语言分析，探讨外部语言形式与语境、标识者的意图与读者的语言态度之间的相关性，进而探讨语言手段和社会意义。Ben-Rafael（2009）提出了"公共空间的象征性建构"的语言景观建构原则；Barni（2009）首先使用计算机软件 Mapgeoling 来辅助图片的注释，并试图探索语言景观的注释方法。在此期间，语言景观研究的力度也大大增强。以荷兰学者 Jan Blommaert 为代表的欧洲社会语言学派将语言景观研究视为社会语言学研究的一个分支，将研究重点扩展到语言使用的空间（包括物理学、社会文化及政治领域）。随后，Shohamy 和 Gorter（2009）汇编了 *Linguistic Landscapes: Expanding the Scenery*；Jaworski 和 Thurlow（2010）出版了 *Review of Semiotic: Language, Image, Space*；Shohamy 等（2010）发表了 *Linguistic Landscapes in the City*。这些作品激发了国际上对这一领域研究的热情。各地的语言景观研究纷纷出现，如以色列特拉维夫（2008）、意大利锡耶纳（2009）、法国斯特拉斯堡（2010）、埃塞俄比亚斯亚贝巴（2012）、比利时那慕尔（2013）等地都展开了具体讨论，最后将研究成果结集成书。*International Journal of Multilingualism* 先后刊登了多篇专门研究世界各地语言景观的文章。2015 年语言景观专刊 *Linguistic Landscape* 创刊出版，标志着语言景观有了自己专门的学术阵地。这个阶段，涌现了大量的研究成果，涉及语言景观的基本概念、研究方法、理论构建等方面，出现了关于语言景观研讨的专门会议、学术专著、杂志专刊，表现出大规模的、组织化的、网络化的、系统化的研究特征。（徐茗，2020）这些成果大力推动了国际语言景观方向的研究，同时也为下一步的研究方法和对象提供了指导。

（二）研究理论

当前语言景观研究的理论框架主要包括：Scollon 和 Scollon（2003）的地理符号学理论、Huebner（2009）的 SPEAKING 模型、Ben-Rafael（2009）的语言景观构建原则、Spolsky（2009）和 Kallen（2009）的语言选择理论、

Trumper-Hecht（2010）的语言三维框架、Reh（2004）的读者类型学理论、超级多样性理论、Pennycook 和 Otsuji（2015）的都市语言学理论等。每种模型都有自己的特点和优势。

1. 地理符号学理论

Scollon R. 和 Scollon S.W.（2003）在 *Discourses in Place: Language in the Material World* 一书中从地理符号学的视角研究语言景观，该研究成为语言景观学的分支之一。他们在讨论"场所话语"（discourse in place）时提出了地理符号学（Geosemiotics）。它研究一定物质场所中的标牌、话语或行为的社会意义以及如何在具体的物质世界中使用语言。它与语言景观直接相关，可以用来分析现实环境中的语言符号。主要包括语码取向（code preference）、镌刻（inscription）、置放（emplacement）和时空中的话语（discouses in time and space）四个要素。语码取向是指双语或多语标牌上语言之间的彼此关系，反映它们在语言社区的地位。镌刻是指语言物理实现基础上的意义系统，包括字体、材质、附加成分、累加（或添加，或延伸）和状态变化。置放指在物质世界中标识或图像被放置的位置以及由此产生的意义。它构建了一套用以分析空间景观的语言符号系统，可以用来研究标识、话语的物质实现（material placement）及人们在物质世界中的社会意义。主要包括互动秩序（interaction order）、视觉符号（visual semiotics）和场所符号（place semiotics）三大系统。其中互动秩序包括语言、动作（movement）和姿势（gesture）；视觉符号包括文本和图像；场所符号包括其他所有直接或间接代表语言的非语言符号。

Shohamy 和 Waksman（2009）继续推动了这一领域的进展，将研究文本拓展到纪念碑、身体、移动车身等方面。Scollon R. 和 Scollon S.W. 的地理符号学理论综合而全面，在语言景观、空间和符号研究方面具有强大的解释力。（聂平俊，2020）Lou 围绕华盛顿中国城（Lou，2007、2010、2012、2016）和香港购物市场（Lou，2017）所做的研究就是很好的例子。

2. SPEAKING 模型

本研究选取 SPEAKING 模型作为分析框架。Hymes（1972）将影响交际活动的因素归纳为 SPEAKING，从人类交际文化的角度研究人类言语活动的交际效率。SPEAKING 分析模型起源于人类交际学，为语言景观语言形式、互动关系、即时语境等方面的解读提供了分析框架，从而探究语言景观所产生的社会意义。（王晓军、朱豫，2021）Hymes 认为言语活动的主要成分可以用 SPEAKING 中的八个字母来表达。

理论框架包括以下八个方面：S（setting and scence）代表背景和场所，语言景观的时空定位会影响其性质和内容呈现，从而可以考察语言景观体现的社会经济意义；P（participants）代表参与者，参与者包括两类，即创始人和读者；E（ends）代表结果，指交流的目标和预期结果；A（act sequence）代表行为序列，指语言项目的空间组织，主要包括不同语码的组合、排列顺序和信息显著性程度；K（key）代表基调，包括表情、姿势等；I（instrumentalities）代表工具或媒介，指的是沟通形式和风格；N（norms）代表规范，指的是社会交往规则；G（genre）代表体裁，即演讲事件或事件的类型。

Huebner（2009）将这个理论用到了语言景观的研究上。他的 SPEAKING 模型主要继承了 Hymes 的交际民族志学的观点，从场合、参与者、目的、行为次序、基调、媒介、规约和体裁等方面对语言景观进行了分析。（张天伟，2020）这在一定程度上拓展并丰富了该模型不同维度的具体研究内容和方向。比如，在行为次序方面，Huebner 提出考察不同语言在公共空间的呈现方式，包括语言排列的次序、文字凸显程度、承载方式等。在基调方面，语码选择、文字排列密度、信息明确与否都应纳入语言景观分析的范畴。在背景与场合方面，语言景观研究着重剖析标牌投放的现实环境在社会学领域所构建的语用意义。Huebner的多元化分析路径为后人开展相关研究提供了可行性较强的参考框架。他认为，SPEAKING 分析模型可以作为语言景观研究的分析框架，全面分析语言景观的语言形式，以及其与语境的关系、创作者的动机和读者的反应。

3. 语言景观构建原则

Ben-Rafael（2009）从社会学的视角及哈贝马斯的"公共空间"理论出发，将语言景观视为一种格式塔（Gestalt）、一种社会事实，将其形成过程视为其自我构建的过程，提出了语言景观的四个构建原则。

（1）突显自我（presentation of self）。其假设是特定情形下有特色的语言会出现在语言标识上，因为在大量的语言标牌中有特色的语言景观会更有机会获得关注。本原则的关注点是语言标牌与创设者的关系，创设者应该考虑想通过标牌呈现何种描述、表达什么内容、产生何种效果。

（2）充分理性（good reason）。其假设是被公众积极评价的语言会得到运用，因为标识创设者会了解公众的价值倾向及心理需求，进而借助语言迎合公众。本原则关注的是语言标牌与客户及客户愿望的关系。

（3）集体认同（collective identity）。其假设是少数族裔的语言会出现在语言景观中，因为创设者会通过语言标识呈现其身份特征，向特定群体展现忠诚，以获认同。本原则强调创设者的归属，试图通过共同喜好或族裔来吸引潜在客户。

（4）权力关系（power relation）。其假设是主导族群的语言回避从属族群的语言更多地运用在语言标识上，因为主导群体拥有资源对语言的使用加以规定。

这四个原则在具体设计语言标识的过程中不一定同等重要，其重要性要视具体情况而定。

4. 语言选择理论

Spolsky（2009）从读写视角提出了语言选择理论，认为公共标识语言选择理论要考虑三个要素：①使用设计者熟知的语言书写，此条件为必要条件，适合于所有语言标识；②使用读者能读懂的语言书写，此为典型、渐变条件；③使用自己的语言或者能标明自身身份的语言书写，此为典型条件，也称之为"象征价值条件"。Kallen（2009）对此进行了补充，提出了语码选择、语用选择和读者选择这三个不同层面的语言选择。

5. 语言三维框架

Trumper-Hecht（2010）将 Henri Lefebvre 的空间理论应用在语言景观研究上，提出了语言景观三维理论框架。具体指的是：物理（physical）维度，即可观察的，可用照相机记录的标识牌上语言的实际分布情况；政治（political）维度，指的是决策者意识形态和政治观念的体现，因为决策者借助相关政策塑造语言景观，进而反映其意识形态；体验（experiential）维度，体现了当地居民对语言景观的态度和感知。这个理论有助于理解语言景观这一社会语言与空间的关系，包括构想、物理和生活空间三大空间。

6. 读者类型学理论

Reh（2004）从源于读者的类型学视角对语言景观进行了分析，提出了描述和分析多语写作文本的新模型，认为可以从三个参数角度进行分析：①景观物体的空间移动性，如静态的商店标志、海报和动态的 T 恤衫和车体广告等；②多语现象的可见性，分为隐性多语现象和显性多语现象；③多语信息安排的不同形式，包括重复、片段、交叠和互补等。

7. 超级多样性理论

根据全球化社会语言学的定义，超级多样性是指移民社区的语言、文化和人口构成变得比以往更加多元、更加复杂、更加难以预测。（Blommaert，2010）

超级多样性重点强调语言和空间的多样性和流动性，对语言景观研究有重要的理论指导意义。

首先，在超级多样化的社区中，人们很少单独使用某一种语言和符号资源，而往往会创造性地混用多种不同的语言。其次，超级多样性理论重新定义了空间的概念。从传统上讲，空间是对地理区域的划分。早期的语言景观研究将空间定义为社会场所，具有象征意义和物质实体的公共标牌遍布其中。（Shohamy，2015）超级多样性理论提出了垂直空间的概念，指出空间具有社会分层属性。人们在空间中的流动不仅仅是平面空间或地理意义上的迁移，更重要的是价值、行为规范、个人期望和社会秩序的迁移。（Stroud & Jegels，2014）只有那些掌握了多种语言和文化背景的人才能在如此复杂的语言景观中拥有更高的权势和地位。最后，超级多样性为语言景观研究提供了新的理论分析框架。传统的语言景观研究只能记录某地区在特定时刻的语言使用情况，而基于超级多样性理论的结点分析（nexus analysis）可以帮助我们探究语言和社会变化发展的历程。（Maly，2016）结点分析重点关注个体和空间的经验历史属性，借助这种历时性视角，我们可以观察到话语体系中社会关系的变化过程，从而揭示移民社区内部的阶层流动。（Arnaut et al.，2016）

8. 都市语言学理论

Pennycook 和 Otsuji（2015）提出了都市语言学（Metrolingualism）。该理论认为，具有不同语言文化背景的人们，会因为向往都市中的多语生活方式和多元化身份认同而主动选择杂糅化的语言交流实践。都市语言学作为语言景观研究的理论基础有多重优势。首先，都市语言学认为语言的规律性是在对话中自然产生的，没有预先假定的语言界限和规则，因此很好地规避了多元语言实践概念的缺陷。（Jaspers & Madsen，2016）其次，都市语言学证明了空间对语言实践的重要影响，它启发我们深入探究标识与空间环境之间的作用关系，重新审视标识所处的空间环境、与其他标识的相对位置以及与语言景观中的个人或群体的互动关系等因素对符号含义的影响。（Scollon & Scollon，2003）空间具有历时性和社会性，而透过都市语言实践这面镜子，我们可以观察到公共空间中的社会变迁和社会流动，从而避免了共时性视角的缺陷。（Blommaert，2010）最后，都市语言学从语言使用者当下所处的空间出发，在菜市场、餐馆或城市街道等复杂的社会环境中，理解新型语言实践和身份认同的形成过程，契合了语言景观研究的最新发展趋势。Pennycook 和 Otsuji 研究了悉尼的大型批发市场和小型菜市场。通过分析市场工作人员和顾客之间的对话，他们发现，要理解语码转换重复出现的原因，必须全面考虑谈话人所从事的商业活动、个人背景、仓库大小和位置以及销售的物品，因为人们会从自己的过往经历、所处空间以及社会关系中借鉴多样的符号资源来完成当下的对话交流，其中就包括构成语言景观的公共标牌。

（三）研究领域或热点

从现有的研究成果来看，语言景观的研究经过发展，呈现出跨学科、多视角的研究特点。关于语言景观研究的视角，主要有以下四个：语言政策、语言规划、符号学以及社会学。很多学科如社会学、城市地理学、广告学、教育学、经济学和历史学领域的研究学者也开始聚焦于语言景观及其应用。而在过去的10 年当中，语言景观研究的范围不断扩大，扩大到包括各种社会问题，如：语言群体之间的权力关系；经济推动；民族活力；语言选择、接触和改变；移民、旅游、全球化影响；身份建构。Purschke（2017）将语言景观的研究主题归纳为以下几个方面：社会动态（如社会移动、超多样性、移民等）、符号结构（如标牌、地点、人工制品、机构等的符号）、意识形态框架（包括语言政策、语言意识形态、语言态度等）、文化体验（包括多模态感知、身体修饰和行动方式等）、电子转换（包括社会媒体、在线空间等）。语言景观研究路径的新进展主要以 X 景观研究为代表。Jaworski（2019）认为 X 是一种全球性（globalese）符号景观，体现了跨国主义、世界主义和全球主义的符号意识形态。X 可以指数量上的或字母上的，符号上的或基于体验的，过去的或将来的，可知的或不可知的，也可以指某一具体的点。（Thurlow & Gonçalves，2019）张天伟（2020）对国外语言景观研究的经典文献和最新成果进行梳理和分析，并且述评了语言景观研究的传统和最新路径、方法和理论进展。通过梳理文献，笔者认为目前的研究内容主要集中在以下五个课题上。

1. 语言景观与语言多样性

这是语言景观研究最主要的一个方面。在当今的全球化背景下，很少有单语语言景观的城市或国家，城市里的标识将多语情况展示给了路人。（Calvet，1990）语言景观的研究对于了解某地的多语状况很有帮助。对亚洲和欧洲等地的语言景观的研究数量较多。以色列的城市语言景观多样性是最早被研究的，如耶路撒冷、特拉维夫、上拿撒勒等城市。（Rosenbaum et al.，1977；Rumper-Hecht，2009）有学者研究了印度、柬埔寨、东京、北京、台北、香港的城市语言景观。（Ramamoorthy，2002；Backhaus，2006；Wang，2013；Kasanga，2012；Curtin，2009；Lai，2013）有研究表明，这些区域的多语现象十分突出，语言种类和资源很丰富。欧洲国家在现代化进程中出现了大规模的政治和文化变化，相关的语言景观研究比较丰富，如波黑的莫斯塔尔，意大利有移民社区的多个城市，法国的迪特拉斯堡。（Grbavac，2013；Barni，Babna，2012；Bogatto，Helot，2012）有研究表明，欧洲多民族聚居的城市语言多样化现象非常明显。同时，该课题关注官方语言景观和非官方语言景观的比较研究。官方语言景观包括马路标识、街道名称等，非官方语言景观包括商店标识、广告、涂鸦等。官方标识的指代秩序表现为官方权力大于语言使用；非官方标识并不显示权威性，但由于不同的目的而呈现出多样性。（Gorter，2006；Backhaus，2006；Lou，2016）该类研究尝试回答以下几个问题：什么因素导致多语制的出现？语言景观在不同的语境中表现出哪些功能？人们在社会实践中是如何操纵这些语言景观的？多语景观会产生哪些情感要素？后来这类研究又拓展到语言景观中的符号意义，如 Laihonen（2016）从语言政策和语言意识形态的关系角度探讨了斯洛伐克两个村庄的匈牙利裔私人领域的语言景观问题，通过"小心狗"（beware of the dog）的标牌个案分析，揭示了在多语语境下私人领域的语言景观是如何反映意识形态的。

2. 语言景观与英语全球化

随着全球化进程的加快，英语开始在世界各地的语言景观中出现，英语无处不在。无论当地民众英语水平如何，无论英语在当地是否享有官方或半官方地位，在各地的语言景观中都会出现英语，甚至占有一席之地。Ben-Rafael 等（2006）提到，在他们的研究中，25%～75% 的标识是英语，不同地方会有差异。Backhaus（2006）和 Huebner（2006）也分别指出在东京和泰国的语言景观中有大量的英语标识存在。英语"在世界上所处的强势地位，不但胜过任何当代语言，也胜过历史上其他任何语言"。（斯波斯基，2011）很多研究者都注意到了语言景观中英语的扩张与全球化。在金边，英语在语言景观中的地位很重要，它的迅速上升很大程度上是市场驱动的。（Kasanga，2012）Huebner（2006）研究发现，曼谷语言景观中，公共标识上占有优势地位的是泰语，而私人标识上较显著的语言是英语，曼谷语言景观中的英语地位日渐重要，逐渐取代了之前汉语的地位。而在首尔的语言景观中，与现代化和年轻人相关的产品上都会使用英语。（Lawrence，2012）东京的语言景观显示英语已经成为日本日常生活的一部分。（Backhaus，2006）北京王府井大街的商店招牌也显示英语是最显著的外语。Cenoz 和 Gorter（2006）发现弗里兰（荷兰）和巴斯克（西班牙）的语言景观中，英语是明显的国际交流语言，而别的强大的语言，如法语和德语在语言标识统计数据中则很少见到。意大利的语言景观反映了英语成为交流中的国际语言。（Paola & Valeria，2013）Bruyel-Olmedo 和 Juan-Garau（2009）发现英语在西班牙旅游景点的语言景观中得到了特别的对待。非洲地区的语言景观中英语也有很多展示。赖特（2012）认为各种各样的英语海报、招牌、广告遍布大街小巷，英语最终成了城市符号的常规媒体，并最终为大众接受。英语的使用既与语言竞争、语言冲突、语言传播、语言活力等显性话题密切相关，又与权力、认同、意识形态等隐性问题紧密相连，英语在语言景观中的分布、地位和功能始终是语言景观研究的热点之一。《今日英语》期刊不定期刊出语言景观与英语使用的文章，如 Yuan（2018）分析了中国城市里英语翻译中的认同沟通问题。英语之所以能够成为语言景观中的世界通用语言，其重要原因就是英语的运用能使人们联想到面向国际（international orientation）、面向未来（future orientation）、侧重成功（success orientation）、复杂精致（sophistication）和注重乐趣（fun orientation）等属性。（Piller，2001）Nikolaou（2017）指出，追逐语言的文化资本是单语地区语言景观使用外语的主要动因。

3. 语言景观与语言认同

语言景观中的语言选择可以建立起对公共空间的控制，可以保持某种意识形态和某种语言的地位，进而会影响"民族语言群体的积极的社会身份认同"。（Ben-Rafael et al.，2006）所以认同研究是社会语言学研究的重要内容之一，在语言景观的视角下，研究者主要关注个人认同和集体认同在城市空间中是如何展现和竞争的。认同可以从国家、集体、机构、个人等不同维度来解读，且这些认同相互联系、相互影响，涉及文化、历史、政治等不同因素。由于每一个社会参与者都不止有一种认同，因此在语言景观中考察不同认同，以及认同之间是如何互动和冲突的，成为理解语言景观中语言角色的重要聚焦点。（Blackwood et al.，2016）认同和冲突可以在语言景观的符号实践中再现，折射出语言政策制定的能动性特征。如 Blommaert（2013）探讨了民族志；Rrumper-Hecht（2009）研究了语言压制在语言景观中的体现，他关注了阿拉伯语和希伯来语之间的"语言战争"，认为这个"战争"反映了犹太人和阿拉伯人之间的紧张关系。Hicks（2002）认为少数语言和多数语言在语言景观中的不均等现象体现了族群间的冲突或紧张状态。Taylor 和 Jane（2012）认为东帝汶首都帝力的语言景观可以索引（index）出相应的社会和民族身份。Backhause（2006）认为东京语言景观中韩语的使用是为了团结使用该种语言的群体。Lado（2010）调查了西班牙瓦伦西亚的标志文本，发现了该地区语言使用和意识形态之间的冲突。Marten（2010）对拉脱维亚的语言景观进行了调查，发现景观中的优势语言从俄语转向拉脱维亚语。政治局势变化往往会引起语言意识形态的变化，而这些变化会反映在语言景观的表现形式上。Rubdy 等（2015）集中讨论了语言景观中的冲突、排外和异议问题，将语言景观作为一种竞争舞台，从话语分析、民族志、人口统计学、社会符号学、语言政策和语言意识形态等多视角，研究了语言景观中的冲突与排外、异议与保护等议题。Blackwood 等（2016）编写了 *Conflict, Exclusion and Dissent in the Linguistic Landscape*，该论文集从五个方面对语言景观中的认同进行了研究：一是语言景观中认同构建的政治和经济维度，二是语言景观中的认同保护和竞争，三是协商中的区域和国家认同，四是协商中的集体认同，五是比较视角下的认同构建。

4. 语言景观与语言政策规划

一座城市的语言景观既表明城市所在区域的语言使用状况，也反映城市的开放程度、经济活力及生活品位，更重要的是可以揭示标识语言选择所蕴含的深层政策取向、权势、身份、地位等问题。（尚国文，2017）20 世纪，比利时和加拿大魁北克政府为了解决语言冲突，出台了政策对公共标识进行规范，由此展开了语言规划领域的语言景观相关课题研究。（Landry et al.，1997）Landry 和 Bourhis（1997）将标识分为商业私人标识和公共官方标识，而 Ben-Rafael 等（2006）又做了官方自上而下标识和私人自下而上标识的划分。前者反映显性"权力"，后者显示隐性"团结"。分析标识上使用的语言有助于理解官方政策是如何通过公共标识上的语言来体现的。专家的研究主要聚焦于标识上的书面语与现行语言政策的关系。如 John（2012）通过调查东帝汶首都帝力的语言景观，发现官方语言政策和语言实践之间存在着巨大差异。Vickers 等（2015）分析了安全标识的语言景观，具体分析了低产、中产和高产三个阶层居住区在标识文字使用上的不同，认为这些不同源于社会的不平等。该研究有两个主要方向：第一个方向是从研究语言景观现象到讨论语言规划政策。语言景观是在一定的社会政治环境中被设计和展示的，体现了当时的政策理念。如 Hult（2014）研究圣安东尼奥语言景观的背景就是美国国家的语言意识形态和得克萨斯语言同化的社会实践。Sloboda（2009）对比分析了捷克、斯洛文尼亚和白俄罗斯的语言景观，这几个国家的意识形态差异也体现在了各自的语言景观上，如白俄罗斯的语言景观多讴歌国家和赞美服务国家的人，捷克和斯洛文尼亚围绕宣传国际化和公民责任来推行其政治价值观。第二个方向是语言政策如何落实在语言景观的设计和展示上。在有些国家，就公共场合相关标识上的语言会出台明确的政策和规定。如 Backhaus（2009）在研究中表明，日本政府积极接受、鼓励少数民族语言和外语在语言标识上出现，同时亦明确保护日语作为优势语言的地位。Huebner（2006）发现虽然泰国政府鼓励在商业标识中使用泰语，但很多店主并不配合，只将泰语文字写得很小并放在不明显的位置。Lado（2010）研究发现了西班牙瓦伦西亚由来已久的语言使用规范和语言政策之间的不一致现象。Manan 等（2015）研究了马来西亚吉隆坡语言政策与当地标识广告的关系。在吉隆坡，新闻媒体经常报道因不遵守条例而被惩罚的新闻。政府通过法律、条例、规定、规章和推广措施影响语言。语言景观是语言政策起作用的机制之一。（Shohamy，2006）语言景观和语言政策互为作用，语言政策影响着语言景观的呈现，语言景观实践着语言政策的方针理念。

5. 语言景观与民族语言

民族语言研究早已是语言学界长期关注的课题。学者通常关注的焦点有语言维护（language maintenance）、语言转用（language shift）、语言濒危（language endangerment）、语言复兴（language revitalization）、语言政策和语言代际传承（language transmission）。英语景观研究非常适合研究民族语言，它可以研究谁发起、谁制造和谁阅读语言标牌，还可以研究相关利益者有意或无意地操控语言景观的过程，还可以研究语言景观是否反映语言使用者的人口数据、语言态度和语言政策等，总之，语言景观研究会增加我们对民族语言及其使用者的了解。（聂平俊，2020）如 Cenoz 和 Gorter（2006）对西班牙和荷兰使用地区性民族语言的巴斯克和弗里斯兰两个城市的两条街道上的语言景观进行了调查与对比分析，研究结果表明语言景观与官方对少数民族制定的语言政策有关。Macalister（2010）发现新西兰在承认了毛利语官方语言的地位之后，语言景观中的英语不再占统治地位。Puzey（2012）认为语言景观可以反映少数民族语言的政治环境，也可以反过来影响语言政策。Hornsby 和 Vigers（2012）通过研究考察苏格兰的盖尔语和威尔士语，探讨了语言政策和民众对语言政策理解的关系，得出的结论是：民族语言地位规划的成功事实可能提升民族语言在语言景观中的可见度，但同时也可能导致民众对该民族语言的态度更为负面。Gorter 等（2012）分析了语言景观中的少数民族语言问题。语言景观为少数民族语言研究带来了新视角，因为公共空间领域少数民族语言的可见性经常被忽略，语言景观视角下的研究有助于理解少数民族语言情景的动态性问题。VanMensel 等（2012）指出，"少数族群语言在语言景观中的象征性使用被认为可以提供一种本真的或者异国风情的格调，是'包装'一个区域的一种途径，以便把它作为商品销售给所预期的游客"。Moriarty（2014）的研究发现，少数族群语言以及其他象征性和符号性资源已是高度市场化的商品。作为国际通用语，伴随经济全球化的潮流和全球英语化，英语在世界各地的使用日益频繁，已广泛渗透到偏远的少数民族地区的城市语言景观中，这与很多研究所发现的情况一致。

以上提到的研究热点只是相对而言的，学者们在其他很多方面对语言景观都有研究，如语言景观在商业营销中的作用，语言景观与第二语言教学，虚拟或网络语言景观等，语言景观的研究内容正不断扩展和深入。

（四）国外研究评述及趋势

2015 年，语言景观专刊 *Linguistic Landscape* 创刊出版，标志着语言景观研究有了自己专门的学术阵地。随后涌现出大量的期刊论文，涵盖语言景观的基本概念、理论建设、研究方法、实际应用等各个方面，出现了专门的学术会议、研究小组和学术刊物，语言景观研究学术共同体初步形成，研究文献出现指数级增长，表现出大规模、组织化、网络化、系统化的研究特征，开始为其他学科领域贡献新知识，语言景观分支学科的地位和影响力进一步显性化。徐茗（2017）认为国外关于语言景观的研究趋势主要表现为：语言标志的边界不断扩大、公共空间范围不断拓展、理论解释日益多学科化、研究方法趋向多样化。

张天伟（2020）认为语言景观研究的最新进展体现在两方面。第一，研究路径的新发展，主要以 X 景观研究为代表。他认为 X 景观研究指不拘泥于传统的语言景观研究，是一种自下而上的、全球化视角的、动态的研究，多指非典型语言景观研究。第二，研究方法的新进展，一是心理语言学实验技术的应用，特别是眼动、事件相关电位（event-related potentials，ERP）等技术手段的应用；二是语料收集方法的技术更新和动态发展，注重应用 App 和其他技术手段对静态和动态语料进行收集与分析；三是质性研究方法的进展，注重以社区为基础，将参与者观察、批评话语分析等结合起来进行整合模式的质性分析。第三，研究理论的新进展，如 Scollon 和 Scollon（2003）早就提出了地理符号学的研究路径；Jaworski 和 Thurlow（2010）将空间作为一种符号资源，并提出"符号景观"的概念；Lou（2016）从符号学视角研究了华盛顿的中国城语言景观等；Gorter 等（2020）先后从经济学、教育学、二语习得、跨语言、语言接触等视角研究语言景观，并在此基础上提出了语言景观研究的整合模式，即公共空间的多语不平等模式。

国外语言景观研究，不仅实证分析丰富而多样，而且在理论建构、方法探索等方面建树颇多，这些都为国内语言景观研究不断注入活力。与此同时，国外语言景观研究也存在一些问题：一是语言景观分析单元和语言标志条目的确定方法尚未统一；二是语言景观标注体系不完善，目前尚无被普遍认可的语言景观标注体系；三是语言景观的景观研究不足，目前语言景观研究成果主要是由语言学家完成的，而少有景观学者。从分析要素的整体性考虑，未来在传统社会语言学的大旗下加强和拓展语言景观的景观研究将是必要的。（Nash，2016）语言景观本身具有独特的景观和空间属性，是城乡景观的重要组成部分，反映出一个地区文化生活、语言多样性和多语使用状况，其景观研究也将有助于促进相关学科的深入发展。

三、国内语言景观研究

（一）国内研究概况

国内真正意义上的语言景观研究要晚于国外。中国的许多学者在 2000 年后开始研究公共标识的翻译策略，如张美芳（2006）对澳门公共标识的调查、杨永林（2007）对北京公共标识中外语使用情况的调查、孙利（2009）对语言景观翻译的研究，是国外语言景观概念正式提出后，在国内较早引用国外语言景观概念开展研究的文献，标志着语言景观研究在我国正式起步。在 2013 年以后，语言景观的研究方向逐渐开始受到国内社会语言学和语用学学者的关注，研究数量呈上升趋势。

中国学者对语言景观也有自己的解读。孙利（2009）对于语言景观的定义为：语言景观指公共场合标牌的书面语，对语言景观的研究就是对公共空间标志、标牌的语言研究。王萍（2013）在她的研究中提到，汉语语言景观指汉民族在中国这一特定区域范围内，使用具有一定功能、传承性、地域性和特殊感征的语言项目所形成的语言面貌；是中国地理空间范围历史文化变化发展序列的载体，是自然和文化内涵整合的体现；包括语言的自然景观以及语言的城市景观，区域分布景观和系统微观景观，官方语言景观和非官方语言景观，口头语言景观和书面语言景观，通用语言景观和语言变体景观等。尚国文和赵守辉（2014）认为，作为一种话语过程，语言景观体现的是包括官方管理机构、标牌所有者、读者等多方在内的话语协商和构建过程，因此官方政策、创设意图、读者反应等常成为语言景观研究的着眼点。在全球化和后现代思潮的影响下，不同语种、母语和非母语、主流语言和少数族群语言等多种语码形式在语言社会生活中的竞争和冲突日益引起关注，而语言景观恰恰可以通过标牌话语与社会空间的互动作用，为各语言及其社群的地位与兴衰状态提供实体证据。李丽生（2015）认为，语言景观是指在某一特定区域使用的看得见的书面语言。另外，他还将语言景观标识分为两大类：一类为"自上而下的"，即官方和公共的；另一类为"自下而上的"，即私有和商业的。前者主要为政府机构名称、官方公告语、街道名称、交通指示牌、政府行政部门的公益广告等；后者主要为私营商店、服装店、宾馆客栈、珠宝店、广告牌等。陈睿（2016）认为，语言景观作为文化景观，它影响着人们对城市的记忆，具有一定的特殊空间属性，是一个地区城市景观的重要组成部分，更是城市历史文化的重要载体。杨荣清（2016）指出，语言景观是在城市空间中表达区域文化特色的重要途径；在如今城镇化的背景下，城市空间中的语言景观彰显着区域文化的独特性。总结上述表达，语言景观可定义为：语言景观是特定领地、地区或城市群内公共路牌、广告牌、街道名、地名、路标、商业店铺标识以及政府建筑群的书面文字或符号。由于语言景观包括公示标牌上的语言，广告牌上的语言、街道名、地名、路标等，而公示语是其中极为常见也极具代表性的一种表现形式，在我们的生活中随处可见，并且已经成为中国城市推广中的一个重要部分，因此对它的研究也不在少数。

截至 2021 年 5 月 2 日，笔者通过"中国知网"平台，搜索"语言景观"的字样，得到 743 条结果。2014 年之前，国内语言景观文献发表量少，被引用次数少，主题关注点较为分散；2014 年的发表文章逐渐增多，2016 年后达到一个峰值。如图 2-2 所示，2014 年关注度最高的是"语言景观"这一整体性的概念，而从 2016 年开始，研究者虽然对"语言景观"中心性的热点研究依然没有变化，但从主体之间的连线可以看出，研究者围绕着"语言景观"这一核心热点，开始关注多语现象、地理符号学、社会语言学、语言政策和语言权势等方面的问题，研究范围进一步拓展。这一图谱的波动说明有关语言景观的新知识在不断推进语言景观研究进程。

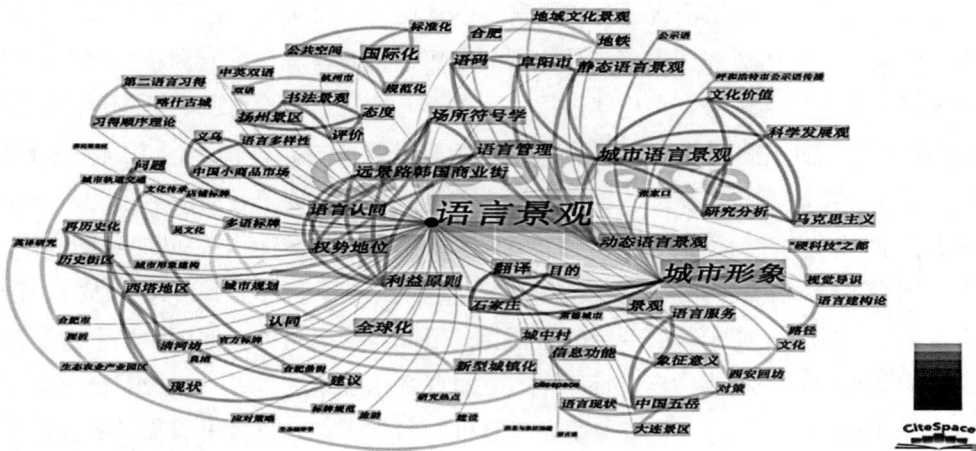

图 2-2　以 Citespace 为工具所作关于"语言景观"与"城市形象"文献的关键词共现图谱

（二）国内研究主要内容

我国对于"语言景观"的研究主要包括：语言景观研究的综述类研究，城市语言景观的实证类研究，多语言景观、英语语言景观和旅游目的地语言景观、城市语言景观的改进措施等。

一方面是涉及理论构建和方法论的研究。目前，在理论和方法论的建设方面，国内多是引进介绍国外现有的成果。学者们对国际上已有的语言景观研究成果进行了大量较为详细的梳理和综述，主要探讨该新兴领域的国外研究源起、界定、对象、功能、方法、路径、意义、内容以及理论基础等。李贻（2012）对Gorter 主编的《语言景观：多语研究的新路径》进行了简要介绍和评价，着重阐述了语言景观的定义、采样方法和归类分析法，指出语言景观研究的目的之一就是通过比较官方标识和非官方标识的差异性，揭示语言权力的关系；王萍（2013）对六大空间维度下的语言景观进行了研究，认为空间维度将成为研究语言景观的新视角，借鉴现代地理学，可以更加科学地进行语言景观的研究；尚国文、赵守辉（2014）对国外已有的研究成果进行了总结和介绍，梳理了两个理论分析框架（Skollo 和 Scolo 的地理符号学和 Huebner 的 SPEAKING 模型），指出当前研究的挑战和发展前景，提出可以从语言地位、语言政策、标牌语言形式、英语的传播、语言景观的历史维度等角度来研究语言景观。他们的研究为国内语言景观研究指明了方向，提供了思路，具有重大意义。李丽生（2015）将语言景观理论建设的目光投向世界，介绍了语言景观研究的缘起、语言景观的定义发展以及当今的语言景观研究都集中于哪些领域，重点分析了语言景观研究的现实意义——对我国民族共荣的促进作用；章柏成（2015）对国内的语言景观文献进行梳理分析，从论文数量、变化趋势、学科领域、基金信息、机构信息、研究主题六个方面入手对研究现状进行分析。万永坤和原一川（2016）则从理论构建、理论应用、实例研究三个层面分析当前该领域的研究状况。金怡（2017）梳理了语言景观构建与分析的三个主要理论框架：SPEAKING 模型、语言景观构建原理、语言选择原理，系统地介绍了其理论基础和主要观点，深入地阐述了其理论框架。梁斯华（2016）评述了 Blommaert 的《民族志、超级多样性与语言景观》，将国外语言景观的民族志研究方法引入国内。韩艳梅（2017）撰文介绍了国际语言景观研究的最新方向，即语言景观中的冲突、排他和偏见。关于国外语言景观常用的官方标牌和私人标牌的分类方法，张媛媛（2017）从言语社区的角度进行考察，发现言语社区内部成员和外部群体的语言标牌在语言使用上存在差异，指出语言景观的分类不应局限在官方和非官方这一标准，还应考虑语言景观的受众，提出了"官民不同、内外有别"的分类标准。徐茗（2017）研究了国外语言景观的研究历程、趋势、多学科化以及研究方法的多样化，并指出现有研究的不足之处；巫喜丽（2017）重点评析了语言景观的多语现象研究维度，对比了国内外研究现状，指出了国内相关研究仍存在的一些问题，以期为多语景观问题的研究提供新的思路；于之蒙等（2018）对语言景观的源起、定义与发展，理论构建，研究主题及应用领域进行了梳理与总结；付文丽、白丽梅（2020）运用 Citespace 可视化分析软件，对 2005—2019 年国内语言景观研究的发展现状、研究趋势、研究热点等绘制出可视化图谱，并进行计量学分析，以期厘清国内语言景观的研究动态和整体脉络。孙慧莉等（2020）从语言景观理论的引介和综述、语言景观中少数民族语言的活力研究、语言景观中的多语现象研究、语言景观与身份认同研究、语言景观与语言教学关系研究等方面，对十年来国内语言景观研究成果进行分类梳理。唐东旭等（2021）基于Citespace 的数据对国内城市语言景观近二十年的研究进行了总结，提出了以下四点：首先，城市语言景观研究需要建立一套属于本学科的理论体系，并且，中国范围的研究最好带有中国特色；其次，加大多模态研究方法的使用，扩大语言景观研究范围；再次，加大对景观现象背后的原因考察，为语言政策制定提供借鉴；最后，在城市语言景观分析中，一定要注意研究方法的规范。

　　国外语言景观丰富多样的研究是国内语言景观研究的有益借鉴。如《语言战略研究》2020 年第 4 期刊登了由西班牙巴斯克大学 Durk Gorter 教授撰写，方小兵、张天伟两位学者译校的《西方语言景观研究学术简史》。该文不仅介绍了语言景观的定义和研究简史，还总结了本领域十大最重要的论文集，同时提出该领域面临的一些挑战，包括理论的融汇和一些方法论问题。应该说，对国外语言景观研究的引介和述评为国内语言景观研究提供了理论和方法依据，有力推动了国内语言景观实证研究的发展。

相较于国外发挥基础学科理论体系的优势，注重对语言景观本体的理论体系建构，国内研究依托我国语言景观素材多样、文化差异显著、城市化快速发展、对外汉语教学需求提升的国情，更加倾向于深入到具体领域进行实证结合研究。国内语言景观实证研究主要为五个方面。

第一，环境文化方面。研究集中在城市语言景观中某一类语言标牌，主要为店铺招牌和公共标牌的语言使用情况。夏娜、夏百川（2014）着重探讨了英语对昆明文化巷语言景观的影响力。语言景观与语言权势、语言政策、身份认同这类研究属于语言景观探讨的核心内容。邓骁菲（2015）分析调查了上海两个相邻商区的语言景观中的多语现象，揭示了语言背后隐含的群体身份权势关系。张媛媛、张斌华（2016）通过研究尝试建立一个澳门语言景观的基础数据库，发现官方标识受政府政策影响较大，私人标识更关注经济利益，填补了对澳门公共领域的文字性标识进行语言景观视角下研究的空白。杨茵（2016）调查并总结了宁波市道路名称公共标识的英译情况，并结合语言景观相关知识对其规范提出了建议。谢晓萌（2016）利用 SPEAKING 模型，对广州上下九商业街的店铺招牌进行了分类描写。张斌华、徐伟东（2017）对东莞市虎门镇商业步行街进行考察。高珊（2017）针对杭州处于不同开发阶段的下沙街道和义蓬街道进行对比研究。除此之外还有语言景观和英语的传播。英语语言景观被视为城市国际化水平和先进性的判断标准之一。苏杰（2017）探讨了上海城市语言生态系统中私人标识所体现出的语言权势和文化权势的关系。除此之外，最近几年，还出现了对语言景观价值和效用的探讨。尚国文（2017）提出将语言景观作为语言教学的工具和资源加以运用；万永坤、原一川（2016）考察并展示了国内语言景观研究的进展情况和概况，对未来的国内语言景观研究提出了"让国内的语言景观研究与公示语翻译研究真正有效地形成合力""大力展开具有中国特色的语言景观研究"的设想；车旭源（2021）考察了义乌"异域风情街"和宾王商贸区的语言景观现状，分析当地语言景观所呈现的特点和不足，并尝试为国际化进程中的城市语言规划提供建议；董普凡（2022）对苏州山塘街的语言景观进行了分析研究，调查了游客对相关语言景观的感受，指出了其中的利弊。

大多数研究者将研究重点放在某一个具体的范围，举例来研究这些地方的语言景观现象。比如对回坊风情街的语言景观进行考察分析（隽娅炜，2018）；选择新加坡中国城地区作为研究对象，以宝塔街为例，从定量的角度开展语言景观研究（张晖，2018）；通过对广州市天河区一个规模较大的城中村——棠下村的语言景观材料的采集，运用实地拍摄、访谈、隐匿观察等研究手段，引入民族志的研究方法考察当地语言景观的生态环境，并对其做出详细的描绘分析，同时对语言景观标注法进行初步探索（张亚琼，2018）。大多数研究者都指出，在国内几乎所有的语言标牌中，汉语都作为主导语言，并且根据标牌所在场所，英语或其他语言作为辅助语言，在城市的景区以及商业区等外国游客集中地区也经常可以看到很多双语及多语标牌（胥彤云，2018）。出现双语或多语的语言标牌占大多数，但也不乏单语标牌，比如在一些城市的老城区，会有属于自己方言的语言标牌。马会峰等（2018）以海口美兰国际机场的语言标牌为研究对象，从用字不规范、翻译不规范、汉英主次关系错位等方面研究海口市语言标牌中语言使用存在的问题，并在分析有关问题的基础上，结合相关语言政策提出有针对性的解决方案。吴晓平等（2020）经过研究发现，长春市商业街区语言景观中的语码选择反映出长春发展的本土化现状和国际化意愿、国际化需求的矛盾，如汉字单语标牌比例高，多语标牌类型不多，除汉语外，英语一枝独秀，这种语言生态面貌也反映出长春商业受众较为单一的事实。文字作为文化的一部分在各种语言景观中都有所展现，因此语言景观在一定程度上反映了一个国家、地区甚至是城市里某个老街区的人们的生活状态和精神风貌。

第二，少数民族地区和旅游景点的语言使用情况方面。单菲菲、刘承宇（2016）以贵州典型民族旅游村寨——西江千户苗寨为考察对象，从社会符号学视角剖析了西江多语社会结构中各语言之间的关系及社会地位；进而基于文化资本理论，探析民族文化符号资源向文化资本转化的路径，从而提高民族语言、文化的社会地位和价值，弘扬民族语言和文化。徐红罡、任艳（2015）通过定性研究，以丽江作为研究地，运用语言景观信息功能与象征功能的理论框架，对旅游影响东巴文语言景观的问题进行探讨。李丽（2015）基于场所符号学和社会符号学的理论，采用定量与定性相结合的研究方法，从形式和内容两个角度出发，分析敦煌的语言景观构建特点。王文乐、肖浩（2017）将民族文化自信力和语言景观加以联系。聂鹏、木乃热哈（2017）调查了西昌市老城区和商业区彝文语言景观使用现状及不同群体对此现象的认识；研究发现，彝文并非标牌中的优势语言，当地彝文语言景观的象征功能大于信息功能，政府语言规划与民众认知并不一致。李丽生、夏娜（2017）则以云南省丽江市古城区为研究对象，发现中文在少数民族聚居地区城市语言景观中占主导地位，东巴文虽然凸显性并不强，但作为一种濒危语言以及文化资源或者旅游资源，构成了当地极有特色的语言景观。

第三，语言政策方面。一些学者认为语言景观受语言政策的影响。田飞洋、张维佳（2014）从社会语言学视角，对学院路街道双语路牌进行探讨，认为双语路牌的问题不只是简单的英语翻译问题，还是语言背后的许多社会文化问题，是具有不同层次和不同特性的标准性问题，并指出完全拼音化和英汉夹杂的双语路牌依据的是不同语言政策标准。尚国文（2016）运用语言经济学原理，探讨新加坡、马来西亚和泰国三国的语言景观，发现三国官方标牌和私人标牌领域语言使用都各有差异，造成这种差异的原因是三国实行不同的语言政策。张媛媛、张斌华（2016）调查了新马泰和中国澳门的语言景观，利用社会统计学分析原理进行分析，发现官方标识受政府政策影响较大，私人标识更关注经济利益，受政府政策影响较小。类似的研究还有夏娜（2014），高珊、付伊（2017）等。还有一些学者认为语言景观研究能够了解当地的语言政策或有利于其制定，尚国文（2016）在调查新马泰三国语言景观的基础上，认为语言景观中语言资源的经济价值在不同政体中的认同度不同，希望这一思路能为中国相关语言政策的制定和实施提供参考。倪洪源（2018）运用场所符号学理论和多模态理论对宁波海洋文化语言景观进行研究，发现官方标牌和私人标牌分别代表着政府行为和民间行为，期待能为相关部门更好地制定语言政策提供一些依据。杨姝（2021）研究的是在政府干预下设立的丽江大研古城内的店铺招牌语言景观；其发现，丽江古城的店牌用语与古城保护管理单位制定的店牌语言政策还存在诸多的不一致，虽然古城的店牌语言景观表面上符合政策要求，但实际上还存在很多问题；归结起来，主要原因有政策执行力度不够、没有具体核实语言正确与否、管理单位监管存在困难、店铺经营者忽视了古城的特殊历史及文化意义等。

第四，旅游管理方面。潘秋玲（2005）发现了旅游开发对当地语言产生的负面影响。因此，怎样通过旅游开发使景区当地语言景观作为人文旅游资源被保护起来，仍是需要考虑的问题。比如徐红罡、任燕（2015）认为"东巴文作为一种濒危语言，在旅游中被作为文化资源开发，形成当地的语言景观""政府、研究者均期待通过旅游复兴东巴文"。"语言是观察旅游对一个地区社会文化影响的重要窗口"（尚国文，2018），并且"语言景观也可视为一种可开发利用的旅游文化资源"（金怡，2018）。通过对国内语言景观与旅游开发相关文献的分析，笔者发现很多旅游景区将语言景观作为一种人文旅游资源去开发和利用，以传达这些语言景观的价值，或借助旅游开发去保护和传承某种语言。其中的一个途径就是通过语言标牌将当地的语言展现出来，这些语言标牌在景区中具有重要的信息功能及象征功能。信息功能即语言景观作为一种交流工具传达景区当地的各种社会生活的信息，象征功能即语言景观反映了景区当地的政治、经济、文化等各方面的发展状况及水平，相当于景区的一张名片。在国内的旅游景区中，中文或者少数民族语言同时具有语言景观的信息功能和象征功能。旅游开发和旅游业的蓬勃发展吸引了众多外国人到中国旅游，那么外文在旅游景区的语言景观中就充当了很重要的角色，但外文表现得更多的是它的信息功能，因为它是外来语言。旅游开发过程中，随着外来人员的大量涌入，当地语言会受到外来语言的冲击，以致达不到借助旅游开发去保护当地语言景观的结果。研究发现，旅游开发导致了目的地当地方言的淡化、外来方言的渗入以及外语产生的影响深远。

第五，语言教学方面。一部分学者是从对外汉语教学这一方面研究语言景观的作用。尚国文（2017）受 Cenoz 和 Gorter 的启示，也将语言景观视为有力的教育工具和重要的输入来源，并建议语言教师可设计多层面的语言景观教学活动，让学习者习得语言的同时了解社会。这是国内较早关注语言景观研究与语言教学关系的成果。再如"以韩国留学生为主要调查对象，通过问卷调查结合访谈的方式，具体考察语言景观在对外汉语教学中的作用及发生作用的方式、路径等"（穆亚格等，2018）。很明显，对外汉语教学可以促进我国的文化输出和与别国的文化交流，以"对外汉语教学"为对象进行语言景观研究有利于更清楚全面地了解这方面的发展并对对外汉语教学的开展和实施提供切实可行的建议。刘淑颖等（2019）认为基于语言景观的视角，在幼儿的语言学习和语言教育中，教育者应注重为幼儿筑构丰富、多元的语言环境，搭建语言交往的平台，选择幼儿易于理解和接受的教育内容和形象化、艺术化的教育方式，对幼儿进行语言的启蒙与教育。

（三）国内语言景观研究评述

1. 主要问题

总体来看，语言景观研究的历史较其他领域短，只有四十年，但是这个新兴领域很快获得很多学科和学者的关注和研究，已经成为应用语言学和社会语言学研究的重要领域之一。国内对语言景观的研究运用了跨学科的理论和方法探索语言景观与社会生活的相互作用，如景观科学和城市地理学。在 21 世纪的全球化中，语言景观的全球化和本土化已成为当前研究的重要课题。总的来说，中国的语言景观研究还处在发展阶段，而这些现有的研究给本书提供了足够的理论支持和经验根据。

相对而言，国内研究与国际水平仍有不小的差距，主要存在的问题有起步晚、重描述轻解读、理论基础薄弱、跨学科研究较少等。特别是相较于国外的研究热潮及成果，国内对于语言景观的关注度还不足。（尚国文、赵守辉，2014）

梳理总结近年来相关领域研究成果可以发现，国内语言景观研究的重心已从原来的翻译视角转向社会语言学视角，大多数学者主要通过考察具体某个城市语言景观的使用特点和规律，探究其背后所隐藏的文化背景和社会意义，以及深层次的语言发展、历史变革、文化身份认同等问题，采用的方法大多为文献分析、语料分析、对比分析等。从理论层面来看，国内语言景观领域虽已形成较为成熟的理论体系和研究框架，但或多或少存在研究方法简单、理论创新不足、研究路径单一等问题。

（1）研究方法较为单一，且不系统。大部分研究采取的是田野调查法进行数据收集，但此方法下收集的数据存在随意性和非典型性，且目前对收集到的数据应该如何计量也没有具体标准。

（2）理论上创新不足，未出现具有可产性的范式或框架。（张天伟，2020）语言景观交叉学科研究种类，目前国内对语言景观研究视角比较狭窄，多是外语翻译错误分析，并针对问题提出一些解决方案。但实际上，仅从翻译角度研究语言景观是远远不够的。

（3）语言景观的历时研究和比较研究都较为少见。在已有研究成果中，鲜见对不同城市之间语言景观的共时比较研究，更无论跨国视角下的语言景观研究。从多语研究的维度来看，不同城市之间的横向比较可以展示城市的文明和开放程度，是国际化进程的重要体现；而跨国视角下的语言景观研究则对揭示语言间的相互作用和国家语言政策具有重要意义和价值。城市间语言景观的对比分析几乎空白。

（4）研究路径相对单一。现有研究大多沿着传统的研究路径，对官方标牌、私人标牌的信息和象征功能，国家通用语、少数民族语言、外语的使用规范和选择，公共标识语的翻译与规范等的探讨居多，而对动态语言景观（流动标语、车身广告等），被清理后涂鸦的符号意义等非典型语言景观的研究较少。（张天伟，2020）

（5）国内语言景观研究的主题较为分散。研究焦点除了综述性研究外，大多集中在多语现象、场所符号学、语言服务、语言政策、语言权势等，但从中心性来看，学者对语言景观的关注度远远不够，主题较为分散。该领域的研究有很大的挖掘空间，研究广度和深度亟待拓展和挖掘。

2. 国内语言景观研究的对策

总体上看，当前国内语言景观研究的核心缺陷是对语言景观研究的数量、分类和描述较多，但多数是引介国外语言景观研究的理论框架，少有方法论的创新。

在问题之下也有国内学者做出了积极探索，提出了语言景观研究的新视角，以及建议与生态语言学、语言经济学等领域结合来探究语言景观的新思路，如杨金龙认为生态语言学研究多重文献、轻实证，而语言景观恰好弥补生态语言学的缺陷，两者结合可以推动生态语言学的发展。尚国文（2014）指出语言景观可以与语言经济学结合，可更好探究语言景观构建的经济动因和政策规划。

针对以上现状，进一步完善国内语言景观研究具有相当大的必要性，未来亟需在以下四方面取得突破。

一是要加强对国外理论体系及研究动态的引介和批判性借鉴，提升国内理论研究水平；加强基于中国视角的语言景观创新性理论构建，推动国内研究与国际研究的双向学术对话。

二是要丰富研究视角，拓宽研究深度和广度。整合公示语、店名等传统研究成果；加大对多语现象、语言形式特征、英语的传播、语言政策、少数民族语言活力等传统研究热点的专题研究力度，填补对多模态语言景观研究、语言景观对二语习得的影响、语言景观历时性研究、乡村语言景观研究、虚拟空间语言景观等新兴课题的研究空白，发掘具有中国特色的研究题材。

三是要重视质化和量化相结合的实证研究，结合新技术手段优化研究方法，建设完善语言景观语料库。

四是要壮大语言景观研究队伍，打破学科壁垒，组织跨学科团队开展研究，加强语言景观研究与相关学科的横向联合。我国是一个多民族多语言多方言的国家，语言生态错综复杂。语言景观作为一种普遍的语言实践，能为语言规划、多语现象、语言接触、民族语言活力等诸多问题提供新的研究视角。（张天伟，2020）

第三章

城市形象

一、城市形象

（一）城市形象定义

"城市形象"（city image）作为一个学术概念，一般认为是由美国人本主义城市规划家凯文·林奇（Kevin Lynch）在 20 世纪 60 年代提出的。他在 1960 年出版的《城市意象》（*The Image of The City*）中提到，多数居民共同的心理图像构成了对一座城市的"公众印象"，"公众印象"是多个印象的叠加，一座城市中的道路、边界、区域、节点和标志物五类关键性元素是人们识别一座城市的认知符号。从英文词语"image"，即图形、图像、形象的选用可看出，"城市意象"学说的重点偏向于人对城市物质空间的认知，是首个相对完整的城市形象建设系统理论，对后期城市形象的深入研究起到了开创性的作用。1976 年，埃德蒙·N. 培根（Edmund N. Bacon）在《城市设计》（*Design of Cities*）一书中点明了城市形象设计能够凸显城市性格并对城市整体凝聚力的提升有积极作用。1985 年，哈米德·胥瓦尼（Humid Shvarni）发表《城市设计程序》（*Process of Urban Design*）。这类文献的发表，标志着城市形象设计的逐渐成形。之后，学界逐渐接受将城市形象视作一种集体认知的结果。20 世纪 90 年代开始，针对欧美城市中心区经济下滑导致人口向郊区迁移而引发的一系列问题，西方学者展开了大量的研究工作，城市形象方向也因此有一大批理论和实践成果问世。1994 年，乔恩·朗（Jon Lang）发表的《城市设计：美国的经验》（*Urban Design: American Experience*）标志着城市形象设计进入了高速发展阶段；1997 年，菲利普·科特勒（Philip Kotler）提出了国家营销理论，将地区营销的理念和方法进一步扩展到国家层面；2002 年，菲利普·科特勒进一步提出通过分析地区形象的可营销性来开展战略形象管理，肯定了发展城市形象有利于提升城市乃至国家竞争力，也是城市形象走出设计领域跨入经济领域的证明。国外学者对于城市形象的思考，将城市形象构建与"视觉形象""集体认知""传媒与传播"等关键词相联系。

国内学者认为，城市形象是一种"公众意象"，是公众对城市的总体评价和认知，包括理念形象、行为形象、视觉形象等，表达城市的结构、个性和意蕴。刘卫东（2003）认为，"城市形象就是城市景观特色，是城市存在的意义的注释，也是城市性质、结构和功能的艺术表现形式"。江曼琦（2002）认为，"城市形象是城市独有的文化、城市精神、城市性质、城市的区位和城市底蕴的综合反映，是城市重要的无形资产，体现着城市的价值"。徐苏宁（2003）从美学的角度认为，"城市形象是真、善、美高度统一的艺术综合体，是城市本质的自然流露，是城市历史的长期沉淀"。所谓城市形象是一种客观存在，是城市内部各要素经过长期综合发展给本土或外城人形成的一种直观的和潜在的反映和评价。由于城市是一个复杂的综合系统，为了能准确理解城市形象的内涵，可把其概括为三个方面。

（1）城市理念形象。

城市理念形象是指城市的本质特征反映到城市外在的表现形式，是维系城市生存和发展的原动力，主要包含城市各种生产活动形象理念识别，具体指城市独特的价值观、发展目标、城市规划、文化内涵等，是城市的"大脑"和城市形象的核心。城市理念的主要表现形式包括：城市性质、发展战略和规划、城市文化、城市精神等。例如，城市主导产业理念、生产经销理念、经济效益理念。

（2）城市行为形象。

城市是由人和物构成的有机整体。在城市理念识别基础上的行为表现和重要特征，是城市的"所作所为"，是对城市做了什么、正在做什么和将要做什么的基本印象，主要表现为城市内部的组织管理及活动。如围绕经济增长、社会发展、科技进步、政府政策、文化宣传、体育健身、环境保护等进行的活动，尤其是有利于突出城市形象的广告、宣传、博览、体育赛事等让市民甚至更大范围人群产生识别的活动。城市内部对群体、个体的组织管理、教育，改善投资软硬环境、生活环境，以及对环境所提供的优质服务活动等为对内行为识别；对外宣传、广告活动、招商活动、公益性活动、公关活动等面对城市外部的活动为对外行为识别。

（3）城市视觉形象。

在自然条件的基础上，人类经过长期物化劳动所形成的城市物质环境，称为城市景观视觉形象。通常所说的城市形象，主要指城市中这类具象的视觉形象。城市的外在表现，是城市形象最直接、最有形的反映，是城市的"体形、面孔和气质"，是一座城市看起来的不同之处。能够使人产生城市视觉效应的事物很多，包括市徽、市花、市旗、吉祥物、城市别称、公共指示系统、交通标志、富有特色的旅游点、建筑、绿地等。需要把城市理念、城市精神等通过标语、口号、图案、色彩等形式表现出来，使人们对城市产生系统性的良好印象。城市视觉识别的形成往往以城市的历史文化为背景，以城市的理念识别为基础，以城市的行为识别为依托，向公众直接、迅速地传达城市特征信息，形成城市形象识别的底色。这种景观视觉上的识别，包括以建筑物、构筑物为主体的人工环境（各类装饰、文字、图形、广告等）和自然风光（含地形、地貌等）。虽然是一种物象特征，但反映了城市决策者、建设者和城市居民对城市的理解和追求，反映了一定时期内城市艺术和技术所达到的水平，是城市文明程度的重要标志。

（二）城市形象种类

城市形象是由几个子系统组成的大系统。陈柳钦（2011）在研究中提到城市形象的组成要素包括城市景观形象、城市功能形象、城市经济形象、城市文化形象、城市政府形象、城市市民形象、城市市容形象和城市潜能形象等若干子形象。张云彬和吴伟（2010）在研究中提出城市形象系统包括了职能形象子系统、形态形象子系统、经济形象子系统和文化形象子系统。而陈映（2009）则将城市形象系统分为了更简单的两个子系统，分别为实体城市形象和虚拟城市形象。实体城市形象是一个城市景观风貌的概括，包括了城市硬件系统，如城市规划布局、城市建筑、城市绿化、城市环境等可视性因素的面貌与风格呈现，还包括了城市软件系统，如政府行为、市民素质、城市文化等不可视性因素的面貌与风格呈现；而虚拟城市形象则是评估后形象，即城市内部公众和外部公众对城市的总体信念与印象。

（三）城市形象研究概况

中国的城市形象研究进程是从城市美化开始的。1928 年，我国著名建筑专家、林学家陈植在探讨南京城市美化问题的文章中指出："美为都市之生命，其为首都者，尤须努力改进，以便追踪世界各国名城，若巴黎、伦敦、华盛顿者，幸勿故步自封，以示弱与人也。"20 世纪 30 年代，城市规划专业教学课程中使用的教材《都市计划学》中有名为"城市美观"章节，书中提出："城市计划家均公认，美为人生之一需求，盖美学属于精神上卫生之一道也。"随着改革开放政策的不断深入，我国学者的研究范围也拓宽至国际领域。

中国对城市形象的研究始于 20 世纪 90 年代，而其在中国的首次出现是由兰州大学的罗治英教授提出的。郝慎钧等（1989）在其著作《城市风貌设计》中最早以"城市风貌"来探索城市外在形象和内在要素之间的关系。其指出，城市风貌是一个城市的形象，反映一个城市特有的景观和面貌，风采和神志，表现城市的气质和性格，体现出市民的精神文明、礼貌和昂扬的进取精神，同时还显示出城市的经济实力、商业的繁荣、文化和科技事业的发达程度。彭靖里等（1999）则从公众感知和评价的角度提出了对城市形象的不同定义，认为城市形象是一个城市的内部公众与外部公众对该城市的内在综合实力、外显前进活力和未来发展前景的具体感知、总体看法和综合评价。刘卫东（2003）认为，城市形象就是城市景观特色，是城市存在意义的注释，也是城市性质、结构和功能的艺术表现形式。江曼琦（2002）认为，城市形象是城市独有文化、城市精神、城市性质、城市的区位和城市底蕴的综合反映，是城市重要的无形资产，体现着城市的价值。而李广斌、王勇和袁中金（2006）总结以上观点，并将城市形象定义为城市内在特色的外在艺术表现，集中反映出城市的素质、品味和文化。朱玉明和尹清忠（2004）在研究中提及，城市形象包括城市的经济、政治、社会、科技、教育、文化、生态、环境以及市容市貌、社会风尚、市民素质、社会秩序、政治廉洁、服务效能、生活质量、历史文化等诸多方面，涵盖物质文明、精神文明、政治文明三个建设领域。除了在城市景观、规划、建筑设计等物质空间领域进一步的研究工作外，我国学者也关注到城市形象为城市经济、文化传承、居民凝聚力等带来的积极影响，并对其进行了研究探讨，如卢继传的《持续发展观与城市形象设计》（1997）、张鸿雁的《城市形象与城市文化资本：论中外城市形象比较的社会研究》（2002）等。除了理论研究外，在北京、上海等一线城市的引领下，我国越来越多的城市开始在实践中构建自身的城市形象，如武汉、深圳、青岛、杭州等。进入21世纪后，城市形象设计研究延伸出通过打造城市品牌形象进行城市营销与管理的新视角，关注点转向城市的推广与传播。通过城市形象的输出性营销，各大城市同城市目标消费者、城市机会获取者建立一种以需求为导向的竞争性利益关系，城市营销的目标群体主要有旅游者、居民、工作人员、商务活动者与各类组织，城市营销所突显的城市形象元素包括政府阳光高效形象、产业发展形象、生活居住形象和旅游文化形象等。（何国平，2010）

国内外的城市形象研究自21世纪起都进入了多元化的发展阶段，以人类学家、社会学家、经济学家，以及城市、建筑、规划设计等领域为主的专家学者，开始了对城市形象构建领域的不断探求。李勇、徐建刚和王振波（2009）在他们的研究中引用凯文·林奇对于城市形象的定义：城市形象是一个公众印象，是多个印象的叠加。Ward（1998）强调在城市形象的经营中要引入营销的理念，结合当地的文化特色，打造更具吸引力的地方形象，在这个过程中要摒弃没有特色的传播元素。正如不列颠哥伦比亚大学的学者Warner和Vale（2001）所言，"感知的希望开始取代感知的需求，城市形象变得越来越重要"。城市之间的差异性不应该被低估，即使城市之间在许多方面的确有共通之处。中国学者对于城市形象的定义可分为三大派别：一是印象派，城市形象是城市在社会大众中的总体印象与评价；二是形象派，城市形象是城市景观特色，是城市性质、结构和功能的表现形式；三是精神派，城市形象是城市的文化精神，是城市重要的无形资产。在分析和总结中，虽然城市形象的概念没有完全统一，但是大部分学者对于城市形象的认知存在共性：城市形象是城市文化、精神、景观等元素整合起来的城市的外在表现，是人们对城市的总体印象与评价，是城市重要的具有价值的无形资产。陈建新等（2004）、叶晓滨（2012）、朱占峰等（2013）亦从不同角度对城市形象的概念和内涵做了深入的分析。总体来说，城市形象实际上是包含几个子系统的大概念，它会受到历史因素、政治因素、经济因素、文化因素等的影响，是人们对城市综合能力的印象。

国内对于城市形象的研究也逐渐推进。董晓峰（1999）把城市形象分为硬件系统部分与软件系统部分。"硬件"为建筑道路、生态环境、绿化景观等城市建设；"软件"由城市精神文明、城市理念、城市文化等构成。梅保华（2002）将城市形象分为三个层面，即物质层、管理层和思想层。物质层指建筑布局、基础设施等，与董晓峰（1999）的"硬件"系统大体相合，管理层、思想层与董晓峰（1999）的"软件"系统相合，是在原有概念内涵上结合管理环境、人文环境变化上的细化。随着城市发展，城市形象建设的重要性日益凸显，国内学者对城市形象的内涵不断提出新观点。孙旭（2012）认为城市形象不是城市本身的反映，是人与城市之间的一种心理关系。崔淑慧、徐洪（2018）于国内外城市形象的理论研究梳理的基础上，提出城市形象研究可分为塑造与感知两方面，二者相辅相成。城市形象内涵与研究的演变，体现"人"在城市形象构建中的作用越发受到重视。通过梳理相关文献可以发现，国内关于城市形象塑造与提升方面的研究，主要集中在景观规划、媒介传播和城市文化资本论三个层面。

景观规划层面，多数学者以具体城市的新城区开发或古城区保护为切入口，通过分析城市内部景观规划与生态建设，对城市整体形象的塑造与提升提出了相关建议。比如叶红等（2011）以广州市花都区为例，通过对城市理念形象的定位指导视觉形象构建，从风貌、空间、界面、绿化及地标五个方面指出了城市规划视角下的形象构建。焦健和穆展羽（2020）认为城市景观的设计应该立足在地域文化，实现相辅相成的结合，促进城市内涵化的进程，实现空间与界面的结合、形式与功能的转换，并按照地域性景观设计策略，为城市景观注入人文活力和文化归属感，坚持"以人为本"的理念，确保城市景观保持持久的品质和口碑。

媒介传播层面，刘路（2009）指出良好城市形象的树立与城市形象传播关系紧密，即人们对城市的评价和印象通过媒介扩散的行为和过程。姜秋杰（2017）从符号学的角度出发，分析了城市形象的优化和传播路径，并指出了城市形象传播的四个媒介语言优化策略：其一，清晰定位城市形象的媒介语言符号；其二，改进城市形象传播的媒介语言话语方式；其三，开拓城市形象传播媒介语言的全媒体话语渠道；其四，采用受众导向的媒介语言传播策略。此外，赵莉（2011）和张利平（2012）分别以杭州和武汉为例，探究了我国城市形象传播的误区及对策，并根据这两个城市的城市形象传播现状给出了相关建议。

与上述两个层面注重城市景观建设和形象传播不同，部分学者将城市文化资本论引入城市形象研究领域，提出了城市形象要素的整合与创新，以及文化资本运作所驱动的可持续发展机制。张鸿雁（2002）认为，城市形象的塑造体系，就是创造城市核心竞争力的"城市文化资本"的构成体系。而特定的城市形象概念要素则是城市形象的表意符号，这些城市形象为城市文化创造了无穷的魅力，代表着人们的理性理解和感性认知。张德仓（2005）认为城市文化对于塑造城市形象、增强城市竞争力的作用受到前所未有的关注。城市文化包括物质的和非物质的两个层面，它们对城市形象的构建有不同的影响。安运华等（2006）则从城市文化与城市形象的关系为切入口对城市形象塑造过程进行了探析，认为城市文化是人类社会文化的集中体现，是塑造城市形象的核心。事实上，城市如果通过塑造具有特殊性质的城市形象，打造一定的知名度和美誉度，城市形象要素就会成为一种动力机制，进而促进城市经济、社会、文化、环境的协调和可持续发展。栾海燕（2008）则认为这种机制是"多层次的"，并且由多重要素共同构成。她指出，城市形象是城市文化的外在体现，是有目的、自觉、主动塑造的结果，是现代社会城市发展和城市全员参与的一种城市新文化行为，是"城市记忆"的人文感受。城市形象塑造的一个重要目的是运用"城市文化资本"来创造城市形象发展的永续动力机制。城市文化是由城市形象衍生出的另一研究领域。周秀梅（2013）认为城市建设是我国城市化进程中一个亟待解决的问题，指出城市文化建设是城市建设与发展的重要内容，是城市生活的灵魂和核心，在提升城市整体形象、提高城市居民整体素质、促进社会协调发展与可持续发展等方面具有重要意义。在具体操作的过程中，应根据需要有所舍弃，以保证城市文化的主体性。尹宝莹（2017）则以茶文化为切入口探讨其在城市形象规划中的应用和研究，具体指出在该问题下城市形象规划的路径，例如以茶文化为主题，选择合适的视觉符号；充分利用茶文化元素，营造浓郁的城市文化氛围等。

城市形象已经发展为跨学科研究领域中非常重要的一项课题。相关研究主要集中在城市建筑、旅游景观、媒体传播、公共安全等方面。随着社会科学的语言／话语转向，学者们开始从影视文化、城市形象宣传片方面着手研究，关注语言／话语在城市形象建构与传播中的作用。比如肖雪峰（2013）认为城市宣传语应具备简明、大众化、富有韵律感等特征；李亚铭（2013）将城市话语主体分为城市管理者（政府部门）、城市经济和活动的主体（企业）、城市运行与管理的补充（社团及非政府组织）、城市信息系统的运行者（传媒）和城市的主体（市民），并分别阐述了各话语主体在城市形象传播中起到的作用。从文化话语角度切入研究城市发展的学者则少之又少，仅有施旭（2010）以杭州为例，将城市发展视为话语实践，考察了与城市发展相关的大型活动、宣传海报、新闻报道、政府文件等一系列语料，对杭州城市发展话语展开评价，认为有过分强调现代经济和城市西化而忽视自然和传统保护的倾向。魏征（2018）以西安为例，研究了西安城市形象的文化传播问题，从城市形象的文化传播发展、新媒体与话语翻译研究、城市形象文化传播途径及其多媒体化前景进行分析和描述。卢燕红（2019）以厦门鼓浪屿文化遗产地为例，从遗产话语的角度，探讨了厦门利用鼓浪屿遗产话语构建的城市形象以及该形象在国内外的认可度。

国内外学者对于城市形象的定义和研究方向基本一致，主要关注点在于城市的物质空间形象构建，以及人对城市物质空间的感知与体验，认为城市形象是人们对城市的主观看法、观念及由此形成的可视具象或镜像，由精神形象（信念、理念等）、行为形象与视觉表象（形象与识别系统等）三个层次组成。其中，精神形象指的是城市由内而外散发出的群体性精神，体现一座城市经过历史沉淀后所具备的群体价值共识，决定了城市总体的发展目标、文化内涵等决策性内容的构建方向，是城市形象的核心；行为形象由城市行为和市民行为两方面构成，城市行为指的是城市内部的组织管理及活动构建，市民行为则指城市中的人对外呈现的精神风貌、行为言论、服务水平、公共关系等；视觉表象是城市形象的物质表现，即建筑物、景观、街道、生活设施等，只要是能通过视觉感知的内容，都是构成这种印象和感受的基本要素。张超（2021）通过对关键词的对比分析，得出近二十年中国和国际对于城市形象的研究重心与研究轨迹趋向。英文文献出现频率最高的词是"城市"，方向呈现错综复杂，重要节点有"城市旅游（tourism）""城市认知（perception）""城市传播（communication）""城市形象（image）""城市模型（model）""城市行为（behavior）"等，而中文文献出现频率最高的词是"城市形象"，主要沿着四个方向呈枝状展开，在这四个分枝上出现的重要节点有"城市形象传播""城市品牌""城市文化""城市营销"等。

二、CIS 理论

与概念创新相应的，城市形象相关研究方法也在逐渐完善。国内城市形象理论逐渐成熟，张鸿雁（1995）提出将 CIS 思想运用到城市形象设计中。CIS 是 Corporate Identity System 的缩写，更准确的中文翻译是"企业识别系统"，它是现代信息社会中大规模生产、大市场、先进技术和竞争的产物。CIS 将企业及产品形象中的个性与特点通过各种有效途径传达给一切可接受信息的消费者，使其对企业及产品产生统一的认同感和价值感，树立企业形象，增强企业公众（包括企业员工）的归属意识。CIS 一般分为五个方面，即企业的理念识别（MI）、行为识别（BI）、视觉识别（VI）、听觉识别（AI）和嗅觉识别（SI）。其中 MI、BI、VI 三者相辅相成，缺一不可。CIS 最早起源于美国，于 20 世纪 80 年代传入我国，后被广泛运用，为中国市场的繁荣发挥了积极作用。20 世纪 50 年代以来，作为企业与公众形象整合的有效手段，CIS 已被世界各地的许多公司广泛使用，创造了良好的经济和社会效益。

（一）CIS 发展历程

CIS 理论的雏形发展阶段始于 1907 年，当时德国 AEG 公司设计师彼得·贝汉斯（Pete Berhens）将企业形象标识设计成 A、E、G 三字母的组合，在其公司生产的产品和包装上使用，并将其用来进行广告宣传，使 AEG 公司成为最早实施企业视觉识别系统战略的企业。1933—1940 年，伦敦交通集团负责人 Frank Pick 在执行伦敦地铁设计任务时邀请两位设计师参与此项工作，该设计采用外部建筑景观与内部运输功能相结合的形态，被称为现代工业设计的经典之作。自 CIS 理论于 20 世纪 30 年代被系统性地提出之后，其经历了 50 年代中期的大发展，至 70 年代在美国兴盛起来。战后美国工业特别是交通运输业迅速发展，为 CIS 理论发展提供了机遇。交通的发展需要各类简洁明了的交通标志来定位和指挥，受高速公路交通标志的启发，各种代表企业形象的广告牌在美国公路两旁树立起来，特别是以"M"为代表的"麦当劳"快餐店标志、以红白相间波浪纹形成的"可口可乐"饮料标志和以蓝红相间并排的"加油站"标志，给社会公众留下了深刻印象，取得了良好的社会传播效果。

CIS 理论传入日本后，研究者结合此前理论研究和实践应用，对 CIS 理论进行系统化研究，提炼案例理论，以标准、程序和内容系统化为代表，确立了理念识别形象、视觉识别形象和行为识别形象三大系统理论，更加注重设计程序和设计内涵，也更加注重设计内容的内涵。日本设计师中西元男为东京银座的松屋百货做的形象设计成为这一时期的代表设计之一。20 世纪 90 年代至今，是 CIS 理论全球化发展和应用阶段，主要在广大发展中国家进行推广应用，企业越来越认识到企业形象的重要性，在此之后，CIS 理论应用不再局限于企业形象研究，更被推广应用于研究城市形象、旅游形象等多个领域，硕果累累。

随着我国城市化进程的不断推进，城市规划中的经济和文化矛盾日益凸显，城市发展缺乏文化活力和地方传统特色。因此，城市形象塑造和提升方面的研究逐渐成为学界热点论题，部分学者将 CIS 理论引入城市形象设计领域，逐渐演变为城市识别系统（City Identity System）理论，指通过识别系统塑造所期望的城市形象，直接或间接为城市带来经济和社会效益的一套分析方法。

鉴于企业识别系统为现代企业组织管理与公共宣传提供了有力的战略手段，CIS 自然而然被引入了城市研究，其含义也被赋予了 City Identity System 的新概念。将 CIS 的一整套方法与理论移植于城市规划设计与城市综合形象塑造中，形成城市形象识别系统。在我国城市发展进程中，城市形象意识有一个逐步增强的过程。20 世纪 90 年代以来，我国进入城市化加速发展阶段，城市美学、城市景观设计理论受到重视，并在 90 年代前期明确提出了城市形象设计的概念范畴和战略理念，标志着我国城市研究中的 CIS 意识开始觉醒。进入 21 世纪，城市 CIS 的研究也进入了系统深入阶段，全国各城市的发展与竞争趋势愈加明显，经营城市的理念逐步被接受，城市规划设计与城市形象塑造的研究，也相应成为各城市发展中自觉的需要，借鉴 CIS 的原理，多角度探讨城市 CIS，也自然地成为一股热潮。

（二）CIS 研究综述

我国最早的 CIS 理论研究始于以王续琨和陈喜波（2001）、张鸿雁（2002）为代表的一些研究。其中最传统的城市 CIS 理论体系直接借用了企业 CIS 理论，如图 3-1 所示，它将形象识别分为：理念识别（MI），通过对城市的核心价值观、文化内涵和经济发展思想的总结和提炼，确定城市形象定位和明示形象核心，是整个城市的内在精神的价值观的集合；行为识别（BI），通过对构成城市各主要层次的主体的行为观察，来寻求某种具体的有鲜明城市个性、细化城市理念的推行和运作模式；视觉识别（VI）是向外界传达自身价值观和形象的外在表达。这三个系统互相影响、交融，是研究城市形象的经典模式。很多学者从这三个角度分析不同因素对城市形象的构建作用和影响机制，代表性的研究如王进安等（2013）、房庆丽等（2015）。此外，随着感官体验时代的到来，五感体验的识别在城市形象识别系统中也越来越受到重视，许多学者开始尝试对 CIS 理论进行深化与创新，其内涵得到了充分的扩展，逐步演进到包括听觉识别（audio identity)、触觉识别（touch identity）、嗅觉识别（olfactory identity）、味觉识别（fragrance identity）和视觉识别（visual identity）的全方位感官识别系统。其中，视觉层面相关的理论与应用一直是研究的重点，听觉层面的研究则集中在声音景观（soundscape）领域，触觉、嗅觉、味觉因为理论基础薄弱、技术实施较困难等问题，目前成熟的研究产出比较少。

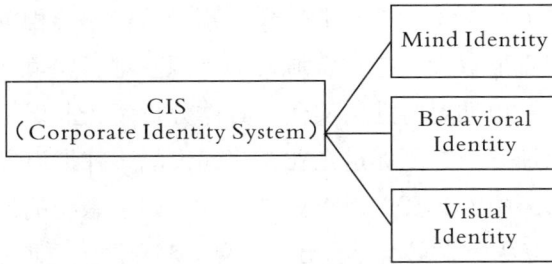

图 3-1　CIS 理论体系的构成

与前述两种研究方法不同的是，王续琨和陈喜波（2001）则提出了城市形象识别的四层级结构，即把城市形象分解为城市的理念识别、行为识别、规范识别、感官识别四个子系统，这种分析方法结合了前述两种方法的优点，具有较高的参考价值。其具体内容及不同子系统之间的关系见表 3-1。

表 3-1　CIS 理论之四层级结构主要内容

子系统	内容	元素
理念识别系统（mind identity）	一座城市所有社会组织和市民的精神信念、心智状态的总和	城市定位、发展目标、品牌创新等
行为识别系统（behavior identity）	一座城市中所有社会组织、机构、团体的服务行为、经营行为和全体市民行为的总和	政府行为、企业行为、公众行为、文体行为、环保行为等
规范识别系统（standard identity）	一座城市所有对公众行为有规范作用的组织管理手段的总和	地方性法律规章、管理方法、运作机制等
感官识别系统（sense identity）	公众能够直接感知的城市信息的各种载体，以视觉和听觉层面为主	景观形态、广告标语、声音环境等

理念识别、行为识别、规范识别和感官识别这四个子系统互相依存与关联，形成一个完整的城市形象识别系统。其中，理念识别系统是其他三个子系统得以

建立和存在并发挥作用的基础。行为识别主导城市形象的动态识别，强调城市各主体之间的活动和关联。感官识别主导静态识别，是城市理念形象的直观外在化表现，是社会公众能直观接收到的城市形象符号，是城市形象品牌传播的最佳方式。

国内许多学者对 CIS 有深入的研究，如付秀彬（2007）着重讨论了 CIS 中行为识别（BI）的内涵，认为其本身是一种规范行为的制度，需要具有普适性并实现内化；毛亮（2008）结合企业形象识别和传播学等相关理论提出城市旅游品牌的定位及视觉形象设计应结合城市的资源基础、竞争优势以及战略发展方向；李璐（2012）以烟草行业为实例，具体分析了企业识别系统是如何在理念、行为、视觉识别三个方面促进企业文化建设的，并提出导入企业识别系统的方法、途径；张恒丽（2012）重点讨论了视觉识别系统的设计误区，强调其实用价值，认为其应从企业实际问题出发，突出差异性，展现企业精神个性与内涵；王小青、杜营（2013）通过研究 CIS 在企业竞争中的历史轨迹以及分析 CIS 的影响力、文化、经济价值，指出塑造有个性的企业形象逐渐成为企业的长期战略选择；曹梦（2015）认为企业视觉形象识别设计发展应结合新媒介的发展和先进科学技术进行创新和个性化设计，为品牌形象注入生命力；钟杭（2014）以海尔集团为例，研究了企业形象对于企业绩效的影响，得出良好的企业形象有助于企业从财务、非财务两方面提高企业绩效；刘婧（2013）对企业形象建设的发展状况进行研究，指出了我国品牌建设存在的同质化严重、盲目进行品牌延伸等问题，提出了企业形象识别系统的审美化策略；蔡宙鹰（2015）认为在企业视觉识别系统中，设计理念发挥着基础性的作用，应特别注意设计元素与企业品牌文化建设的一致性，建立企业独特的识别机制以提高企业存在的价值；陈文玉（2016）以 CIS 为指导理论，以苏州为例，提出提炼苏州旅游的内涵精髓是其形象定位的关键；王璐（2017）归纳了 CIS 系统中 MI、BI、VI "相由心生，意聚形立"的设计核心理念，并提出了 CIS 设计的"代入式"体验方法，"共融式"设计方法以及"拔高式"创新方法；谭慧丽（2017）认为 VI 系统的建设应便于执行，具有实用性以及地域性，VI 系统作为表达企业外在形象、内在精神的主体，需要根据企业发展需要以及对企业文化的反思进行不断调整；邓子豪（2018）认为在传统的 CIS 企业形象设计中，许多企业缺乏对服务体验流程进行系统性设计和情景化还原，而服务设计思维与方法有助于企业提升用户体验，从而塑造良好的企业形象。CIS 应用于城市形象识别是指对城市形象的内在定位和统一包装，也是内外部公众对其的认知、评价，是城市内涵的理性再现。（许新国等，2019）但是语言与 CIS 结合探讨城市形象的研究鲜有涉及。

三、语言景观与城市形象

（一）研究综述

　　纵观相关文献，我国国内对语言景观与城市形象的研究属于一个十分年轻的领域，这些文献的研究内容主要集中在：语言景观建设存在的问题以及与城市形象的关系。如冯晓辉（2014）认为语言景观的翻译质量直接影响城市形象。闫亚平和李胜利（2019）在语言学家 Landry 的理论的基础上，对城市宣传语景观建设、城市指示语景观建设、市政府网站语言景观建设以及历史文化街区语言景观建设中存在的问题进行了调查和分析。尹海良（2019）在语言学家 Landry 的理论以及吴必虎（2017）"语言是最有价值的地域人文景观"思想的基础上，对青岛市语言景观存在的问题进行了调查和分析，并提出一些改进措施。赵慧媛、袁晶晶等（2019）在美国著名规划师凯文·林奇把道路、节点、区域、边界、标志物定位为城市景观形象的五大要素，并提出首要印象区、光环效应区、地标区等概念和理论的基础上，对国内外对于公示语研究现状、公示语层面对于城市形象的研究进行了总结，并分析了公示语与城市形象传播的关系，认为公示语是一种语言景观、文化软实力，公示语翻译是一种跨文化传播。同时，他们对呼和浩特市公示语存在的问题进行了分析与总结，并提出了改进策略。陈红美（2020）总结了语言景观对城市形象的影响，她认为公共空间的语言景观具有信息功能（informational function）和象征功能（symbolic function），起着标识、提示、限制等作用，是城市软件形象建设的重要组成部分，反映了一个城市的文化内涵和形象。同时，她还调查分析了宁波市中英语言景观现状，并提出相关建议和措施。此外，《语言景观构建与城市形象提升策略分析——以冬奥城市张家口为例》《以"中英双语语言景观"为媒介提升宁波城市国际化形象的路径研究》《以城市形象提升为导向的石家庄语言景观翻译探讨》《兰州市交通公示语汉英译写规范化研究》等文章都根据不同城市的情况，调查分析了语言景观中出现的问题以及改进措施。

　　语言景观作为城市景观的重要文本，在城市形象的构建方面起着重要的作用。梳理总结相关研究文献发现，我国学者对城市形象的研究亦体现出较为明显的语言学转向。该方面的研究主要可以分为两大类。

　　第一类以符号语言学为切入视角，探究城市形象传播的媒介语言和流变趋势。傅译乐（2017）将符号学原理运用于城市形象标志设计，分析了城市形象标志的设计策略、推广和应用。尹迎春（2010）、孙海芳（2014）和傅译乐

（2017）分别以乌镇、兰州和成都为例，探究了符号学理论在城市形象设计和传播过程中的重要作用，提出了深化城市符号形象，拓展城市文化发展空间的基本理念。

第二类在社会语言学视角下探究语言景观在城市形象构建中的作用。徐茗（2015）指出，语言景观既具有信息功能，也具有空间的象征功能，是城市景观的重要组成部分，也是重要的人文地理表征。语言景观是社会的整体映像，城市的经济文化状况及发展差异往往会映射在语言景观之中。刘楚群（2017）从语言学的角度出发，通过研究上饶、鹰潭、抚州和赣州四个城市的店名设计，从店名的语符呈现、能指所指关系的规约与割裂、汉字的使用三个方面考察了语言景观对城市形象的映射作用。与此类似，伍坤（2017）从文化价值的角度探析了城市语言景观的构成与形式，认为城市语言景观是对一座城市形象的客观反映，既体现了当地居民的文化认同和经济发展水平，也展示了一个地区的语言生态环境。

景观符号学和语言学在城市形象领域的应用也是当下城市文化研究的重要路径，李鹏鋬等（2016）运用景观符号学的相关理论，从本体和客体出发，寻找以古城墙为代表的遗产景观的能指与所指的双重属性，识别其作为遗产景观的符号内涵，在此基础上，提出以真实性和系统性为原则的城市发展路线，完善城市形象的景观符号语境，以实现以遗产保护为导向的城市形象的可理解性、可交流性和可持续性。王珊珊等（2018）把语言学与城市公共空间的交叉作为研究的一个切入点，应用语言学的分析方法来掌握城市公共空间景观设计的语汇、语法、语义和具体的语用等原理，从而引导人们形成整体创作观、系统创作观、地域创作观。同时她认为，这种以城市复兴为主导的城市文化建设渐渐成为旧城再发展的一种模式，在改善城市形象、推动旅游发展、吸引投资等方面发挥着积极的作用。

（二）研究评述

以往城市形象研究多从建筑学、旅游学与政治经济等视角切入，关注的问题多为城市景观、城市定位、城市品牌建设与城市居民经济发展指标等静态、稳定的元素。总体来看，以往研究多从本质主义角度出发，将城市形象看作城市自身的属性，这种研究方式通常侧重考察城市形象的稳定性、被动性特征，有意无意地忽视了城市形象的话语构建与社会发展的互动。相关不足主要在于：①忽视第三世界国家城市的研究，较多关注发达国家中知名度较高的城市，如"时尚之都"巴黎、"音乐之都"维也纳、"水城"威尼斯、伦敦、纽约、巴塞罗那等；②从语言使用角度考察城市形象的文献往往将研究对象局限于可观测的语言形式，容易忽略城市形象和话语实践的互动性；③鲜有研究者从话语角度切入，历时分析城市形象建构的动态变化，将城市形象与国家政治和历史文化相联系。针对这些不足，本书结合话语建构论与文化话语研究框架，从话语主题、话语形式及话语主体方面探究话语对城市形象的建构作用，并尝试探讨城市形象建构与城市历史、国家政治环境以及文化传统的互动。

（三）研究展望

随着中国城市化进程的不断深入、新型城镇化建设的不断升级和落实，对城市文化生态与城市形象的相关探讨逐渐凸显出其重要性。而语言景观作为城市文化生态的重要组成部分和表现形式，是城市文化研究与实践中不可忽视的重要文本。微观层面如何解析城市语言景观的文本构成和话语模式，理解其在公共空间内被生产和被消费的机制；中观层面如何以城市内整体社会语言生态为视角，探索语言景观在城市形象塑造和提升中所发挥的重要作用；宏观层面上，在当前社会和文化背景下，如何从城市规划和文化生态构建的角度出发对城市语言景观进行规范和治理，都是当下语言生态学和城市规划领域亟需重视和解决的问题。

通过针对性地梳理和总结学界关于城市形象建构与提升方面的研究文献，我们发现，部分研究虽然体现出了一定程度的语言学转向，并对城市公共空间内语言景观的设计和规划提出了具体建议和政策指导，但将城市语言景观置于城市公共空间内社会文化生态的整体框架下，去探究其对城市形象的建构路径，仍有待进一步的研究。根据对前人研究成果的分析，不难得出一个结论，即现阶段关于城市形象以及如何提升某城市城市形象的研究已经有很多了，但是由于语言景观在国内还是一个相对较新的概念，在语言景观和城市形象上的研究暂时空缺。城市形象对于一个城市的经济、文化发展有着重要的作用，而了解语言景观和城市形象之间的关系尤为重要。因此，本书的研究对于粤港澳大湾区中心城市的进一步发展及其形象的提升具有重要意义。

第四章

深圳语言景观研究

一、深圳概况

深圳，简称"深"，别称鹏城，深圳之名始见史籍于明朝永乐八年（1410年），清朝初年建圩，1979 年成立深圳市，1980 年成为中国设立的第一个经济特区，是广东省副省级市、计划单列市、超大城市、全国性经济中心城市和国际化城市。深圳地处中国华南地区、广东南部、珠江口东岸，东临大亚湾和大鹏湾，西濒珠江口和伶仃洋，南隔深圳河与香港相连，是粤港澳大湾区四大中心城市之一、国家物流枢纽、国际性综合交通枢纽、国际科技产业创新中心、中国三大全国性金融中心之一，正在全力建设中国特色社会主义先行示范区、综合性国家科学中心、全球海洋中心城市。深圳水陆空铁口岸俱全，是中国拥有口岸数量最多、出入境人员最多、车流量最大的口岸城市。截至 2018 年末，深圳城镇化率 100%，是中国第一个全部城镇化的城市。作为中国改革开放的窗口和新兴移民城市，深圳创造了举世瞩目的"深圳速度"，被誉为"中国硅谷""科技天堂"。深圳在中国高新技术产业、金融服务、外贸出口、海洋运输、创意文化等多方面占据重要地位，也在中国的制度创新、扩大开放等方面肩负着试验和示范的重要使命。

2019 年 8 月，中共中央、国务院明确支持深圳建设中国特色社会主义先行示范区。中央出台支持深圳建设中国特色社会主义先行示范区的意见，是一个非常重大的战略性决定。首先，建设社会主义先行示范区，意味着中国特色社会主义在全国还要不断探索完善。"特别是中共十九届四中全会提出坚持和完善中国特色社会主义制度、推进国家治理体系和治理能力现代化任务后，谁来做先行者、探路者？中央等于把这个任务进一步交给了深圳"，经济体制改革研究会会长彭森指出。所以深圳一方面要做好经济体制改革开放和创新发展，另一方面在社会治理体系、治理能力现代化方面也要进行探索。这意味着深圳特区的改革，特别是市场化改革和更高水平对外开放，开启了在一个更高目标、更高层次、更高起点上的再出发。

二、研究综述

作为国际性大都市，深圳的发展备受国家和世界的关注。为了更好地推动深圳的综合发展，如何构建良好的城市形象被提上日程。而语言作为人类进行沟通的主要表达方式和认知世界的工具，与城市形象的展现与构筑息息相关。

　　笔者在"中国知网"平台搜索"城市形象"的字样，出现 15 077 条搜索结果，但当我们把搜索关键词改为"深圳城市形象"时，仅有 258 条搜索结果，且最早被收录的文献的发表时间为 1993 年，距今仅 30 余年。由此可见，当今学术界对于"深圳城市形象"的研究较少，且刚刚起步。

　　在这两百多份文献资料中，关于深圳城市形象的研究主要集中在以下几个方面：大型活动赛事、媒体、文化（人文精神）、国际形象以及构建良好国际形象的措施。如阳玉明（2019）主要从盛会与城市视觉、盛会与城市行为、盛会与城市理念以及通过盛会来提升城市形象的规律和方法四个方面来分析盛会与城市形象传播的互动关系。阳玉明认为，一座城市可以在视觉上传播城市形象，在盛会期间，城市可根据自身的定位来打造具有识别性的城市外观，借助盛会传播城市形象，打造视觉识别要素。陈海燕（2019）在美国刘易斯·芒福德《城市发展史：起源、演变和前景》和传播学相关理论基础上，解析了传统认知中构建城市形象存在的问题，并提出了在融媒体时代背景下，我们要改变传播方式，也要改变传播心态和传播战略，结合传统媒体和新媒体，彰显城市特色、塑造城市形象、提高城市影响力。韩隽（2019）强调了现代传媒对城市形象传播作用的不可替代性，并对城市形象传播中传媒的角色定位进行了分析，认为"媒体应发掘城市精神，建构城市主体文化，对内扶助城市人群形成特有的文化归属意识，对外形成良好的声誉"。周宏春（2018）列举了城市品牌的几种类型，并给出建立良好城市品牌的好处。陶立业和陆钰霜（2018）提出了城市治理能力现代化有助于提升城市国际形象塑造力，列举了当前我国城市国际形象塑造方面所存在的不足，并提出了合理规划城市国际形象概念体系，提升城市"软实力"、切实开展城市国际形象塑造行动，提升城市"硬实力"、协同扩张城市国际形象传播力度，展示城市"巧实力"的措施。

　　城市形象是一个多元化的概念，城市的方方面面都会影响城市形象的构建与展示，然而国内对深圳城市形象的研究涉及方面较少，还需从更多方面挖掘构建良好城市形象的要素。学术界关于语言景观对深圳城市形象影响的研究更是寥寥无几，且研究方向与"语言景观与城市形象"研究相似，都主要集中在语言景观中存在的问题以及应对措施两个方面。如文章《交通公示语英译调查与分析：以深圳市为例》《粤港澳大湾区建设中的语言问题》《城市公示语翻译现状与深圳国际化城市建设》等。

　　语言景观与城市形象的研究属于新兴领域，虽然近十年来发展较为迅速，但仍有很大发展空间。深圳作为粤港澳大湾区四大中心城市之一，其未来的综合发展备受瞩目，其城市形象的构建也越来越受到人们的重视。因此，笔者认为，深圳的语言景观对城市形象的影响是一个很有潜力的研究领域，在未来会受到更多关注，研究视角和方法也会不断丰富。

三、深圳街区语言景观

（一）研究简介

深圳东门形成于明代中叶，已有 300 多年历史。改革开放后，随着深圳经济的快速发展，东门逐渐发展成为集旅游观光、美食休闲、购物消费于一体的标志性商业街区。如今，东门步行街已不再是功能单一的商业街，多种物质和精神层面的功能相继出现：老街广场世纪钟、青铜浮雕《东门墟市图》、巨型青铜雕塑、思悦书院、岭南建筑风格的风情街，这些街景具有明显的历史人文特色，具有一定的研究价值。上千家商铺林立于东门，带来商业的繁盛。近年来政府对东门进行管理改造，东门的私人和官方语言景观资源变得更为丰富，语言使用也更加规范。本研究主要以东门步行街为实证研究对象，采取了田野调查的方法。在东门步行街，笔者使用手机、相机拍摄 467 张照片后，通过筛选和重新分类，获取了 329 个有效的私人语言景观样本和 53 个官方语言景观样本，利用SPEAKING 模型对采集的样本进行分析，并对数据反映出的语言使用现象做出解读。

（二）数据分析

笔者选取的具体范围为东门步行街的主干道（解放路）及附近部分道路和区域，包括人民北路、永新路等沿路两千米左右范围，利用手机拍摄沿街商铺招牌和官方招牌，将研究对象分为私人语言景观和官方语言景观。

1. 私人语言景观

私人语言景观是指企业或个人为商店信息展示或商业使用而创建的商店标识。它的运用相对自由，反映了人们的经济利益、生产者的个人偏好和需求，也称为自下而上（bottom-up）的语言景观，包括私人或企业所设立的用作商业或信息介绍的语言景观，如商店标识、广告小册子、宣传海报等。

（1）体裁（Genre）。

在 SPEAKING 模型的体裁方面，语言景观的分析可以根据符号的类型进行分类。笔者采集的329个有效商业标识，按行业划分为餐饮、服装、酒店、金融、手机、杂货、珠宝、娱乐、眼镜店、艺术、理发店、药店、美妆13类。

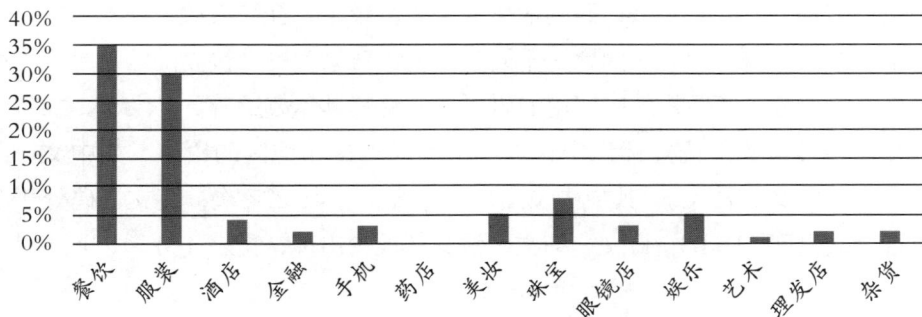

图4-1　东门步行街店牌行业分类占比

（2）结果（Ends）。

在SPEAKING模型中，E揭示了语言符号的功能和创作者希望通过语言符号实现的目标。根据私人招牌的功能，我们可以区分设置这些标识的不同目的。

①认知功能。

商业标识的内容一般用以解释事物并希望受众对相关事物有初步认知。因此，从语言景观信息功能的角度来看，商业标识具有认知功能。在私人语言景观中起认知作用的语言景观的主要内容一般是对业务内容和商品的解释和介绍，如对业务范围的解释、对产品的简要介绍。

②指示性功能。

在公共空间的不同区域中，标识被用来引导和标记位置，这些标识从语言景观信息功能的角度发挥作用。每家商店都使用其独特的招牌作为吸引游客的指标，如"周六福"商店招牌。此外，在东门，具有指示性功能的店铺招牌的文字特色鲜明，不同店铺招牌的汉字丰富多变。

③交互性功能。

当公共空间标识中的文本以虚拟会话交流的形式向受众表达邀约倾向语义时，标识具有交互作用。在东门，商家对经济利益的需求是打造互动功能标识的重要动力。私人语言景观在标识结构中起着互动作用，标识结构更加多样，最常见的标识内容是"欢迎""商务"或两者的结合。

（3）基调（Key）。

社会语言学将各种语言或其变体定义为语码。商店招牌中的语码将激活受众关于语码含义和语码连接的社会和文化信息。因此，在双语和多语招牌中，不同语码的出现会使不同语码的信息框架同时激活，但激活程度不同。当一个语码的空间位置和使用频率占主导地位时，它的信息框架就会被更多地激活，引起受众的更多关注。此外，下级语码的信息框架激活较少，往往被放置在标识的边缘作为主导语码的背景信息。因此，不同编码的语言景观受众接收的信息是不均衡的。本节主要考查商店招牌中使用的语码类型及其具体数量。

在笔者搜集到的商业标识中，出现了不同国家和地区的语言，如中文、英文、日文、韩文和法文。其中中文出现频率最高，共227次，英文语码处于次要位置，共出现113次，日文、韩文、法文都很少出现，见表4-1。

表4-1　各文种出现次数

语码	中文	英文	日文	韩文	法文
出现次数	227	113	5	3	2

语言景观可以根据语码出现的频率来分类，可划分为单语、双语和多语标识。只使用一种语言的标识被称为单语标识，使用两种语言的标识被称为双语标识（中文＋汉语拼音、汉语拼音＋中文的组合在本研究中视为双语标识），使用三种或三种以上语言的标识被称为多语标识，见表4-2。

表4-2　各类型语码统计分析

语码类型	数量	占比
单语标识	214	65.05%
双语标识	113	34.34%
多语标识	2	0.61%
总数	329	100.00%

根据以上统计，我们可以得出以下结论：中文标识在数量上占主导地位；双语标识次之，主要是中英双语；多语标识出现次数很少。结果表明东门步行街及其周边地区语言景观的多语性质并不明显。

（4）媒介（Instrumentalities）。

我们可以从 SPEAKING 模型的媒介因素方面，分析商店招牌上的语码转换和语码混合问题。

东门商业标识中有十二种语码组合，可分为三类：①单语语码为中文、英文、日文、韩文或法文；②双语语码组合包括中文＋英文、中文＋汉语拼音、中文＋日文、中文＋法文、中文＋韩文；③多语言标识，以中文为主，包括中文＋英文＋日文、中文＋英文＋韩文。

表 4-3　语码组合情况统计

语码组合	数量	占比
中文	164	49.85%
英文	46	13.98%
日文	2	0.61%
韩文	1	0.30%
法文	1	0.30%
中文＋日文	2	0.61%
中文＋法文	1	0.30%
中文＋韩文	1	0.30%
中文＋汉语拼音	42	12.77%
中文＋英文	67	20.36%
中文＋英文＋日文	1	0.30%
中文＋英文＋韩文	1	0.30%
总数	329	100.00%

在东门，单语标识主要包括中文语码和英文语码。虽然在全球化的影响下，英语的传播和推广加强了国际通用语言英语的地位，但在东门，中文语码出现了164次，英文语码相对较少，只出现了46次。

①仅使用中文语码标牌的店铺。

中文语码在单语标识中的比例约为77%。如肯德基起源于美国，它的商店标识通常是英文的，但在东门商业街，它仅使用中文"肯德基"，便于中国受众阅读。肯德基充分考虑了本土化策略，利用语言认同策略在特定的环境地点实现跨文化交际。这种策略显示语言生活的活力所在，也可以帮助商家更好地融入东门的商业环境，减少外国品牌给游客带来的心理差距，从而获得更好的业务发展。

因此，大多数当地中文食品和服装品牌更倾向于使用只有中文的标牌。

图 4-2　仅使用中文的标牌 1　　　　　图 4-3　仅使用中文的标牌 2

②仅使用英文语码标牌的店铺。

笔者收集了 46 例样本仅使用英文语码。很多仅使用英文语码的都是中国品牌的店铺，商家自觉使用英文语码是为了营造国际化、高端时尚的消费氛围。此外，海外品牌一般使用英文标牌，从而凸显店铺的品质和高端品位。

图 4-4　仅使用英文的标牌 1　　　　　图 4-5　仅使用英文的标牌 2

③使用双语标识标牌的店铺。

在使用双语标识标牌的商店中，不仅有国内知名品牌、国际品牌，而且有许多小而不知名的商店。

图 4-6　双语标识 1　　　　　图 4-7　双语标识 2

（5）行为次序（Act Sequence）。

SPEAKING 模型中的 A 是指语码信息内容呈现的顺序，即形式上的主次关系。行为次序体现在符号语言景观上，就是语码排列的位置和语码呈现的大小。

①语码体积大小。

商家往往会受招牌面积的限制而对语码进行选择性的处理，在多语言的标识中，商家通过设置不同语码的不同体积大小来突出核心信息。同时，符号信息中突出的、大的字体往往更能吸引消费者的注意。

表 4-4　语码体积大小统计分析

语码体积大小	数量	占比
中文更大	50	45.45%
拉丁字母更大	29	26.36%
大小相同	27	25.55%
其他情况	4	3.64%
总数	110	100.00%

东门商圈内，仅含中文和拉丁字母语码的标牌中，中文语码体积大于拉丁字母语码的数量最多，共计 50 个，占招牌总数的 45.45%，示例见图 4-8；拉丁字母语码体积大于中文语码的标识共计 29 个，占总数的 26.36%，示例见图 4-9；双语语码体积大小相同的招牌共计 27 个，占总数的 25.55%，示例见图 4-10。

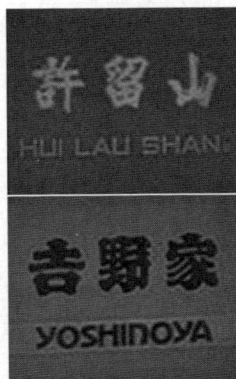

图 4-9　拉丁字母语码更大的示例

图 4-8　中文语码更大的示例

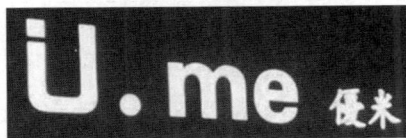

图 4-10　双语语码大小相同的示例

从统计结果来看，在 110 个多语标识（仅含中文和拉丁字母语码）中，中文语码体积大于拉丁字母语码的标牌数量接近 50%，这表明中文在东门语言景观中占据主导地位，体现了中文强大的生命力，但其也面临着拉丁字母语码的潜在挑战。

②语码排列方式。

东门语言景观中除日文、韩文和特殊字符（数字和符号）以外的语码类型，其他西方国家的语言使用拉丁字母，如英文和法文，汉语拼音也用拉丁字母书写。

表 4-5　语码排列方式统计（仅含中文和拉丁字母语码）

语码排列方式	数量	占比	举例
中文置于拉丁字母上方	40	36.36%	太阳数码影城 SUN DIGITAL MOVIES
中文置于拉丁字母下方	22	20.00%	SPORTS DIAMOND SNOOKER CLUB 梵钻桌球俱乐部
中文置于拉丁字母左侧	12	10.91%	鹿角巷 THE ALLEY
中文置于拉丁字母右侧	27	24.55%	S&K 衣租坊
其他排列方式	9	8.18%	—
总数	110	100.00%	

如表 4-5 所示，在东门出现的双语和多语标识中，上下排列是最常见的语码排列方式，其次是左右排列。中文置于拉丁字母上方的招牌数量最多，占总数的 36.36%；其次是中文置于拉丁字母右侧的招牌，占总数的 24.55%；中文置于拉丁字母下方的招牌数量第三多，占 20.00%。

（6）背景和场合（Setting and Scene）。

店铺招牌的外观形态和位置，就是 SPEAKING 模型中以 S 为代表的背景和场合（设置和场景），重点分析招牌与受众形成的交际时空位置，解读语言信息传递的效果。

招牌的外观和位置分为横式招牌、竖式招牌、墙式招牌三种。

表 4-6　招牌外观和位置统计

种类	数量	占比
横式招牌	289	88.9%
竖式招牌	21	6.5%
墙式招牌	15	4.6%

①横式招牌。

横式招牌一般置于商铺的前门上方。为了突出店铺的风格和文化气质，一些招牌会放置独特的标识。在东门，大多数店铺都会在合适的位置使用横式招牌，在本书语料中，横式招牌共出现 289 次，占总数的 88.9%。

图 4-11　横式招牌示例

②竖式招牌。

竖式招牌是垂直挂于商店墙壁上的招牌类型，通常是带有基本店铺信息的次级招牌，用以吸引顾客。东门共出现竖式招牌 21 个，占比 6.5%。大多数竖式招牌的面积比横式招牌小，招牌上的信息很少，一般只包含店铺名称。

图 4-12　竖式招牌示例

图 4-13　墙式招牌示例

③墙式招牌。

商家利用店铺的整面墙作为招牌信息承载的对象，其中写出店铺名称，介绍店铺信息，并经常与图片一起出现，避免了信息的单调和枯燥。墙式招牌在一定程度上改变了人们对店铺招牌形式的认识，其出现的频率较低，可给消费者带来独特的视觉体验。

（7）参与者（Participants）。

①设立人。

东门私人招牌的设立人是各种商铺的店主，他们中的大多数人在沿街营业的商店正门上方设置标识。一些资本雄厚的商店投入大量资金，邀请专业设计师为品牌创建精美的招牌，而较小的商店在招牌上投资较少，视觉效果也就参差不齐。在此基础上，东门的私人标识在质量和成本上呈现出两极分化的趋势。

图 4-14　大店铺的精美招牌　　　　　　图 4-15　小店铺的简洁招牌

此外，东门商户招牌设计大多符合优先身份原则。东门的店铺大多数是中国品牌，运营商和标识设计师注重突出当地特色，如在招牌上使用中文、横向排版中文、在显著位置放置中文，意在为中国受众营造一种亲切感和认同感。此外，一些海外品牌也在标牌上使用中文，与当地消费者拉近距离。与此相反，一些海外或本地品牌将英语或其他外语放在显眼的地方，这反映了企业主对差异性的追求。这些商户通过与周边的中文语码进行区分，突出了店铺独特的个性，从而吸引了消费者的眼球。

此外，通过对东门部分商户的访谈，笔者发现部分当地餐饮店、专营当地特产的小商铺等商户缺乏品牌意识，缺乏对店铺整体形象的长期考虑。例如，一些店主缺乏对商店外观形象设计的概念，导致招牌的文字太小，无法吸引消费者的注意；一些商店标识中英文布局混乱，容易让消费者产生认知混淆；一些商店标识内容过于晦涩，无法突出其经营范围和商品特色。

图 4-16　标牌文字过小

图 4-17　经营范围和商品信息模糊

②受众。

东门私人语言景观的受众基本上都是来东门购物、娱乐、从事其他消费活动的消费者，他们大多来自全国甚至世界各地，有着不同的消费需求和价值观。因为私人语言景观的目标非常丰富，所以我们从不同的角度可以得到不同的身份信息，按照不同的分类方法可以划分出不同的消费者群体。

按收入可划分为高收入群体和低收入群体。商店标牌是商业生活中语言景观的常见表达，奢侈、高端的标识吸引高收入消费者，而那些制作、设计简单的标识则不易引起高收入群体的注意。

按性别可划分为男性消费者和女性消费者。如果标识是针对男性的，标牌设计则倾向于符合男性的审美，如直接、简约、重视成功；如果标识是针对女性的，设计则基于女性的注重形式、崇尚美观的审美倾向。

此外，在消费行为中，社会文化心理是促进消费的重要动力，因此私人语言景观在创造过程中会自觉或不自觉地迎合消费者心理，并随着环境和消费氛围的变化而变化。随着近年来经济的发展和深圳外来人口的增多、来定居的外国人人数增多，许多年轻人已经成为主要的消费者，他们有着前沿的消费观和时尚的审美观，这不可避免地导致了东门店铺经营理念的改变，许多店主主动改变经营方式，包括加大投资标牌设计的力度，努力使招牌更时尚、更有趣。一些商户利用可爱而色彩鲜艳的标识来吸引年轻人，如名创优品标识（见图 4-18）。

图 4-18　名创优品标识

同时，随着全球化的发展和当地旅游业的进一步发展，许多外国游客前来参观，有些甚至在当地经营商事。外国游客的涌入和旅游交流的需要使英语在该地区得到传播和推广。因此，英语的语言需求不容小觑，许多经营者越来越重视标识的名称，品牌意识增强，他们在设置标识的过程中会自觉使用多语种语言标识，扩大业务范围（如图 4-19 所示）。

图 4-19 双语语码标识设计示例

2. 官方语言景观

官方语言景观又称自上而下（top-down）的语言景观，是政府设立的具有官方性质的语言景观。它能够反映政府职能管理的现状和水平。通过考察官方语言景观的情况，我们可以了解语言景观背后的政策取向、权力关系和文化认同情况，也可以探索政府语言政策的效果、社会经济发展的进展等。

（1）体裁（Genre）。

通过对语料照片的筛选和整理，笔者共获得 53 个官方语言景观样本。根据功能差异，官方语言景观可分为以下 4 类（见表 4-7）：

表 4-7 官方语言景观分类统计

分类	范围	占比	照片举例
政府标识	主要为政府机关的标识，表明机关的管辖区域和服务内容	23%	
指示性标识	包括景区门口标识、方向指示标识、入口标识等	38%	

（续上表）

分类	范围	占比	照片举例
警示性标识	包括提示标识、警示标识、警示牌等	28%	
观赏性标识	如石刻、碑文、楹联等具有美学价值的书法景观	11%	

统计数据显示，指示性标识数量最多，共 20 个，占官方标识总数的 38%。其次是警示性标识，占 28%。（见图 4-20）

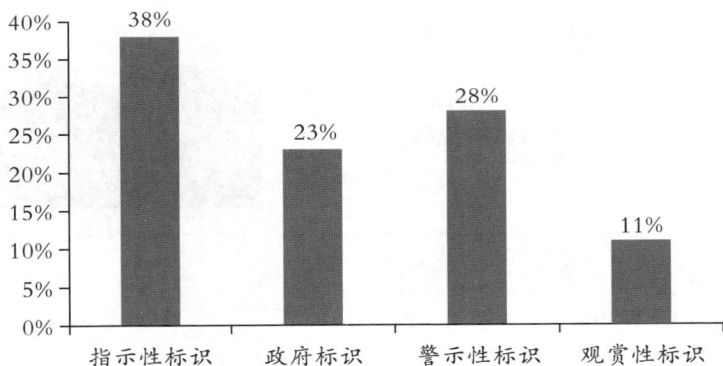

图 4-20　按功能分类的官方语言景观分布情况

（2）结果（Ends）。

在 SPEAKING 模型中，E 表示结果，揭示了语言符号的功能和创作者希望通过语言符号实现的目的。我们可以根据官方标识功能的不同分类来区分它们的不同设置目的，如表 4-8 所示。

表 4-8　官方标识的设置目的

分类	目的	照片举例
政府标识	主要用于标注政府机关单位名称、本机构管辖的整治区域和服务内容	
指示性标识	具有指示方向的功能，包括景区导向图和介绍牌。导向图一般采用地图样式，主要发挥认知作用，让游客了解该地区相关空间地理信息	
警示性标识	一般包括交通标识、人身安全标识、温馨提示、禁止吸烟标识等。这些标识有的是基于建议的基调，有的具有法律意义，对公众的社会行为起到劝阻和约束作用，具有行为调节的作用	
观赏性标识	观赏性标识的出现与当地的历史人文背景密切相关，其象征功能大于信息功能，更注重审美价值和艺术。深圳东门步行街的许多官方语言景观为雕塑、壁画等，向游客介绍东门的历史和文化，以更好地营造街区历史感	

（3）基调（Key）。

官方语言景观语码的选择可以反映不同语言在官方意识形态中的权力地位差异，由此可见，主导语言的使用群体往往在社会群体中占据主导地位。官方语言景观也可以反映国家当前的语言政策和语言使用的实际情况，通过调查反映当地语言生态状况，为科学制订语言规划提供依据。

不同语言的权力地位存在差异，中文在每个公共标识中都占据了主导地位。在外语中，英文比较强势，在多语言景观中，英文的使用率高达35.85%，这是其他外语都达不到的比例。从表4-9中可以看出，中文占据绝对优势，而英文是官方标识上唯一出现的外语。同时，几乎所有含英语的标识都是英语和汉语一起出现的，而非英语独立出现。

表 4-9 官方语言景观语码类型统计

语码类型	数量	占比
中文	53	100.00%
英文	19	35.85%

（4）媒介（Instrumentalities）。

根据标识对于语言的选择和组合，官方标识可分为单语和双语模式。该地区单语模式的标识只使用中文语码，共出现 31 次，占样本总数的 58.49%。（见表 4-10）

表 4-10 官方语言景观语码组合类型统计

语码组合类型	语码	数量	占比
单语语码	仅含中文	31	58.49%
双语语码	中文＋英文	19	35.85%

双语语码的组合形式是中文＋英文，由于全球化的影响和外国消费者的陆续到来，中英文模式的标识仍然是当地不可低估的语言需求，这种双语组合共出现 19 次，占标识总数的 35.85%。单语标识和双语标识示例如图 4-21、图 4-22 所示。

图 4-21 单语标识示例　　图 4-22 双语标识示例

（5）行为次序（Act Sequence）。

由于成本因素，政府不可能把所有游客的母语都放在标识上，只有需求大、通行范围广的语言才能得到优先考虑，从而充分发挥语言景观的经济价值，提高语言服务水平。此外，语言信息的突出程度反映了一定的权力关系，研究官方标识中的语码序列和空间大小可以了解政府对创造语言景观的态度和要求，有利于进一步研究语言政策所涉及的经济和社会因素以及不同群体的文化认同情况。

如表4-11所示，在双语标识中，中英文语码组合是景区内唯一的语码组合，其中中文置于英文之上的语码排列使用频率最高。

表4-11　官方语言景观语码排列次序统计

语码排列次序	数量	占比
中文置于英文上方	12	63.16%
中文置于英文下方	0	0.00%
中文置于英文左侧	6	31.58%
中文置于英文右侧	1	5.26%

（6）背景和场合（Setting and Scene）。

官方语言景观的位置与语言在表面上的相关性较弱，但语言在实际应用中有其实际背景。标识的出现位置可以看作是背景，背景在语言学中被称为语境。以功能主义为导向的语言学研究将语境置于与语言相同的重要地位，认为语境和语言是相互预设、相互影响的。语境可以影响或决定语言的表达形式，而语言的具体表达形式可以生成特定的语境。

①官方语言景观标识的形状。

官方语言景观标识的外观一般可分为：几何造型标识、抽象标识和自然形式标识。东门官方语言景观标识为几何造型。

其中，文化宣传语言景观形态较为活泼，常采用不规则几何图形；警示说明语言景观常采用如圆形、三角形等较为醒目的几何图形；其他各类官方语言景观形态一般会采用矩形。

圆形给人一种充满活力的感觉。三角形的形状和长方形的建筑是不相容的，所以易引起行人注意，常用于交通信息和禁止指令的语言景观。

矩形、方形结构规则感强、在视觉上精准协调、易于书写，也符合阅读习惯，但造型较为普通，往往通过语言景观标识文字内容布局或选择鲜艳的色彩标识重要字母信息来弥补其缺陷。

如图4-23至图4-26所示，几何图形的选择与几何图形本身的信息传递特性有关。

图 4-23 矩形标牌

图 4-24 圆形标牌

图 4-25 箭头标牌

图 4-26 多形状标牌

②官方语言景观标识的位置。

官方语言景观标识的位置与其功能密切相关，不同功能的官方语言景观标识的位置有其自身的特点。东门导向图语言景观基本出现在步行街出入口和交通枢纽附近（见图 4-27）；方位指示语言景观基本出现在道路交叉口（见图 4-28）。

图 4-27 导向图

图 4-28 方位指示牌

交通信息语言景观在东门内分布较少，因为交通信息语言景观主要用于提高交通效率。

文化宣传语言景观文字信息密度低，主要表现在对宣传栏或建筑实体的依赖。（见图 4-29）

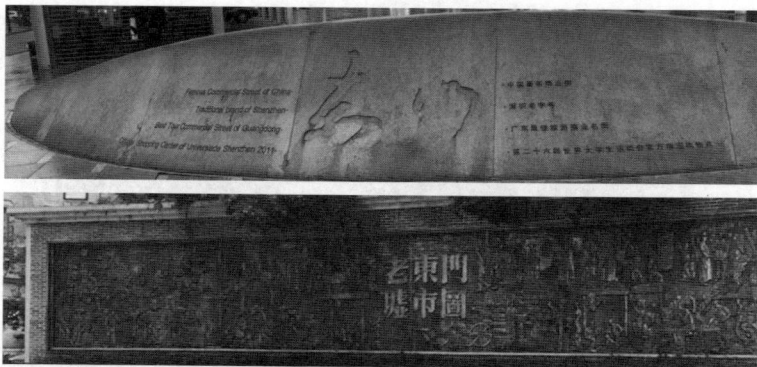

图 4-29　文化宣传语言景观

警示性标识的禁止信息简明扼要，放置在显眼处。（见图 4-30）

图 4-30　警示性标识

（7）参与者（Participants）。

①设立人。

官方语言景观是政府为传达一定的价值观和意识形态而设置的语言标识，往往与社会政治因素密切相关。一方面，官方标识的设立人注重发挥语言景观的信息传递和服务功能。他们通过设计完美的外观形式来优化游客的文化体验，如在步行街中设置书法、图片和雕塑景观作品，并将其与街道有机结合，旨在向游客展示景区的历史文化价值，增强文化认同感。另一方面，设立人注重官方标识所起的信息功能和象征功能。例如，正确放置交通信息语言景观和导向图语言景观，可以更好地引导

图 4-31　东门的雕塑景观作品

消费者，优化旅游体验，在展示城市文明形象和促进旅游经济发展方面发挥重要作用。

②受众。

官方语言景观的设立人大多是政府，因此这些官方标识的服务和管理目标会更加复杂。人们只要走进东门步行街，就会成为政府服务的目标。

（三）比较分析

1. 私人语言景观和官方语言景观的数量对比

在本节研究统计的语料中，私人标识有 329 个，公共标识有 53 个。私人标识的数量是公共标识数量的 6 倍多，这反映了私人标识在数量上占据东门语言景观的绝对优势。造成这种现象的主要原因是东门步行街的内部几乎满是人行道，因此很少需要公共交通标识；此外，东门内有大量的商店，分布密集，导致东门有大量私人标识。

2. 私人语言景观和官方语言景观的对比分析

（1）体裁（Genre）。

从 SPEAKING 模型的体裁来看，东门私人语言景观根据行业可分为 13 种类型，而官方语言景观根据功能只能分为 4 种类型。笔者选择不同的分类标准主要是因为：私人标识的经济效益更加突出，而不同行业的标识数量可以更清楚地反映东门的商业环境；公共标识突出公益性，其功能差异更加突出。

表 4-12　私人标识和公共标识的分类对比

类型	分类标准	种类数量
私人标识	行业	13
公共标识	功能	4

对于私人招牌，我们可以看到：东门有许多不同的行业，其中餐饮、服装和珠宝的数量最多，占总数的 78%；其次是美妆、娱乐和酒店，占总数的 14%；其他如手机、金融、眼镜店等，占总数的 8%。

这主要是由于：东门的商业领域相对平衡，行业多样，同时东门各种行业发展蓬勃。此外，东门白马服装批发市场是深圳最大的服装批发市场之一，吸引了许多著名的服装品牌，并带来了服装零售集群。

东门的公共标识主要是指示性标识和警示性标识，政府标识和观赏性标识的数量较少。这表明，东门公共标识的主要作用是提供信息服务，规范人们的行为。此外，从统计数据可以看出，东门的公共标识在类型和数量上明显少于私人标识。

（2）结果（Ends）。

表 4-13　私人标识和公共标识的功能对比

类型	功能
私人标识	认知功能、交互功能、指示功能
公共标识	认知功能、指示功能、行为调节功能、象征功能

如表 4-13 所示，私人标识和公共标识都具有多种功能。其中，认知功能和指示功能是它们共同具有的功能，而交互功能是私人标识独具的功能。同时，公共标识的行为调节功能和象征功能更为明显。相比之下，公共标识往往是向读者发出的单向信息，因此它们往往没有交互功能。

此外，公共标识中的警示性标识可以调节和约束人们的行为，而观赏性标识具有象征功能。这些是本地私人标识所不具备的功能。这也反映了东门公共标识功能的多样性以及政府语言服务的高水平和质量。

这主要是由于：除了认知功能、指示功能这两个基本功能外，公共标识比私人标识承担更多的公共功能和责任，即在设置公共标识时，政府不仅需要考虑标识传递信息的功能，还需要考虑东门公共空间规划，为游客提供更多的服务和便利。

（3）基调（Key）。

表 4-14　私人标识和公共标识的语码对比

类型	中文出现次数	英文出现次数	单语标识数量	双语标识数量
私人标识	279	115	214	113
公共标识	53	19	31	19

如表 4-14 所示，中文出现在私人标识的次数占总数的 84.8%，而中文出现在公共标识上的次数占总数的 100%，这表明中文出现在公共标识上的比例远远超过私人标识，即中文在公共标识上比私人标识更占优势。此外，私人单语标识

的数量约为私人双语标识的两倍，而公共单语标识的数量约为公共双语标识的
1.6倍，这表明单语标识比双语标识具有更多的数量优势。

对于私人标识，造成上述现象的原因是：在东门，大多数商店设置私人标识
的首选仍是中文，所以东门私人语言景观主流的语码选择是中文单语语码。与此
同时，英语作为一种强势的外语，出现的次数约占总数的三分之一，对汉语的主
导地位造成了挑战。

此外，在公共标识上，英语的出现总是伴随着汉语，因此英语出现的次数与
双语标识的数量完全相等。同样，私人双语标识和英语的数量也相近。

（4）媒介（Instrumentalities）。

表4-15　私人标识和公共标识的语码组合对比

类型	语码组合	语码组合的数量
私人标识	中文、英文、日文、韩文、法文、中文＋英文、中文＋汉语拼音、中文＋日文、中文＋法文、中文＋韩文、中文＋英文＋日文、中文＋英文＋韩文	12
公共标识	中文、中文＋英文	2

如表4-15所示，私人标识的语码组合和语言类型在种类和数量上比公共标
识更多，这表明私人标识的语言类型和语码组合比公共标识更为多样和灵活。此
外，对于私人标识，虽然中文在商店标识中起着重要的作用，但英文语码的影响
却与日俱增，突出了英文超强的国际影响力，体现了东门的开放性和包容性。
日文和韩文也出现在商店标识中，主要是餐饮和服装，这在一定程度上表明日文
和韩文在中国有一定的影响。

① 私人标识。

仅使用中文语码。

主要原因是中文语码可以更好地融入东门的历史文化和商业消费氛围，得
到游客的认可进而进行消费。一方面，仅使用中文可以在中国语境中获得文化认
同，许多具有历史遗产的商店，为了追求古典传统的整体氛围，突出旧品牌的特
点，有意单独使用中文来吸引潜在消费者。另一方面，小商店的经营者受到其资
本和商业规划的限制，往往选择中文，用简单而直接的中文来表明他们的经营范
围和商品特征。

仅使用英文语码。

受全球化的影响，英语作为一种国际通用语言，在世界各地得到了广泛的应用，英语似乎成为国际化、时尚和高端的代名词。此外，海外品牌一般使用英文招牌，主要是因为英语是其母语，使用英语可以强化其是货真价实的"洋货"的印象。

使用双语语码。

造成这种现象的主要原因有两个方面。一方面说明英语国际化的影响更为显著。企业为了保持市场的竞争优势，经常选择中文＋英文的双语模式推广产品。另一方面表明经营者的品牌意识有所增强。同时，中英文语码的选择有利于扩大业务范围。

② 公共标识。

英语是全世界通用的语言，使用英文不仅可以方便外国游客阅读标识内容，实现有效沟通，提高公共服务水平，还可以实现政府对外国游客的有效管理和约束，实现设置公共标识的目的。因此，政府选择中英文语码组合可以最大限度地提高投入产出比。

（5）行为次序（Act Sequence）。

表 4-16　私人标识和公共标识的语码排列方式对比

语码排列方式	私人标识	公共标识
中文置于拉丁字母上方	40	12
中文置于拉丁字母下方	22	0
中文置于拉丁字母左侧	12	6
中文置于拉丁字母右侧	27	1

如表 4-16 所示，无论是私人标识还是公共标识，中文置于拉丁字母上方的标识数量远远多于中文置于拉丁字母下方的标识。在公共标识方面，可以得出结论：没有中文置于拉丁字母下方的标识。同时，中文置于拉丁字母左侧的私人标识数量少于中文置于拉丁字母右侧的私人标识。与此相反，在大多数公共标识中，中文置于拉丁字母左侧。

影响东门语码体积大小的主要原因如下。

① 受我国语言政策的影响。《中华人民共和国国家通用语言文字法》明确规定了汉字在公共领域的书写和使用。店铺经营者在制作招牌时，应保证招牌上汉

字的"可视性"，这是店铺经营者的法律责任和义务。

② 受外国消费者的影响。虽然来东门购物的外国游客数量不断增加，但中国人仍然是主要的消费群体，因此中文在公共标识中占据主导地位是对受众语言需求和消费能力的现实反映。此外，由于外国消费者的英文语言需求不容小觑，许多经营者也主动增强竞争意识，使用英文语码，这也对中文的主导地位提出了挑战。

（6）背景和场合（Setting and Scence）。

表 4-17　私人标识和公共标识外观、位置对比

类型	标识外观	标识位置
私人标识	横式、竖式、墙式标牌	全部位于店铺门面之上
公共标识	圆形、矩形、箭形、其他（不规则）几何形状标牌	位置与自身的功能密切相关

如表 4-17 所示，私人标识只有三种类型，而公共标识具有更多类型。此外，私人标识的位置相对固定，相比之下，公共标识的分布因其功能而异。

因此，我们可以得出结论：一方面，东门合理地规划了公共标识的位置和外观设计，使游客能够从公共标识中获得多层次的信息服务；另一方面，不同的空间场所可以通过语言景观来传达警示性信息，对游客的行为有一定的约束力，从而提供高效便捷的官方语言景观服务。此外，一些具有历史人文气质的文化宣传语言景观设置，使东门的官方语言景观具有审美和文化价值。

对于私人标识，横式招牌占主导地位，因为横式排版符合大多数人的阅读习惯，横式招牌可以容纳更多的文本信息。此外，由于东门店铺的建筑结构一般为水平矩形，所以店铺前门的水平标识的空间利用率较高，可以更多地吸引游客的注意力。而墙式招牌能够扩大店铺宣传的有效区域，不仅可以写店铺名称，还可以使用在视觉上有吸引力的海报吸引游客的注意力。墙式招牌上的语码的使用具有很大的灵活性和自由度，文字内容比水平和垂直的招牌更加丰富。在东门，使用墙式招牌的大多是珠宝店、服装店、餐馆，这些店铺的招牌和海报通常更先进和精致，后两种类型的招牌中图片较少，基本上是文字。

对于公共标识，我们对语言的理解离不开语境，语言景观的出现和位置可以看作是语言景观语境的一部分。因此，当标识的外观形状和放置空间合理时，语言景观的内容就会被更好地传达和理解，语言景观的效用也会得到很好的发挥。

东门的公共空间非常广阔，步行街内的道路和区域条件相当复杂，规范、多样、醒目的标识尤为重要，因为这些标识可以为游客提供及时、准确的路线提示或吸引游客对该地区特殊情况的关注，以方便公众管理，保护游客的人身安全。

（7）参与者（Participants）。

表 4-18　私人标识和公共标识参与者对比

类型	设立人	受众
私人标识	东门商户的经营者	更多样化的划分标准
公共标识	政府	所有进入东门的群体

如表 4-18 所示，为了吸引顾客，商户经营者倾向于遵循优先身份原则，这导致不同商店的标牌具有不同的特征，他们倾向于突显区域特征或不同品牌的差异。此外，一些经营者缺乏对商店外观形象设计的概念。而公共标识的设立人是政府，面向的受众则是所有进入东门的群体。

3. 深圳东门语言景观的功能总结

如上所述，语言景观具有信息功能和象征功能，深圳东门商业街标识也有这两个功能。语言景观是特定语言社区的独特象征，它可以帮助人们理解语言社区的组成和语言使用的特点。

（1）信息功能。

①反映语言使用现状。

第一，反映了语言种类的多样。从统计结果可以知道，在东门商业街的公共标识和私人标识中，有五种语言：汉语、英语、日语、韩语和法语。这说明东门语言种类比较丰富。第二，中文占主导地位，无论是公共还是私人标识，中文语码仍然是这些标识上的主导符号，占据着主要地位。从三个方面可以体现出汉语的优势：从语码的选择上看，东门仅使用中文的语码最多；从语码的位置上看，在双语或多语标识中，大部分中文语码处于最突出的位置；从语码的大小来看，大部分中文语码更大、更引人注目。第三，英语具有很高的国际地位。首先，在所有出现的外语语码中，只有英语语码出现在私人标识和公共标识上。英文存在于私人标识上表明中国与世界之间存在一定的经济联系，而英文在公共标识上的存在则表明其国际地位。其次，英语语码的数量远远多于其他外语语码，所有多语种标识都包含英语语码。

②反映文化现状。

语言景观可以反映一个地区的文化发展程度，可以帮助政府决策者及时掌握城市的文化发展状态。东门步行街里存在中国文化和国际文化。

中国文化方面，在私人招牌中，大多数经营者选择中文来营造一种古典和传统的氛围，这可以获得目标消费者的文化认同。国际文化方面，首先，一些商店的名称和语码是国际化的。这些商店喜欢在自己的商店标识上设计一些拉丁字母，营造了一种"高端、时尚、异国情调"的氛围。其次，商铺的名称受到国际文化的影响，形成了一些新的称呼，如"超市""酒吧"等。

③反映商业发展状况。

语言景观作为社会存在的重要标志，是商业活动的象征性标志。特别是本研究中的私人标识，它可以直接反映某一地区的商业发展。通过收集相关的商业语言景观数据，经营者可以更有效地与同行业的其他商铺展开竞争。私人标识所反映的商业发展主要体现在以下方面。首先，不同行业性质的店铺在东门都有分布。从前面的统计数据可以看出，东门的店铺涵盖餐饮、服装、珠宝、娱乐等领域，其中餐厅数量最多。这表明，该地区的业务领域分布相对平衡。据此，政府可以根据这种情况对东门的行业分布进行规划和调整。其次，部分商户竞争意识不强。结合店铺招牌的特点，笔者发现很多小店对自己的发展缺乏规划，他们的店铺语码构成简单，在名称和设计上非常随意。商家应注重自身的语码选择和设计，增强竞争意识。同时这里也存在各种商业品牌混搭，在所调查的329个样本中，存在不同类型和大小的店铺，两极分化趋势明显。

（2）象征功能。

语言景观的信息功能是显性的，而象征功能是隐性的。象征功能是指语言景观可以映射语言力量以及社会认同和地位的能力。也就是说，语言景观包含了语言群体成员对语言价值和地位的理解。下文将从权势对比、文化认同、权力关系三个方面论述东门公共和私人标识的象征功能。

①权势对比。

这里的权势对比主要是指标识所隐含的本土化和全球化的权力对比。所谓本土化，是指东门当地各种语言和文化符号，如汉语。而全球化是指外来的、不同于当地语言或文化符号，如英语、日语等。

公共标识选择的语言基本上是汉语，本土化语言占据绝对优势地位。私人标识的情况不同。从之前的统计结果可以知道，本地中文语码在招牌中仍然占据主导地位，但英文语码所代表的拉丁字母语码在招牌上出现的频率越来越高，挑战了中文的主导地位。

②文化认同。

文化认同既是群体文化认同感，也是受群体文化影响的个体感受。反映政府态度的公共标识必然认同民族文化，因而标识的名称和语码的选择能反映民族文化相关内容。而在私人标识中，越来越多以英语为代表的拉丁字母语码出现。这种现象越发普遍，说明英语更国际化，更容易在我们的日常生活中产生潜移默化的影响。

③权力关系。

本研究涉及的权力关系主要是指公共和私人标识所反映的各种权力之间的深层关系。

第一，政府与民众之间存在权力关系。政府通过精心选择公共标识的语码，在所有官方标识上使用中文，在政府服务机构和公共交通、地铁和其他标识上同时标明中文和英文，促进公共服务质量的提高。这样做既能体现政府的主要领导地位，又能体现政府的主要责任。而民众既是文化生活和官方语言景观的根本决定因素，也是受众。

第二，政府与经营者之间存在权力关系。虽然东门的私人招牌类型繁多、情况复杂，但仍然可以发现当地的商业品牌基本使用汉字。这主要是因为我国政府出台了相关政策法规来管理店铺招牌，旨在消除业界各种不规范现象。此外，政府还对招牌上的不规范字体、文字等进行统一管理，因此，我国大多数店铺都严格遵守政府的规定，其标识符合这些要求。然而，也有少数店铺不注重政府的规定，而是根据他们的喜好设计标识。这种现象不仅表明政府政策法规宣传不到位，而且表明店铺经营者的素质有待提高。

第三，经营者与消费者之间存在权力关系。不同的标识设计可以反映经营者与消费者之间的权力关系。除了标明店铺的经营内容外，店铺招牌的一个非常重要的功能就是它的广告作用。经营者可以根据不同消费群体的特点，为不同的消费群体设置不同类型的标识，以吸引消费者。因此，一些经营者往往能够通过合理的标识设计，达到引导消费者的目的。

四、深圳听觉语言景观

语言景观从其表现形式可以分为视觉和听觉两个层面。视觉层面主要指以"路牌、广告牌、街道名称、地名、商铺招牌"等为代表的公共空间语言文本。而听觉层面则主要指出现在地铁公交、车站码头等城市公共空间内的广播语言文本。这些文本虽然在日常生活中往往不被人们所重视，却与城市中的居民们密切接触，并在其日常生活中扮演着非常重要的角色。同时，这些分布在城市各个角落的"景观",作为一个城市对内、对外的窗口,对于城市整体形象的建构和提升、城市文化品牌的塑造和推广,亦有着不可忽视的积极作用。将语言景观的研究领域扩展至听觉层面,在城市公共空间"视觉语言文本"之外,寻找"听觉语言文本"作为城市景观的可能性,从而分析其对城市形象构建的影响机制,是本节研究的基本动力和逻辑所在。

20 世纪 60 年代,加拿大作曲家谢弗在《声音景观》中首次提出"声音景观"理论,认为声音景观如同建筑、风俗和服饰一样,代表着一个地域、社区的特征。语言表达通过声音传递。根据 Purschke(2017)的归类,语言景观可以归纳为社会动态、符号结构、意识形态框架、文化体验及电子转换。因此,我们可以说,城市的语言景观除了实体语言景观外,还应包括门户网站、语音指引、网络宣传、语言态度等各方面的语言现象。多语语言景观作为一种跨文化传播的载体,一种较为独特的应用文体,向人们传达提示、提醒、警告、请求、指引等意图,是社会用语的重要组成部分,有极其重要的社会功能。参考 Landry 和 Bourhis(1997)对语言景观(linguistic-landscape)的定义,我们可以将听觉语言景观的概念进行如下界定:发生在地铁、车站、机场、市民广场等公共空间内的,包含特定文本信息的声音,这些声音向公众传达特定信息,反映公共场所的文化和社交属性,与其所发生的环境一起,共同构成某个场所、城市或地区的听觉语言景观(linguistic-soundscape)。听觉语言景观是城市形象传播的一种表现,在公共信息的传递中扮演重要的角色。

听觉语言景观在表现形式上属于城市 CIS 理论的四层级结构中的"感官识别(sense identity)"层。感官识别指人的感觉器官(主要是视觉和听觉层面)能够直接感知的城市信息的各种载体。视觉层面如城市的外观形态(如景观形态、地标建筑、道路广场、广告标语)等;听觉层面如城市公共空间中的自然声(如生物声、风声、水流声)、人工声(如广播、噪声)等。感官识别系统对内为市民创造惬意舒适的工作环境和生活环境,增强城市的向心力、凝聚力,强化公众认知;对外提供旅游、消费、经营和投资环境,增强城市的吸引力、辐射力,宣传城市品牌等。它要求城市形象在理念识别系统的指导下,与行为和规范识别系统共同配合,打造具有地域特色、一体化、可持续优化的城市形象品牌。

(一)数据收集

笔者所选取的语料采集点包括深圳主要地铁线路及沿线车站、宝安机场和蛇口港客运码头三处,原因在于上述场所作为深圳的重要交通枢纽,是深圳对内、对外的主要窗口,对其城市形象的构建有着显著的影响。通过采集上述三处的听觉语言景观语料（具体语料采集信息如表 4-19 所示），建立深圳市听觉语言景观语料库的雏形（如表 4-20 所示）并进行数据分析，以探究深圳市听觉语言景观的特征及其发展趋势。在分析不同空间内听觉语言景观的语言使用规律及其实际效果时，选用的主要分析指标包括语料的文本内容、语种构成（普通话、英语、粤语）、声音效果（男声、女声）、功能、CIS 范畴等。

此外，根据听觉语言景观的具体文本内容，将其信息功能细分为告知类、提示类、警示类三种，而其象征功能主要体现为广告类。

表 4-19　语料采集相关信息

采集场所	深圳地铁 1 号线、11 号线车厢及沿线车站，宝安机场，蛇口港客运码头
采集方式	现场录音后转录为文本并删除重复和残缺语料，按功能分类整理
采集内容	深圳市代表性公共空间内各类型播报音

表 4-20　深圳市主要公共空间内听觉语言景观主要内容及类别

序号	文本内容	语种构成		声音效果	功能	CIS 范畴
采集点 1：深圳地铁 1 号线车厢及沿线车站						
1	楼梯上行，请靠右站稳，握紧扶手，左侧通行	M	M	女	提示	Standard Identity
2	为了确保您的安全，乘坐扶梯时请抓紧扶手，老人、小孩、携带大件行李、推婴儿车的乘客，请使用垂直电梯	M	M	女	提示	Standard Identity
3	地铁车站及列车内严禁携带爆炸性、易燃易爆、腐蚀性及辐射性物品	M/C/E	M/C	女	警示	Standard Identity
	★★★		E	男	警示	
4	为确保您的安全，请配合车站工作人员进行安全检查	M/C/E	M/C	女	警示	Standard Identity
	★★★		E	男	警示	
5	地铁车站及列车内禁止穿溜冰鞋、溜滑板、骑自行车	M/C/E	M/C	女	警示	Standard Identity
	★★★		E	男	警示	

（续上表）

序号	文本内容	语种构成	声音效果	功能	CIS 范畴
6	前往机场东的列车即将进站，请按地面指示排队候车	M/C/E	M/C 女	提示	Sense Identity
	The train bound for airport east is arriving soon		E 男	提示	
7	车门即将关闭，谨防夹伤	M/C/E	M/C 女	提示	Sense Identity
	The doors are closed soon, please mind your safety		E 男	提示	
8	本班列车首尾两节车厢为女士优先车厢	M/C/E	M/C 女	告知	Mind Identity, Behaviour Identity
	The priority carriages for women are the first and last carriages		E 女	告知	
9	下一站：前海湾，乘客可换乘5号线，或11号线	M/C/E	M/C 女	告知	Sense Identity
	The next station is QIANHAIWAN, passengers can transfer to line 5 or line 11		E 男	告知	
10	左侧的车门将会打开，请小心列车与站台之间的空隙	M/C/E	M/C 女	提示	Sense Identity
	The door on the left will open, please be careful of the gap between the train and the platform		E 男	提示	
11	严禁非紧急情况下动用紧急安全装置，违者将追究法律责任	M	M 女	警示	Standard Identity
12	紧急情况下请使用列车紧急装置与司机联系	M	M 女	提示	Standard Identity
13	上车的乘客请往车厢中间靠拢，下车的乘客请提前做好准备，多谢合作	M	M 女	提示	Standard Identity
14	欢乐谷狂欢节提醒您	M	M 女	广告	Mind Identity
15	下一站：海月	M/C/E	M/C 女	告知	Sense Identity
	The next station is HAIYUE		E 男	告知	

（续上表）

序号	文本内容	语种构成	声音效果	功能	CIS 范畴
16	欢迎光临前海湾站，换乘5号线、11号线的乘客请在此站下车	M/C/E	M/C 女	提示	Sense Identity
	Welcome to QIANHAIWAN station, passengers can transfer to line 5 or line 11		E 男	提示	
采集点2：深圳地铁11号线车厢及沿线车站					
17	后海站到了，下车时请注意列车与站台之间的空隙	M/C/E	M/C 女	提示	Standard Identity, Sense Identity
	We are arriving at HOUHAI station, please mind the gap between train and the platform		E 男	提示	
18	下一站：机场	M/C/E	M/C 女	告知	Sense Identity
	The next station is AIRPORT		E 男	告知	
19	此站可到达凯悦嘉寓酒店、维也纳酒店	M	M 女	广告	Sense Identity
20	乘客可前往T3航站楼或深圳机场汽车站	M/C/E	M/C 女	告知	Sense Identity
	Passengers can go to the T3 terminal or the Shenzhen airport bus station		E 男	告知	
采集点3：宝安国际机场T3航站楼值机厅					
21	请照顾好身边的老人和小孩，切勿低头看手机，以免摔倒，下台阶时请注意地面	M	M 女	提示	Mind Identity, Behaviour Identity, Standard Identity
22	为了您的出行安全和便捷，请不要乘坐非法营运车辆	M/E	M 女	提示	Standard Identity
	★★★		E 男	提示	
采集点4：深圳蛇口港客运码头					
23	扶梯上行，请靠右站稳，抓紧扶手，左侧通行，请照顾好老人、小孩	M	M 女	提示	Mind Identity, Behaviour Identity, Standard Identity

（续上表）

序号	文本内容	语种构成	声音效果	功能	CIS 范畴
24	前往珠海九洲港的旅客请注意，您乘坐的17点航班现在开始验票，请您由2楼国内出发口验票，祝您旅途愉快	M/E	女	提示	Mind Identity, Sense Identity
	Passengers traveling to Zhuhai JIUZHOU port, please note that your flight at 17 o'clock is now available for checking, please ★★★ to the entrance of domestic departure on the second floor. Wish you have a pleasant trip, thank you		女	提示	
25	前往澳门氹仔的旅客请注意，您乘坐的17点航班将在3分钟后停止验票，请您由2楼港澳出发口验票，祝您旅途愉快	M/E	女	提示	Mind Identity, Sense Identity
	Passengers traveling to Macau Taipa, please note that your 17:00 flight will stop checking in 3 minutes, please ★★★ to the entrance of HONGKONG-MACAU departure on the second floor. Wish you have a pleasant trip, thank you		女	提示	

　　注：M 指普通话，C 指粤语，E 指英语；由于录音环境嘈杂、录音设备故障所导致的无效字段在表中以 ★★★ 表示。此外需要指明，该表不是全面、准确的语料分析结果，文本转录过程亦存在一定误差，但可大致判断其表现形式及类别。

（二）数据分析

1. 语言类型在不同场所中的应用

　　在以地铁、车站（厢）、码头为代表的日常公共空间内，普通话、粤语和英语所构成的多语模式是主要的听觉语言景观形态，这种形态主要体现其国际化特征以及对本土方言的保护。深圳作为中国改革开放的窗口，毗邻香港和澳门，是中国对外的重要窗口，其对英语语言景观的重视不言而喻。而粤语作为粤港澳三地的方言，不仅为当地居民和频繁来深圳的香港、澳门居民提供了更为便捷的公共服务，还强化了城市公共空间内的本土文化属性，体现了管理机构对本土文化的重视和保护。从城市形象构建、城市品牌营销的角度来说，深圳希望通过英语语言景观的全面覆盖来体现自己的国际化地位，亦希望在普通的"国际化大都市"形象之外，体现自己的地域文化特色，打造差异化的城市形象。

而以宝安机场、蛇口港客运码头为代表的更为国际化、功能化的公共空间内，粤语景观在听觉语言景观中的地位则逐渐弱化，主要是普通话和英语所组成的双语模式（见图4-32）。根据国际机场协会（Airports Council International，ACI）2021年发布的全球机场旅客满意度测评结果，深圳宝安国际机场在全球386家参评机场中名列第一，国际旅客业务占比逐年提升，国际化服务水平亦日益提高。而蛇口港码头主要对接港珠澳，是内地旅客往返香港、澳门两个特区的重要途径。国际化的服务体系要求机场和码头的听觉语言景观追求简洁准确的信息传达，同时对景观质量要求较高。

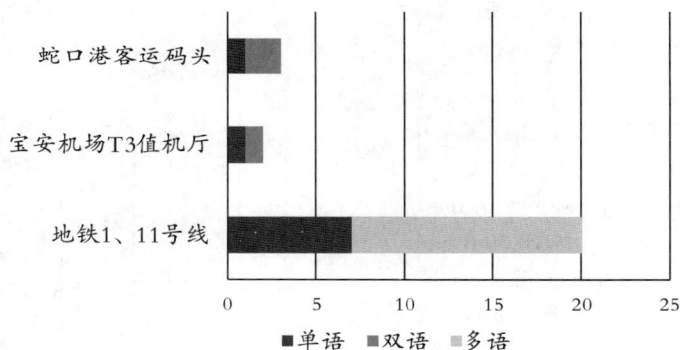

图4-32　不同语言类型在不同场所中的应用

2. 语言类型与其功能体现

笔者通过分析蛇口港客运码头所采集的语料发现，其主要内容包括港口内安全提示音、验票提示音、登船提示音等，均体现了听觉语言景观的信息功能。国内航班和国际航班提示音无明显区别，播音采用与机场一致的"普通话＋英语"的双语模式。但在英语播音方面，与深圳地铁播音所采用的男声、偏美式英语播音不同，蛇口港客运码头则采用女声、偏英式英语播音，这亦与其主要对接地香港的英式传统有关。总体来说，蛇口港客运码头及机场内的听觉语言景观均呈现出标准化和规范化的趋势，且逐渐趋于统一，没有呈现出明显的差异化特征。

此外，笔者对深圳主要地铁线路车厢及沿线车站内的听觉语言景观进行分析发现：地铁公共空间内听觉语言景观主要为到站提示、安全提示等信息功能语言景观，部分线路及站点会将商业广告的内容加入到站提示音中，体现其象征功能。但值得注意的是，不同语言在不同功能类型文本上的应用却产生了一定程度的差异。如图 4-33 所示，信息功能的语言景观在单语（仅普通话）、双语（普通话和英语）、多语（普通话、粤语和英语）中都有分布，而象征功能的广告类播音却仅采用单语（普通话）播报，如到站提示音"此站可到达凯悦嘉寓酒店、维也纳酒店"，以及列车进站提示音"欢乐谷狂欢节提醒您"。在组合播报的文本中，粤语和英语播报会删去广告部分，仅播报功能类文本。从这一现象可以看出，深圳地铁公共空间内的听觉语言景观呈现出一定的商业化趋势，听觉语言景观与城市公共空间内的视觉广告类似，可以产生较为明显的经济效益，但未形成系统、规范的生产和表现模式。而从城市形象的构建角度来看，深圳有意不在粤语和英语中播报象征类的广告内容，可能是出于对自己所着力建立的"具有地域文化特色的国际化大都市"形象的保护，为此采取了折中方案。

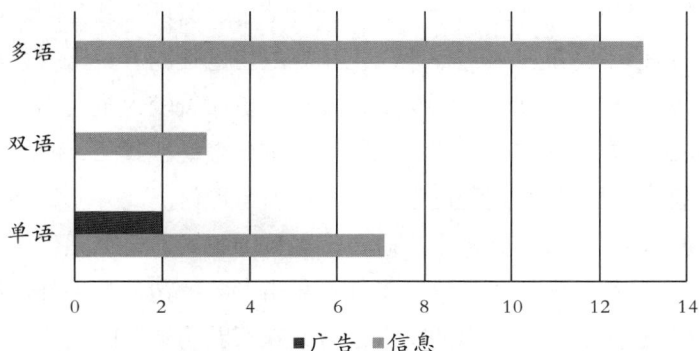

图 4-33　不同语言类型与其功能之间的关系

3. 语言类型与性别特征

声音效果在不同语言中的应用也为我们提供了一个综合分析深圳听觉语言景观特征的途径。图 4-34 将语料库中的文本所采用的播音语言进行细分，共形成41 条单独语句文本，男、女声在不同语言中的应用分布如图 4-34 所示。机场、客运码头、地铁内的大部分播音均采用女声（图中浅色部分），这与女性符合大众听觉审美的音色和亲切的社会角色有一定关系。而在英语播音中，男声（图中深色部分）却占据了较大部分，地铁空间内的大部分英语播音为男声，只有地铁女士优先车厢、蛇口港客运码头的英语播音为女声。值得强调的是，深圳地铁在国内首先设立的女士优先车厢，其车厢内的播音均采用女声播报，传递出倡导缩小性别差异、尊重性别平等的价值观。

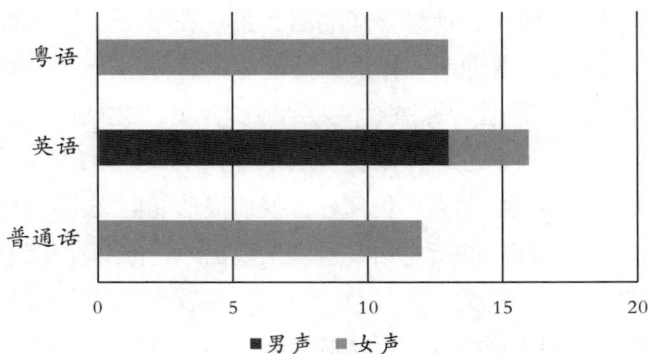

图4-34　男/女声在不同语言类型中的应用

　　根据对深圳地铁1、11号线车厢及沿线车站，深圳机场，蛇口港客运码头公共空间内听觉语言景观的实地调查和文本分析结果，深圳公共空间内听觉层面的语言景观主要有以下特征：其一，统一化和规范化，强调听觉语言景观的信息功能；其二，粤语在日常空间内的听觉语言景观中扮演着较为重要的角色，是通过听觉语言景观保护本土文化、强化地域特色的主要渠道；其三，经济效益被逐渐挖掘，商业趋势明显，但开发程度不大，路径值得探讨。此外，深圳听觉语言景观存在的问题亦不容忽视，其语言生态模式仍较为单一，过分强化信息功能、弱化象征功能，未能很好发挥听觉语言景观对城市形象的塑造和提升作用等。结合数据分析，深圳通过公共空间内的听觉语言景观所着力塑造的城市形象集中在国际化明显、地域特色丰富、输送平等的价值观等方面。

五、深圳景区旅游语言景观

　　语言和旅游有着密切的关系，语言在旅游的各个环节都起着重要的作用。旅游语言，指的是旅游宣传语、旅游标识语、旅游讲解语以及具体旅游过程中的交流语言，具体形式包括旅游景点的宣传册、导览图册、导游词及景区内外随处可见的公共标识和导游讲解词的各种信息。旅游标识语，又称旅游语言景观，指在旅游目的地的公共场所张贴或印刷的意在为公众提供指示、提示或限制、禁止其行为的标牌或标语，而旅游区的公共标识就是旅游语言景观。它作为旅游信息资源的主要载体，在旅游景区的信息传递方面起到了极其重要的作用，能够最大限度地宣传和提升旅游目的地的形象，提高旅游服务质量，保证旅游活动顺利进行，提升游客的旅游体验。

成立于 1985 年的华侨城集团被誉为中国文化旅游第一品牌，连续多年作为唯一的亚洲企业跻身世界旅游景区集团前八强。深圳欢乐谷、锦绣中华民俗村、世界之窗是华侨城着力打造的旅游景区，是集休闲度假、观光旅游、户外运动、居住养生、生态体验、科普教育等为一体的度假旅游目的地。这几处景区在深圳本地及全国都具有非常高的知名度和影响力，同时，它们坐落在华侨城社区里或附近，与社区居民生活紧密相关。这里吸引着国内外的游客前来参观游览，因此其双语语言景观尤为重要。然而，经过笔者调查，上述景区内的双语语言景观建设存在翻译错误、视觉效果欠佳、旅游标识语缺失、旅游信息表达不明晰等问题。这影响了华侨城在游客心中的形象，显然与华侨城发展目标和服务标准不一致。王宗英（2020）指出，旅游语言景观研究将会从城市语言景观及其他众多学科领域吸取更多理论精华，进一步拓展其研究的深度和广度，从而为旅游语言景观的政策制定者提供参考，促进我国旅游经济的更好发展。同时，针对旅游语言景观的诸多设计要素（包括语码选择、标牌数量、标牌外观等）的全面分析成为进行区域旅游战略和产品规划的必要环节（石琳，2021）。由此可见，旅游语言景观在旅游目的地形象塑造中的作用举足轻重。

笔者发现，在以往的研究中，从多角度入手对企业形象识别系统进行研究的居多，但是结合语言景观，着重分析语言景观对企业形象构建影响的并不多。在中国知网上搜索关键词"深圳华侨城"可得相关文献，其中从景区游客流动性、空间特征、居民与社区的关系、旅游文化产业等角度撰写的居多，而少有深入研究华侨城语言景观的。因此，本节根据企业形象识别系统的理论，将华侨城内收集到的语言景观根据理念识别、行为识别、视觉识别分类进行分析，从语言景观的角度分析华侨城企业形象建构。笔者在深圳南山华侨城、东部华侨城进行语料收集，了解华侨城景点语言景观建设现状，对该区域社会语言生态进行研究，分析其是如何从理念识别、行为识别、视觉识别三点以及内部、外部两方面影响华侨城形象建构的，同时对华侨城的语言景观建设提出建议。

（一）华侨城景区旅游语言景观分析

语言是受众获取信息的窗口，是对一个城市产生感受和体验的开始。良好的语言景观建设不仅能够对外树立正面的城市形象，还能对内确立城市理念，进行城市内部规范和精神风气的建设。良好的城市形象是推动城市发展的潜在动力，城市语言景观建设关乎城市形象的塑造。（刘洁、安琪、于风，2020）笔者通过对语言景观进行调查后得出，语言景观是现代城市的重要组成部分，对城市形象建设具有促进作用，开放、包容的语言景观能够为塑造开放、包容的国际化城市形象添砖加瓦。

1. 语料分类

笔者主要对景区内宣传图册、景区导览图册、指示牌等语言景观进行了收集和研究。而标识语在旅游语言景观中所占比例最大，具有指示性、提示性、限制性、强制性四种突出的应用示意功能，所以在已有分类基础上，笔者又将旅游标识语细分为指示性标识语、提示性标识语、限制性标识语及强制性标识语。按照以上两条标准对所收集到的语料照片进行分类，其中共收集文字语料411处、音频语料10余条。根据语言景观的功能和使用状况，笔者将文字语料分为指示牌、警示牌、信息牌、宣传广告牌、涂鸦及店铺招牌等类别。

2. 欢乐谷景区语言景观

欢乐谷景区内，就导游图来说，在欢乐谷入园处即可免费领取纸质导览手册，扫描领取处的招牌以及导游图上印有的欢乐谷公众号二维码，即可使用类似于电子地图的智能导览功能，其能够显示游客在园中的实时位置并进行项目导航。但纸质导览手册、电子版导游图以及园区内的导览图均使用中文，未设置英文翻译。园区内的警示牌、导引牌基本全部为双语标识，警示牌均配有相应的图片标识，仅有个别警示牌只配有图片标识和中文警示语。导引牌则将中文和英文的项目名称非常清楚地陈列出来，并配有箭头标识。在园区内，每项娱乐设施的入口处均设有项目介绍，也就是游客须知。园区内游客须知的格式非常统一，均为中文的项目介绍和须知在上，英文译本在下。但英文译本中存在许多明显的问题。

一是出现比较严重的"中式英语"现象。园区内多处翻译采用了部分甚至通篇逐词翻译的方法。例如"环园小火车"设施的介绍中"游客排队候车时应遵守安全规定"被译为"Tourists waiting in line when shall comply with the safety rules"，"不得打开安全绳"被译为"can't open the safety rope"，完全为逐词翻译而忽略了语法和语意。

二是英文译本中存在格式问题。首先，英文译本的字体偏小，有些重要的内容被排版到游客须知牌的最下方，易造成重要信息的漏读。个别游客须知甚至为一行中文穿插一行英文，如此排版使阅读效果大打折扣。其次，翻译文本的格式错误非常普遍，例如两个单词间无空格，一个新的句子前标点为逗号等。这类问题也存在于部分指示语中。

三是游客须知和其他指示语中有明显的语法和单词拼写错误。如在"弹跳青蛙"这一游乐设施的说明中，"守卫城堡"设施中的指示语"仅限四人"被译为"only 4 person"。另有翻译不够简洁、不够统一的问题，如"小心地滑"被译为"Be cautious with the wet floor"。同时笔者注意到，大多数临时设置的活动宣传广告中，仅活动的名称配有英文翻译，有些宣传广告则是全部使用中文。

另外，笔者注意到欢乐谷运用多模态的语言景观加强视觉效果。园区内随处可见各式各样、根据欢乐谷不同游戏区的主题而变换的涂鸦，如偏向儿童游戏的区域涂鸦多为动物形象，而偏向西方风格的部分涂鸦非常幽默有趣，采用了许多西方动画中的形象。园区内店铺的招牌也多采用艺术化的处理方式，例如，"欢乐谷极限运动营"的表演名称和时间印在一个"奔跑者"形象的雕塑上；一家面食店的招牌是一碗巨大的实体拉面；餐厅的菜单根据游戏区的主题设计了形象的插画等。各个娱乐设施的名称、说明牌以及"游客服务中心"的标志等均根据游戏特点和游戏区主题在字体、颜色方面进行了艺术化设计（见图4-35、图4-36）。

图 4-35　园区指示牌　　　　　　图 4-36　园区标志

园区内同样进行了听觉识别的建设。第一，在游客排队等候处设置了音响循环播放安全须知，工作人员也会在游戏进场前朗读安全须知。第二，在游客体验游乐项目时，有工作人员进行"现场解说"。例如，在进行游戏强度稍弱的儿童游戏项目时，有工作人员现场讲解童话故事；在进行比较刺激冒险的游乐项目时，工作人员会对游客进行安慰、鼓励；当游客离开游戏区时，工作人员会用统一的手势和语言向游客道别。第三，园区适时播放与游戏区主题相符的音乐活跃

气氛，让游客对园区留下深刻的印象。但需要说明的是，以上提到的语音提示均只使用中文。

3. 锦绣中华景区语言景观

相比于欢乐谷园区，锦绣中华园区的各类语言景观更具有民俗特色。总体来说，园区比较重视多语语言景观的建设，入园处分别有中文、英文、韩文三个版本的纸质导览手册。园区内指示牌均为中英双语，配色统一为浅褐色和白色，与环境融为一体，整体效果非常和谐。园区内微缩景观的讲解标识均采用中文在上、英文在下的双语形式，整齐划一。但是同欢乐谷园区出现的问题类似，其英文译本中常出现单词间没有空格、标点使用错误、连字符缺失、翻译不流畅等问题。比较明显的单词、语法错误有："This is"错写成"This'is"；"As a ancient saying goes"中"a"应为"an"，"is"和"are"被混用等。锦绣中华园区中的信息牌多用于讲解中国古建筑或特色习俗，但其翻译却缺少了文化特点，描写生动的中文四字成语在翻译中常常被忽略，英文译本仅选取景观基本信息进行翻译介绍，特色词语被牵强地翻译为近义词。例如，京剧的简介中，"生、旦、净、丑""唱、念、做、打"被译为"female"，"male"，"sing"，"fight"等，而不是采用文化翻译中常用的以拼音表示特色词，括号内对其意义进行解释的方法。这种生硬的翻译既没有起到传递信息的作用，也没有把中国传统文化准确地表达出来。

相比形式统一的指示语和景观介绍，园区里宣传海报及店铺招牌上的图画、文字也是多模态呈现，更具有民俗特色（如图 4-37、图 4-38 所示）。例如，园区内的店铺招牌采用了老式牌匾的样式，用烫金的方式题上繁体字，"老北京"小吃的招牌写在背景是龙图案的旗帜上，茶庄、小吃集市的招牌则写在白色或红色的旗帜上，具有古店铺的特色。由于需要表达中国民俗特色，除一家茶庄的招牌带有英文"TEA"外，其余招牌均为繁体或简体中文，未配有英文翻译。通过观察总结，笔者发现，在园区内举行的短期活动或其他时常更新的表演活动的宣传海报偏重使用中文来设计，缺失英文翻译。例如，表演活动"大漠传奇"和"龙凤舞中华"的海报均只有表演名称有英文翻译，对表演的介绍则仅使用了中文，有些活动或表演如"泼水节""盛夏美食狂欢夜""新东方霓裳"则只有中文宣传。这些活动宣传采用的字体、图片、设计等令人印象深刻，但是缺乏相应的英文介绍，即使设计具有感染力，也没有达到用英文有效传递活动信息的目的。

图 4-37　园区标志

图 4-38　特色景观

园区内的听觉识别建设令人印象深刻。每一处微缩景观前均有音响循环播放中英双语的语音讲解，展现人文风俗的微缩景观处还配有各类还原场景的音效，如展现泼水节的微缩景观处配有泼水声、人们的嬉笑声等音效，使人如临其境。园区还根据景观不同选择播放不同的音乐，加深游客对景观的印象。

锦绣中华民俗村不仅设置了静态的语言景观，还采用了电子屏播放园区介绍。园区入口处的大型电子屏循环播放景区发展历史和介绍，视频、音频同步给人留下深刻的印象。园区内还设置有扫二维码收听语音景观介绍的功能，不过线上的语音介绍仅有中文版本。

4. 其他景区语言景观

笔者也对东部华侨城大侠谷和茶溪谷进行了实地调研。收集的语料中的英译错误可以分为四类。

第一，拼写错误。大侠谷、茶溪谷景区内公共标识信息英文译本中存在着一些拼写错误，有些甚至出现在某一景点唯一的公共标识上。例如，在茶溪谷内的茶翁古镇入口处有这样一块公共标识，其内容主要是对茶翁古镇功能及游览内容的介绍，在其英文译本中出现了"It is a perfec place for relaxation"，其中"perfect"误写成了"perfec"，这样的错误虽然比较容易让人察觉，不会对整体译文所传达的意思造成很大的影响，但是外国游客读到此处时还是难免会摇摇头，感叹译者与标识制作者的粗心，影响游客体验。茶溪谷内有一处景点名为"热带雨林"，机械仿真类昆虫惟妙惟肖，植物苍翠茂密，谷内一派生机盎然的热带雨林景观。但是在景点入口处的标识上，"热带雨林"被翻译为"Fropical Rain Forest"，暂且不谈其译文语言表达是否地道，"热带的"在英文中是"tropical"而不是"fropical"，这种错误翻译势必会给外国游客造成一定的理解和沟通方面的障碍。

第二，茶溪谷内一些标识译文存在语序问题，混乱的语序让译文变得不易理解。比如"茶翁古镇"翻译为"Tea Ancient Town"，正确语序应为"Ancient

Tea Town"；"科普长廊"翻译为"Promenade Lounge Science"，正确语序应为"Science Promenade Lounge"。关于铁观音名字来历的讲解中，有这样一句话"传说西王母设宴幔亭"，其译文如下"Legend has it that the Queen Mother of the West held a banquer for..."，其中"banquet"一词拼写错误。

第三，茶溪谷、大侠谷内有很多相同内容或相同类型的指示、提示标识，然而它们的译文内容、大小写格式却不尽相同。如茶溪谷内有多处"禁止吸烟""禁止攀爬"公共标识，其英文译本相同，但是有些公共标识的译文为"No Smoking"，有些标识的译文却是大写的"NO SMOKING"。大侠谷景区内云海索道项目是游客到达云海高地的重要交通方式，但是在大侠谷景区内的指示牌上对其的翻译时而为"Aerial Ropeway"，时而是"Aerial Gondola"。虽说"ropeway""gondola"都有"索道、空中缆车"的意思，但是园区内对这一重要名词英文翻译的不统一会给游客特别是外国游客留下一种不专业、不认真的印象，造成游客游览时的疑惑，这对塑造专业的、个性鲜明的景区形象是不利的。

第四，园区里的众多公共标识的翻译受中文思维影响，逐字翻译，看似能保证语义对等，殊不知盲目地逐字翻译会导致英文译本出现词语赘余现象以及会出现许多不符合英语交流习惯的译文，不仅词不达意，而且让人尴尬。在大侠谷的不少惊险刺激的游览项目中都有提醒游客注意游玩安全的温馨提示，在此类公共标识的译文中，"温馨提示"被逐字翻译为"Kindly Notice"，这样翻译看起来合情合理、符合语境，但是结合外国人的语用习惯可以得知，外国人讲话比较直接，此处只需直接标明信息，不需要画蛇添足地加上"Kindly"。这样的翻译出现了词语赘余现象，不符合英语的表达习惯。茶溪谷内公共标识信息的翻译也存在此类问题。茶溪谷电瓶车的宣传海报上有关于电瓶车租车费用价目表的介绍，"自家观光代步车租车价格表"译为"Price list of here electric scooter"，译者想要通过这句话传递的意思是"这里的电瓶车的价格"，但是其中 here 让整句话都变得奇怪，句子中 here 为赘余成分，用定冠词 the 替代 here 就可以达到译者的目的。在茶溪谷森林木栈道生态游览线的宣传海报中有这样一句宣传语"悠闲静谧穿梭竹林小路"，其译文为"Leisurely quiet shuttle bamboo path"，其中存在多处错误：副词、形容词使用不当，shuttle 的错误使用，成分缺失。这些错误导致一句原本具有古典美的中文宣传语被翻译成英文后变得毫无美感、晦涩难懂。此类翻译无法通过语言传递美景、真情，同时也让外国游客质疑景区管理部门的英语素养，进而质疑景区工作的有效性和专业性，对景区的印象大打折扣。

通过调查，总体来说，华侨城集团景区对于双语语言景观的建设较为重视，多数常规的警示语、指示语、景观介绍或游客须知等均为中英双语，保证了旅游活动的顺利进行。但其中还是存在翻译不统一、格式错误、语法错误、拼写错误、排版对读者不友好等一系列问题。这样既没有有效地传递信息，起到引导游客的作用，也没有帮助游客形成美好的旅游体验，失去了建立良好的旅游目的地形象的机会。

（二）旅游语言景观对景区形象构建的影响

建构主义强调人是认知过程的主体，认知过程是指人利用原有的知识经验与从环境中接收到的信息相互作用，主动建构新信息的意义的过程。而人们的思维方式、理解世界的概念框架都是由人们使用的语言所提供的。游客作为旅游活动中的主体，会根据信息搜集、旅游体验等建构旅游目的地形象，因此旅游语言景观会在旅游活动中影响游客对于旅游目的地形象的建构。游客对旅游目的地形象的建构过程中，游客与旅游目的地的相互作用主要通过同化和顺应两个过程实现。同化是指把外界刺激所提供的信息整合到自己原有的认知结构内的过程，游客游览时，旅游目的地的一草一木都会被整合到游客对目的地形象的认知结构内。顺应是指外部环境发生变化，而原有认知结构无法同化新环境提供的信息时所引起的认知结构重组与改造的过程。对于那些初次造访某一目的地的游客而言，前人的游览经历以及他们对旅游目的地形象的评价都会引起他们对旅游目的地形象的建构。

基于 Gunn（1972）的阶段理论，旅游目的地形象可以被分为三类：原生形象、引致形象、复合形象，包括从游客出游前到出游后对旅游目的地形象认识的变化。原生形象是旅游者在未决定旅游之前，头脑中已有由经历或教育形成的各个目的地的形象。游客已有的旅游经历、对旅游目的地的社会评价都会影响旅游目的地的原生形象。引致形象是游客产生旅游动机后，有意识地搜集目的地信息后形成的形象。旅游目的地广告语、游客游记等都属于游客搜集信息的范畴，会影响旅游目的地引致形象的塑造。复合形象是旅游结束后，游客结合自己的旅游经历和以往认知而形成的形象。受语言景观影响的旅游目的地形象构建对游客产生的作用表现在影响其旅游活动前的选择决策，在旅游过程中影响其对目的地的感知质量和满意度，同时还会作用于游客的购买后行为，包括重游意愿和向他人推荐等。旅游目的地形象的形成过程如图 4-39 所示。

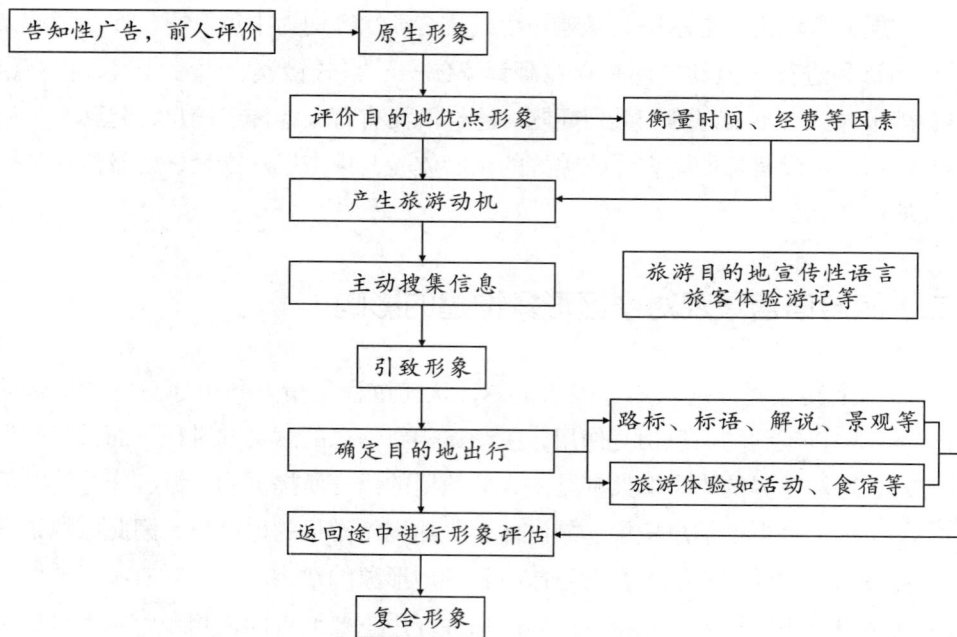

图 4-39 旅游目的地形象构建过程

1. 旅游语言景观英译不规范弱化原生形象

原生形象是指游客在产生游览动机前，受有关旅游目的地的广告、游记、游客评价等因素影响产生的对各个旅游目的地形象的积聚，也可以说是游客对旅游目的地产生的第一印象。据调查，华侨城景区在网络、媒体以及人流量较大的地铁站等平台上的宣传性旅游语言景观缺少相应的英文译文，这势必会影响游客对于华侨城景区的第一印象，使游客对华侨城景区致力于打造国际度假旅游目的地的能力产生怀疑，弱化其世界级生态休闲旅游目的地的原生形象。华侨城景区内旅游语言景观存在的旅游语言景观英译缺失、错误等问题会影响游客特别是外国游客的旅游体验。不良的旅游体验使游客在游览结束后产生对旅游目的地的不良评价，在同化过程中弱化华侨城景区的引致形象和复合形象。信息化时代，游客倾向于在游览过程中或结束后将自己的游览经历分享至网络上，不良评价累积起来，在顺应过程会损害旅游目的地在那些没有到此游玩过的游客心中的原生形象，游客旅游动机不足，进而影响旅游目的地的市场占有率。

2. 旅游语言景观英译缺失削减引致形象

引致形象是游客产生旅游动机后，有意识地搜集关于旅游目的地的信息后形成的形象。旅游目的地的网站信息、宣传语等属于游客的信息搜集范围。华侨城景区的官方网站、第三方应用平台上对景区的图片、文字描述等信息都会影响景区在游客心目中的形象。国内外游客产生游览华侨城景区的动机后，会选择去网站上搜集关于它的信息，进一步了解景区，根据对景区的形象判断做出是否出行的决定。

根据建构主义同化过程相关理论可知，在此阶段，游客会把搜集到的旅游目的地相关信息纳入自己的认知体系中，对目的地形象产生自己的评价，旅游目的地引致形象形成。而浏览华侨城景区的官方网站后不难发现，关于景区的重要宣传语"度假改变生活""华侨城生态文化节"没有英文译文。而华侨城作为华南地区知名的度假旅游胜地，每年吸引大量亚太以及世界其他地区的游客，这些国际游客产生旅游动机后，搜集华侨城相关信息时发现这些旅游语言景观英译缺失，势必会对华侨城致力于打造世界级度假旅游目的地的定位产生质疑，华侨城景区在游客心目中的引致形象受到影响，进而影响游客的选择决策。

3. 旅游语言景观英译错误损害复合形象

复合形象是指游客旅游体验结束后，游客结合自己的旅游经历和以往对目的地的了解，综合形成的形象。旅游目的地内的所有旅游景观、旅游标识语，以及游客的体验活动等都会影响游客对于目的地形象的评估。

东部华侨城景区内，语法错误、拼写错误、用词不当、格式不统一等问题很容易给游客造成一种旅游企业不专业、不正规甚至不真诚的感觉，同时一些词不达意的翻译严重影响了游客的旅游体验，不但没有传达信息，还让游客乘兴而来败兴而归，对景区的评价自然不高。如前文所说，诸如此类的英译问题在同化过程中，游客对旅游目的地形象的评价往往弱化了华侨城景区的复合形象，降低了游客的满意度，削弱了其重游意愿和向他人推荐的热情。

综上所述，不规范的旅游语言景观会从不同层面上对旅游目的地形象产生不良影响，使旅游目的地在游客心中的形象下降，进而损害目的地口碑，致使游客满意度和重游率降低，不利于旅游资源的宣传和推广。

4. 规范华侨城景区旅游语言景观的建议

旅游形象是在企业识别理论（CIS）下的进一步延伸，旅游目的地形象是旅游目的地的生命，也是形成竞争优势的最有力工具。语言具有建构性，是文化的载体，华侨城景区内的旅游语言景观是景区文化的一种存在和表现形式，在进行旅游目的地形象塑造时有着至关重要的作用。旅游语言景观应清晰、醒目、简洁、明确，尽可能满足旅游者的一切期望，并弱化目的地的缺点。

为了消除旅游语言景观不规范对华侨城景区形象塑造的不利影响，华侨城景区、景点的语言文字工作要注意规范化、国际化，有待进一步提升。首先，景区负责语言文字的工作人员应该本着认真负责的态度从事相关工作，避免出现拼写错误、相同文本翻译不一致等能够有效避免的错误，做到语言规范、风格一致。其次，旅游目的地景区要注意提升景区、景点内旅游语言景观文字工作人员的综合素质。翻译人员应该学习、了解语法、语用等方面的知识，了解语言使用国的风俗禁忌。翻译旅游语言景观文本时，避免机械地逐字对应翻译，而应该根据文本语境等方面的背景对译文进行适当调整，做到译文用词准确、简洁客观、文本通畅、符合语境，尊重游客的文化习惯，避免中式翻译的出现，努力达到"信、达、雅"的境界。景区企业还可以和科研院校合作，充分利用它们的专业优势，严格规范语言，做到理论运用和实践创新的双赢。最后，相关政府机构应该联合相关行业协会加强对旅游目的地的语言文字工作的监管，定期检查，重视旅游文本的准确性和优美度，使其做好信息沟通和情感交流的服务工作，保证游客高质量的旅游体验，提高游客满意度，塑造旅游目的地的正面形象。

六、深圳语言景观翻译研究

语言景观包括公示标牌上的语言，广告牌上的语言、街道名、地名、路标等。语言景观是最为常见也最具代表性的一种城市景观，在我们的生活中随处可见，并且已经成为城市推广中的一个重要部分。

（一）数据收集

本节的研究数据都来源于深圳各大公共场所的语言景观如深圳机场、地铁站，以及一些旅游景点如深圳欢乐谷、华侨城、锦绣中华等。因为这些地方的语言景观基本都是双语的，更能代表深圳真正的语言环境，同时这些地方的语言景观直接面向国内外的游客，对深圳作为国际旅游城市的形象具有重要影响。因此研究这些地点的语言景观具有一定的代表性。

由于数据需要从不同地方采集，因此笔者利用相机、手机等对不同地区的语言景观标牌进行拍照取得语料，再复制到电脑上进行逐一分类分析。根据统计，所得语料照片一共有346幅，具体数据见表4-21。

表 4-21　基本数据分析

地点	数量 / 幅	占比
华侨城	41	11.85%
欢乐谷	44	12.72%
锦绣中华	216	62.43%
地铁站	17	4.91%
深圳机场	28	8.09%
总计	346	100.00%

（二）数据分析

1. 语言景观对深圳城市形象的正面影响

对从深圳机场、华侨城、华侨城地铁站、欢乐谷和锦绣中华收集的语料进行分析，发现不少巧妙的翻译和对深圳城市形象有正面影响的案例。这些正面案例大致可以分为三类：形式简洁、适应文化、语义准确。具体信息见图 4-40。

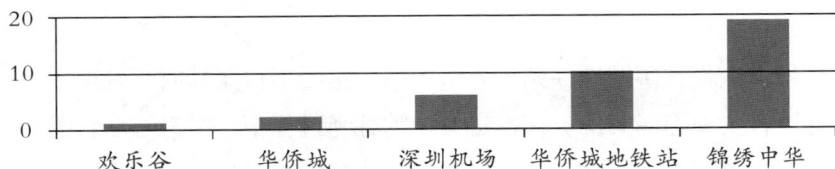

图 4-40　对深圳城市形象有正面影响的翻译

德国翻译理论家汉斯·弗米尔（Hans Vermeer，1996）提出，目的论认为"人的行为是在特定的情况下发生的有目的的行为"，也是"在目的语情景中为某种目的及目的受众而生产的语篇"。翻译必须遵循三个运行法则：目的性原则、连贯性原则、忠实性原则。最重要的原则是目的性原则，指翻译行为所要达到的目的，这个翻译目的决定了翻译行为的全套流程；连贯性原则要求译文兼具可读性和可接受性；忠实性原则则表明译文要忠实于原文。对深圳城市形象有正面影响的翻译案例符合目的论里面的三大原则。就目的性原则来说，这些翻译可以让目标群众完全理解原文本的意思，可以帮助实现语言景观的信息功能。就连贯性原则和忠实性原则来说，这些翻译在一定的交流语境下都是得体合适的，最重要的是，它们都非常贴近目的语语言环境下的表达方式和表达习惯。因此，它们能在文学风格上和原文本保持一致，也能让目标群众完全理解原文本的意思。同时，这些翻译可以帮助深圳建立积极正面的城市形象，也可以体现深圳文化、教育和经济的发展状况，并有助于提升深圳的经济形象、城市形象和综合形象。

（1）形式简洁。

形式简洁的翻译案例主要是从深圳机场和华侨城地铁站所得的语料照片中发现的。深圳机场和华侨城地铁站的"禁止吸烟"标识的翻译都是"No Smoking"。同时，在深圳机场的语言景观中，"小心热水"被译为"Caution, Boiling Water"；"小心跌滑"被译为"Caution, Slip"；"节约用水"和"节约用纸"都被译为"Use as Necessary"。而在华侨城地铁站的语言景观中，"禁止行乞"被译为"No Begging"；"请勿携带气球"被译为"No Balloons"；"禁止饮食"被译为"No Eating or Drinking"；"禁止携带易燃易爆等危险品进站"被译为"Dangerous Articles Forbidden"；"请勿扶门"被译为"Do Not Touch"；"禁止攀登"被译为"No Climbing"。这些都是形式简洁的典型翻译案例。

以上翻译案例形式简洁并且意思传达准确明了，因此它们都可以实现语言景观的信息功能，同时，它们也都可以实现语言景观翻译的本来目的，以简洁的方式准确无误地表达原文本的语义。它们遵循了目的论的目的性原则，对深圳国际旅游城市形象产生了积极正面的影响。

（2）适应文化。

在分析从深圳华侨城地铁站和锦绣中华收集的语料照片时，发现不少适应文化语境的语言景观翻译案例。在语言景观的翻译过程中，紧密结合目的语的文化习惯，翻译的语言有所调整，更能引起目标语群体的共鸣。

在华侨城地铁站的语料中，"爱心座椅"被译为"Priority Seat"，"请给有需要人士让座"被译为"Please Offer Seat to Priorities"。两则标语的英文版都不是从中文逐字对应直译过来的，然而，都可以清楚且准确地表达出中文标语的意思，并且更贴合以英语为母语国家的表达方式，更贴合英语文化语境。在中文语境下，人们更重视品德和感情，因此用"爱心"一词来打动乘客；而在英文语境下，人们更注重事实以及表达的准确性，因此用了"Priority"一词说明优先权。另外，在锦绣中华的语料中，"特别提醒，游客出门后请重新购票"的译文为"THE ADMISSION TICKET IS VALID FOR ONE ENTRY ONLY"。在这则语言景观的翻译中，"特别提醒"被舍去不翻。因为在中国文化中，人际交往是关系导向型的，人们更侧重于礼貌地表达自己的意思；而在西方文化中，人际交往是任务导向型的，人们更侧重于直截了当地说明意思。因此在这则公示语翻译中"特别提醒"被舍去是符合西方英语语境的习惯的。

以上语言景观的翻译表达都更贴近以英语为母语的国家的表达方式，因此，对于目标受众来说，这些语言景观更容易理解，并且能准确直接地表达出原文本的意思。这些翻译符合目的论的目的性原则、连贯性原则和忠实性原则，也可以维持深圳在外来游客心中的正面形象。

（3）语义准确。

调查发现，语义准确的语言景观翻译案例大多是从深圳机场、华侨城、华侨城地铁站和锦绣中华的语料照片中找到的。基本信息分析见图4-41。

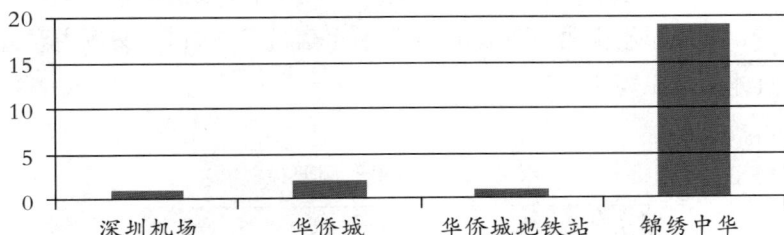

图4-41　语义准确翻译案例基本信息

深圳机场中的一个语言景观翻译案例是语义准确翻译的典型代表，即"请携带随身物品"被译为"Keep your belong in sight"。同时，华侨城的语料中也存在两则语义准确的案例。一则案例是"一品轩"（一家面包店的店名）被译为"Bakery Coffee Life"。"一品轩"是一个极具中国特色的词语，如果要选择直译的话，不但非常困难，而且译文也会给人带来疑惑，不能达到直接的宣传效果。但是"Bakery Coffee Life"则可以清楚表达该店的主营业务。另一则案例是"生态广场东街"的译文"ECOLOGY SQUARE EAST St."。译者在翻译街道名时使用意译的方式而不是直接用拼音拼出街道名，更容易让目标受众了解街道名的含义。在华侨城地铁站的语料中，"请勿冲门"被译为"Never force your way into the train"。锦绣中华园区内石碑上的名字的翻译也都是语义准确的案例。虽然有一些翻译直接引用中文拼音，但是译者在旁边用括号注明该词的真正语义，既能使人感受到中华传统文化，又能让人真正理解其内涵意义。如"蓬莱阁"被译为"Penglai Pavilion"并附解释"A Fabled Abode of Immortals"，"万华阵"被译为"Wan-Hua-Zhen"并附解释"The Maze"，"海晏堂"被译为"Hai-Yan-Tang Hall"并附解释"Hall of Peace and Prosperity"，"福海"被译为"Fu-Hai"并附解释"Sea of Fortune"，等等。这些翻译能让目标受众既知道这些名称的中文发音，又了解到这些名称的真正含义。

这些对深圳城市形象有正面影响的翻译案例不仅满足目的论的目的性原则、连贯性原则和忠实性原则，还可以帮助人们更好地理解原文本的含义，并且对语言景观的信息功能的实现有积极的影响，同时也能给英语使用者一种被尊重的感觉，实现语言景观的象征功能。总体来说，这一类型的翻译能帮助实现语言景观的信息功能和象征功能。因此，它可以帮助提升深圳的城市形象。

2. 语言景观对深圳城市形象的负面影响

对从深圳机场、华侨城、华侨城地铁站、欢乐谷和锦绣中华收集到的语料照片进行分析，发现了不少语言景观翻译的错误案例。这些错误案例主要可以分为三大类，具体信息见表4-22。

表 4-22　错误案例分类

类型	数量
拼写错误	3
语法错误	9
文化错译	5

（1）拼写错误。

拼写错误在语言景观标牌上非常明显。虽然单词中一两个字母的拼写错误可能不影响目标受众对于语言景观内容的理解，但是，由于拼写错误是可以通过检查确认避免的低级错误，这体现了语言规划部门对语言景观监管的态度和质量，体现了政府职能部门的专业度，这一错误的发生对城市形象有较严重的负面影响。

比如"请勿翻越"英文翻译为"No Grossing"，而正确的翻译应该是"No Crossing"；"请保持观赏距离，注意小孩的安全"，景区译文为"Please keep zhe viewing distance, pay attention to the safety of chidren"，其中有两处拼写错误，分别为"the"被拼成"zhe"，"children"被拼成"chidren"。

拼写错误是翻译中很容易避免的低级错误，即使拼写错误不影响人们对语言景观的理解，但这种类型的错误会给游客对景区甚至对深圳的印象减分。明显的，拼写错误违反了目的论中的连贯性原则和目的性原则，并且因此影响了语言景观的象征功能，进而影响了深圳国际旅游城市形象。

（2）语法错误。

语法错误在华侨城、欢乐谷和锦绣中华的语料照片中都有发现。基本信息分析如图 4-42 所示。

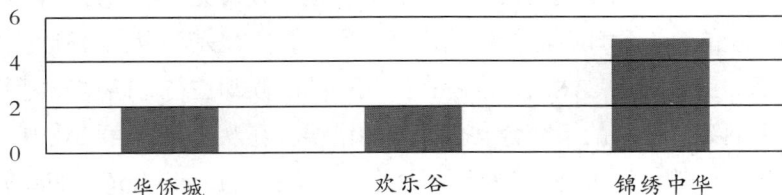

图 4-42 语法错误基本信息

根据对存在语法错误的翻译案例的分析，笔者发现这些错误大多由于用词选择不当或是在直译原文本时没有认真对目的语文本再进行分析以确认句义。不管是出于哪一种原因，语法错误都会误导目标受众，同时这种不当的翻译还将影响语言景观的信息功能，并进一步影响深圳城市形象。具体案例分析情况如下。

在华侨城取得的语料照片中，笔者发现了不少语法错误的案例。第一个案例是"小心夹伤"的译文，原译文是"Carefully clamp injury"，这在英语语境下是说不通的。原译文是由中文原文逐字对应翻译过来的，但是忽略了直译之后应再回顾译文，看是否需要修改润色以表达准确的意思。这句语言景观更合适的译文应该为"Caution, clamped"。第二个案例是"防火卷帘下严禁堆放物品"，它被译成"Fire shutter down keep clear"。这一语言景观中，原文"下"的意思是指在防火卷帘下面，即"under the fire shutter"，因此，不应该译为"down"。笔者认为，译为"Fire shutter, please keep clear"更能合适地表达原意。

在锦绣中华的语料照片中，也有数个语法错误的翻译案例。如"围观游客请勿靠近"被译成"Other tourists around, please keep off"。前半句语法结构不完整，合适的翻译可以为" Keep off, please"。"危险请勿靠近"被译成"Danger. Do not close to"，这一句英文在英语语境下是不符合语法规律的，语法正确的句子应该是"Dangerous, do not approach"。

语言景观翻译中存在语法错误会使目标受众误解语言景观的准确意思和意图。翻译中的语法错误违背了目的论中的目的性原则和连贯性原则，因此会影响语言景观的信息功能。同时，语言景观翻译中的语法错误会影响语言景观的象征功能，因为语言景观中的英语会使英语母语者感到被尊重，而当语言景观上的英语存在大量令人难以理解的错误时，结果反而适得其反，既不能起到信息指引、沟通交流的作用，还会使他们对深圳景区管理留下一个不好的印象，影响深圳的城市形象。

（3）文化错译。

不符合文化语境的错误在语言景观翻译中也比较常见。因为译文存在的目的是让目标受众能够准确理解原标语的语义，所以，文化差异也应被列为一个翻译时需要考虑的重要因素。然而，译者在做翻译的时候却往往忽略这一因素，并因此使译文出现难以理解的不符合文化语境的错误。在欢乐谷语言景观中，发现了不符合文化语境的错误翻译。"黄金周除外"被译为"Excluding holidays"。黄金周本指国庆节连续七天的假期。"Holiday"在英文中的意思泛指假日，这里用"Holidays"代替中国的黄金周是不合适的，在翻译时也不能直译"Golden week"，因为这无法引起目的语国家读者的共鸣，所以比较合适的翻译应该直接点明节日，如"7-Day National Holiday"。

不符合文化语境的错误译文影响语言景观信息功能，因为它违反了目的论的连贯性原则和忠实性原则，因此文化语境引起的错误会使译文不符合目的语的沟通情境。也因如此，这类译文并不能达到翻译的目的和目标。由于不同文化语境下对同一事件、同一意思的表达可能会有很大不同，因此不符合文化语境的翻译在文学风格上显然是不一致的。这种错误的存在会让以目的语为母语者感到不被尊重，因此这一错误还会影响语言景观的象征功能，进而影响城市形象。

3. 小结及反思

城市语言景观塑造是一项复杂的工程，涉及政府不同部门间、语言与空间、空间与时间、语言与文化、语言景观与其制作者、语言景观与其受众、中英双语语码转换以及双语语言景观与城市形象等复杂关系。（李稳敏、张慷婷，2021）

对深圳城市形象有积极影响的翻译，它们形式简洁、适应文化、语义准确，可以给目标受众准确的原文本语义，为沟通交流提供巨大的帮助，同时给英语母语者一种强烈的被尊重的感觉和自豪感，也能让他们感受到深圳的好客与开放，帮助提升深圳的城市形象。而对于负面影响，拼写错误在公众对语言景观的理解方面不会有太大影响，可能不会影响到语言景观的信息功能，但是会影响到语言景观的象征功能，并给人留下消极的印象。不符合文化语境的错误有时则会影响人们对语言景观的理解，使人们产生误解或完全不明白语言景观的真正意思，因此，它们会影响到语言景观的信息功能。朱明珍和唐丽君（2021）指出，错误的译文很难让国外游客了解中国景点的文化，这不利于当地文化的传播，也大大地折损了景区的形象。除此之外，语言景观标牌上的书面文字可以反映该语言使用者的社会地位，因此英文版译文中出现的错误会影响英语母语者的自尊心，会使他们觉得不受尊重，进而影响深圳热情、包容、开放的城市形象。

为进一步提升深圳语言景观翻译水平，首先，在语言景观翻译完成时应该进行反复检查，以避免拼写错误以及其他明显错误的发生；其次，相关部门应该聘用专业的译员对语言景观进行翻译，减少语法错误的发生；再次，在翻译过程中应该多查找同一意思的语言景观在目的语为母语的国家的表达方式和表达习惯，以便在风格上符合目的语文化语境，使目标受众能更好地理解译文；最后，对译文的目标受众进行适当的满意度调查，对语言景观翻译的提升更有帮助。通过以上几点做法，语言景观翻译的错误将大大减少，只有这样，深圳的正面城市形象才能通过正确、专业、温暖的语言传递给每一位游客。

七、深圳语言景观对城市形象的影响

改革开放后，深圳在城市发展中创造了许多奇迹，成为华南重要的区域经济、金融及航运中心城市，是重要的综合创新中心。在实现城市创新和发展高科技产业方面，拥有许多不可替代的、非流动性竞争优势。连续多年居民人均年收入排名全国第一，城市劳动生产率、国内生产总值年均增长率和城市产品市场占有率非常高。2019年8月18日，《中共中央　国务院关于支持深圳建设中国特色社会主义先行示范区的意见》（以下简称《意见》）正式发布，支持深圳高举新时代改革开放旗帜，建设中国特色社会主义先行示范区。《意见》再次赋予深圳以特殊使命，明确了深圳先行示范区作为高质量发展高地、法治城市示范、城市文明典范、民生幸福标杆、可持续发展先锋的战略定位。在粤港澳大湾区的城市群中，深圳应该发挥作为经济特区、全国性经济中心城市和国家创新型城市的引领作用，加快建成现代化、国际化城市，努力成为具有世界影响力的创新创意之都。

语言是受众获取信息的窗口，是对一个城市产生感受和体验的开始。下文将根据 CIS 的有关理论，从理念识别（MI）、行为识别（BI）以及视觉识别（VI）三类来研究语言景观是如何影响城市形象构建、帮助城市提升经济和社会价值的。

语言景观一定程度上代表着一个城市的公共形象。良好的城市形象是推动城市发展的潜在动力，城市语言景观建设关乎城市形象的塑造。（刘洁等，2020）

笔者通过对语言景观进行调查后得出，语言景观是现代城市的重要组成部分，对城市形象建设具有促进作用，开放、包容的语言景观能够为塑造开放、包容的国际化城市添砖加瓦。

（一）理念识别

图 4-43 "华侨城"语言景观

理念识别（MI）是根据城市的自然环境、资源禀赋、文化底蕴、人文历史、经济发展等相关资料提炼、概括出来的抽象性概念，是城市整体识别系统中的核心，是协调整个城市内外关系及发展的灵魂，是城市形象科学定位的依据。深入挖掘和提取城市理念，并将其贯穿在城市形象的设计和城市景观规划之中，是城市形象得以维持特色和不断优化的基础。理念识别系统不仅要求城市能够立足自身地域特征，打造最能代表城市历史、文化、现实优势和发展趋势的核心元素，更要求城市理念与社会生活有机结合。只有在达成广泛社会共识的基础上，城市理念才有可能主导城市形象的塑造和传播，从而实现其社会和经济效益。

理念识别是城市形象构建的灵魂，包括城市的宗旨、城市精神、形象口号等各个方面。深圳语言景观在体现城市理念方面作用明显。如针对听觉语言景观，深圳地铁公共空间内将广告引入到站提示音以开发其经济效益，通过该方式发挥其文化和社会效益。"社会主义核心价值观"的语言景观体现了深圳作为社会主义先行示范区的榜样角色（见图 4-44），"来了就是深圳人"彰显了深圳这座城市的包容、创新和热情（见图 4-45）。深圳的宜居宜游优质社区华侨城在发展过程中一直坚持"优质生活的创想家"的品牌定位，以"为中国人提供和创造个性化的生活体验"为发展目标，这一点在华侨城内的语言景观也有所体现。首先，不论是华侨城周边环境还是景区内，中英双语的警示语、指示牌均采用统一

图 4-44 "社会主义核心价值观"
语言景观

形式，体现了华侨城管理正规、建设优质环境、为人们提供方便的服务以及良好的生活体验的服务宗旨。在景区内，不管是纸质宣传手册还是部分语言景观也都传递着各自的园区宣传主题。例如，欢乐谷园区内的语音提示多是以"祝您在欢乐谷玩得愉快"结尾，园区出口有显眼的字体"请您把欢乐带回家"；锦绣中华园区内则多处印有"印象中国""中国旅游演艺从这里开始"的字样，提醒人们去体会园区内展现的中国民俗文化。华侨城对于城市的理念和定位非常清晰，其理念在周围景观或景区内多处有所体现，致力于通过传播城市理念构建良好的城市形象。

图 4-45　"来了就是深圳人"语言景观

（二）行为识别

行为识别（BI）是指在城市理念的指导下，各社会主体所参与的内部组织、教育、管理、约束等行为。行为识别系统主要包括政府行为、社会群体行为和公众个人行为三个层面。政府行为主要通过政府决策、资源分配、公共服务、配套经济政策等要素综合体现；社会群体行为主要指各类节庆、公益、宣传活动等；公众个人行为则主要强调市民素质和行为规范。城市行为对城市内部来说，可以促进城市行政管理者与公众之间的沟通合作，增强公众对城市的认知并使其产生认同感和自豪感。比如语言景观"来了就是深圳人，来了就做志愿者"塑造了一个有大爱、有行动的深圳城市形象。对城市外部来说可以改善投资环境、吸引外来人才参与城市建设、发展城市文化。BI 系统要求政府机构充分发挥在城市规划领域的服务效能，在城市理念的指导下结合城市发展积极举办各类城市活动，促进社会公众对城市形象的整体认知。

行为识别主要分为对内行为，如城市内部管理制度，包括员工培训、激励制度、行为准则等；以及对外行为，如城市展览、城市赞助活动、广告宣传等。对内行为方面，如华侨城对于员工礼仪、服务流程的培训，在园区内有充分的体现。在欢乐谷园区内，员工均根据不同游戏区的主题着颜色、样式统一的制服，给游客展现了统一、有序的城市风貌。在游客结束游乐项目时，有专门的工作人员等候在出口处进行指引，并用统一的手势和语言向游客道别。根据笔者观察，尽管游客数量多，员工并没有因为一直在重复相同的手势和语言而感到厌烦，反而一直以积极的情绪、态度工作，这不仅体现了景区对内部员工的有序培训，能够将城市的精神理念执行到实处，也是城市对游客展现良好形象、塑造内部形象的双重契机。对外行为方面，通过园区内的各类广告宣传可以看出，欢乐谷园区积极引进音乐节、跨年晚会、电视娱乐节目等各类活动，结合园区本身与其他特定活动的双重吸引力，加深游客对园区产生的活泼、现代的印象。再如锦绣中华民俗村园区，距景区100米处提前设置的导引牌，提前在路边装饰的中国结图案，以及沿园区前公路设置的泼水节、民俗表演的巨型广告均体现了城市对对外宣传形象的重视。

（三）视觉识别

从视觉识别（VI）的角度分析，语言景观是将抽象的城市精神理念转化为可视的识别符号，使人们对城市产生直接印象。首先从语言景观的色彩、符号上分析。语言景观表达形式、色彩、装饰基本能够和地方风格相匹配，具有良好的象征功能，易给游客留下深刻和区别化的印象。例如，欢乐谷内每个游乐项目前的说明牌和游客须知均根据游戏

图 4-46　公共指引标识

区主题的不同而采用不同的配色和卡通装饰，因此语言与游乐设施风格契合度较高；而锦绣中华内微缩景观旁的景观介绍颜色淡雅，与古朴、安静的园区环境融为一体，在向游客传达信息的同时也兼顾了景区设计的美感。如此设计能够让游客自然而然地将语言景观传递的信息有效地与园区游览经历融合，有利于游客体会特色城市文化，帮助城市塑造特色城市形象。同时，两个园区内的店铺招牌、广告设计非常新颖有趣，园区内多元化、创新性的语言景观设计也可以成为吸引更多广告投资的基础，从而提升传播效率，产生更大的经济效益。

但笔者研究发现，城市在行为识别及视觉识别语言景观设置中存在"表象化"问题。这在双语语言景观的建设中尤为明显。研究区域内，有硬性要求的指示语、警示语均为双语设计，但涉及后期添加的活动宣传、广告时，一般仅有活动名称有英文翻译，其余更加重要、更能凸显宣传效果的表演介绍和精彩的宣传语等均为中文。新颖、便利的线上

图 4-47　锦绣中华园区景观

地图、线上语音讲解也仅有中文版，这在一定程度上降低了这种新颖宣传方式的作用效果。可以看出，作为国际化旅游景区的华侨城有将双语建设作为一种规范推行，但这更像是一种"硬性要求"，景区所必需的指示语、警示语的双语建设较为全面，软性宣传广告则没有有效传达双语信息。双语语言景观的建设不只是为了遵循某一种规定，而需要从客户需求与服务角度出发，将双语建设作为服务理念传达给管理人员及员工。

同时，双语语言景观存在的一系列外文翻译问题不容忽视，这些问题严重影响了语言景观的信息功能。英文译本字体过小，单词间没有空格，大小写、标点符号错用，词义混淆，语法错误，翻译不够流畅、简洁等都是景区内常见的英文译本出现的问题。英文译本的字体过小、排版不当等会导致受众漏读重要信息，也会给外文受众带来视觉上的不适，让人产生"对外文信息传递不够重视"的直观印象。浅显的翻译错误不仅会影响信息的有效传达，降低信息传递的效率，更会给人一种英文翻译的设置只是为了完成某种任务或者指标的错觉，最终会给受众留下"城市不严谨"的负面印象，为城市形象建构带来负面影响。因而，在用外文介绍这类景观时，应充分结合民族文化特点进行"文化翻译"，将文化信息有效传递给国内外游客，以塑造具有"文化特色"的独特的城市形象。外文翻译不是一种"任务"、一种"要求"，而是能够直观展示城市态度、精神的符号，具有特色、规范严谨的视觉识别语言景观能够给人留下深刻的印象，从而带动受众进一步深入了解和体会城市传达的精神理念。

第五章

广州语言景观研究

一、广州概况

广州简称穗，别称羊城。位于广东珠江三角洲北部，濒临南海，为西江、北江、东江三江汇合处。由秦汉起至明清 2 000 多年间，广州一直是中国对外贸易的重要港口城市，也是中国海上丝绸之路的起点。据《新唐书·地理志》记载，唐朝时，这条海上丝绸之路被称为"广州通海夷道"，其航程从广州起，经南海、印度洋，直驶巴士拉港，到达东非赤道以南海岸，这是 16 世纪以前世界上最长的远洋航线。广州被联合国评为全球发展最快的超大城市。在 2016 年、2017 年的《机遇之城》报告中，广州均居中国城市第一位。作为广东省省会、副省级市、国家中心城市、超大城市，国务院批复确定的中国重要的中心城市、国际商贸中心和综合交通枢纽，广州发展迅速，现代化、国际化程度不断加深。

二、研究现状

国内学者对广州市城市形象的分析主要从生态环境、景观风貌、重大节事、城市定位等方向入手，在语言景观研究中，存在一些共性与局限性。例如，从研究类别上划分，可主要划分为三类：①研究某街道、某商业区的语言景观，如上下九步行街、北京路、远景路、四大商业区、城中村等，多局限于街道、城中村等小范围地域语言景观特色，难以从整体上展现语言景观对城市形象的影响；②研究重大节事对语言景观的影响，如李亚晴（2020）对 2010 年亚运会后广州路牌语言景观的符号研究；③语言景观与"人"的关系，如刘慧（2020）以广州石牌村为例，研究城中村语言景观对农民工身份认同产生的影响。

从研究内容和方法上分析，也存在一些局限性。一是研究方法趋同，研究角度受限。通过拍摄和采集街道商铺、公告牌照片进行语码计量总结、语言权势分析、字刻分析、社群分析、语码翻译问题分析、多模态分析等，注重描述总结，缺乏深入分析和拓展研究，总体缺乏语言景观与大环境的互动分析，侧重分析语言景观呈现特点的成因，缺乏语言景观对环境形象、文化影响的分析；通过采访、问卷调查，分析人们对语言景观的支持，在城市形象问卷中，语言景观相关信息匮乏。二是相关研究受时间局限，共时性文献多，历时性文献少，无法动态呈现语言景观变化与城市历史文化积淀、经济产业发展等城市形象变更的关系。三是分类固定，缺乏整体性分析，将市内语言景观根据主体分为官方语言景观与私人语言景观，对应进行主干道分析与非主干道分析，无法上升到城市形象层面。四是研究对象局限，主要为公告牌、路牌、指示牌、街道名、店铺名、机关单位名称、广告招租招贴用语等，对可移动的语言景观，如电子屏幕，存在研究空白。

综上所述，广州市语言景观对城市形象影响研究存在一定的局限性和研究空白。作为粤港澳大湾区的国际化现代化城市、国内先锋城市，广州市城市形象塑造对国内其他城市具有借鉴和示范作用，也是对外弘扬中华优秀文化和先进城市规划的窗口。广州市不断吸纳外来文化，发展现代文化，人口结构上发生重大变化，呈现民族、区域、国际、各人口类型荟萃的特点，加之其具有丰富的岭南文化，有千年商都、花城、中国南大门等美誉，语言景观具有丰富来源，因此研究广州市语言景观对城市形象的影响有实际意义。

三、广州城市语言景观

（一）数据收集

本章选取广州市三个比较著名的商业区——上下九步行街、沙面岛和宝汉直街作为调查区域。上下九步行街地处广州市荔湾区的上九路、下九路、第十甫路之间，是广州市三大传统繁荣商业中心之一。全长1 200多米，全路段店铺林立，共有商店300多家，日客流量达60万人次。在漫长的历史长河中，上下九步行街逐步形成了当今中西合璧的风情特色。沙面岛是广州重要商埠，历经百年，曾有十多个国家在沙面设立领事馆，九家外国银行、四十多家洋行在沙面经营，粤海关会所、广州俱乐部等在沙面岛相继成立。沙面岛见证了广州近代史的变迁，也是我国近代史与租界史的缩影，是广州著名的旅游景点。宝汉直街，俗称为广州"非洲街"，位于广州市越秀区小北下塘，童心路东面，是现在广州非洲移民的主要聚集地之一。自20世纪90年代以来，珠三角发展迅速，因此到广州来采购、居住的非洲客商越来越多。由于交通便利、商贸发达，宝汉直街周边迅速成为中非商贸密集开展地。据其行政上隶属的登峰街出租屋管理中心2015年人口统计，该地区散居外国人有3 800余人，其中不包括旅游登记人员。外籍人士主要来源于非洲国家，语言以英语为主，信奉伊斯兰教为主。

笔者及团队运用田野调查法，使用单反相机和手机拍摄记录，实地搜集上下九步行街（包括第十甫路、上九路、下九路）、沙面岛（包括沙面北街、沙面南街、沙面大街、沙面公园）内街道两侧的店铺招牌以及指示牌（包括路牌、门牌、宣传栏、广告海报、涂鸦等）和宝汉直街两侧可视范围内的店铺招牌，分别得到445、364和158个照片样本，按照语符种类（汉、英、其他语符）、语符模式（单语、双语、多语标识）等属性将广州这三个商业区的官方和私人标识分别进行质性研究，依照地理符号学理论框架，对结果进行进一步阐述，探究广州市语言景观的地理符号特征和语用功能。

（二）数据分析

1. 优先语码

语言景观分为官方和私人标识两种。官方标识是政府设立的具有官方性质的标牌，如路牌、街名、建筑名等，在文献中也常称作自上而下的标识（top-down signs）。由于这类标识的设立者一般是执行当地或中央政策的机构，因此标识语言代表的是政府的立场和行为。私人标识是指私人或企业所设立的用作商业或信息介绍的标识，如店名、广告牌、海报等，在文献中也称作自下而上的标识（bottom-up signs）或非官方标识等。私人标识所受条规限制相对较少，语言使用较为自由，因而更能真实反映一个地区的社会语言构成情况。

Scollon R. 和 Scollon S.W.（2003）在讨论"场所话语"（discourse in place）时提出了"地理符号学"（Geosemiotics），构建了一套用以分析空间景观的语言符号系统，包括语码取向、字刻和置放等子系统。

他们研究发现，在多语或双语样本中始终有一种语言会占据优势地位，也称为优先语码或主导语言。主导语言一般是按照标牌上语言字体的大小、所占的位置，以及所用的颜色等要素来确定的。主导语言通常是某一地区的官方语言或强势语言。一般来说，在包围式的文字排列中，优先语码出现在中心位置，颜色凸显，非优先语码则置于边缘位置（见图5-1）；文字横向排列时，优先语码置于标牌上方或顶部，非优先语码则字体较小，置于下方或底部（见图5-2）。

图 5-1　沙面岛官方标识　　图 5-2　商业街商铺标识

因本次调查的对象绝大多数为汉英这一语言组合模式，英日语言组合仅有一个，可忽略不计。据统计，三个调查区中第一优势语言为汉语的样本占绝大多数，而第一优势语言为英语的样本仅占少数。从中，我们看到汉语为优先语码，在商业区语言景观中占主导地位，大部分标识标题上使用中文和英文，内容仅以英语对照翻译。笔者结合语码的置放位置、字体大小、颜色搭配等对多语标识中的优势语码进行分析，结果见表 5-1。

表 5-1　沙面岛语码组合情况

标识类型			汉英（总数量96）		
			汉	英	无
置放位置优势语码	私人	数量	31	12	0
		占比	72.09%	27.91%	0.00%
	官方	数量	52	1	0
		占比	98.11%	1.89%	0.00%
	总计	数量	83	13	0
		占比	86.46%	13.54%	0.00%
字体大小优势语码	私人	数量	35	7	1
		占比	81.40%	16.28%	2.33%
	官方	数量	53	0	0
		占比	100%	0.00%	0.00%
	总计	数量	88	7	1
		占比	91.67%	7.29%	1.04%
颜色搭配优势语码	私人	数量	3	1	39
		占比	6.98%	2.33%	90.70%
	官方	数量	4	0	49
		占比	7.55%	0.00%	92.45%
	总计	数量	7	1	88
		占比	7.29%	1.04%	91.67%

表 5-1 中沙面岛语言景观调查结果相关数据显示，根据汉英双语标识中语码的置放位置、字体大小、颜色搭配三个维度对优势语码进行统计分析，发现汉

语在官方标识／指示牌和私人标识／店铺招牌中都体现了较大优势，相对于英语语码有远超过50%的占比优势。官方标识比私人标识更加强调体现汉语的优势，凸显其主导地位，汉语在98.11%的官方标识中体现位置优势，在100%的官方标识中体现字体大小优势。在难以区分优势语码的配色维度中，汉语语码优势仍强于英语语码。

作为广州著名的旅游景点，沙面岛是对外交流和展示的重要窗口，官方标识建设体现了国家和政府的管理态度和治理思想，汉语是我国不可取代的优势语码，占主导地位。

表5-2　上下九步行街语码情况

标识类型			汉英（总数量160）		
			汉	英	无
置放位置优势语码	私人	数量	50	70	0
		占比	41.67%	58.33%	0.00%
	官方	数量	38	2	0
		占比	95.00%	5.00%	0.00%
	总计	数量	88	72	0
		占比	55.00%	45.00%	0.00%
字体大小优势语码	私人	数量	12	91	17
		占比	10.00%	75.83%	14.17%
	官方	数量	22	1	17
		占比	55.00%	2.50%	42.50%
	总计	数量	34	92	34
		占比	21.25%	57.50%	21.25%
颜色搭配优势语码	私人	数量	10	8	102
		占比	8.33%	6.67%	85.00%
	官方	数量	0	0	40
		占比	0.00%	0.00%	100%
	总计	数量	10	8	142
		占比	6.25%	5.00%	88.75%

表5-2中上下九步行街语言景观调查结果相关数据显示，根据汉英双语标识中语码的置放位置、字体大小、颜色搭配三个维度对优势语码进行统计分析，发现相对于沙面岛的语言景观情况，上下九步行街中汉语在官方标识/指示牌和私人标识/店铺招牌中的优势相对于英语语码明显减弱，甚至有被反超的趋势。在私人标识/店铺招牌的统计中，英语语码在以上三个维度中，分别占58.33%、75.83%、6.67%（汉语语码占41.67%、10.00%、8.33%，无差别占0.00%、14.17%、85.00%），体现英语语码地位逐渐上升至反超汉语语码的情况。上下九步行街地处广州市荔湾区的上九路、下九路、第十甫路之间，作为广州市三大传统繁荣商业中心之一，拥有频繁的商业活动与对外联系，和外国消费者的交流是促成其语言景观现状的重要原因，从语言层面体现了广州作为国际性大都市的重要地位。（见图5-3）

图5-3　上下九步行街语言景观

表5-3　宝汉直街语码情况

标识类型			汉英 （总数量76）			汉阿拉伯 （总数量1）		多语 （总数量15）			
			汉	英	无	汉	阿	汉	阿	英	无
置放位置优势语码	私人	数量	35	25	3	1	0	3	5	3	/
		占比	55.56%	39.68%	4.76%	100%	0.00%	27.27%	45.45%	27.27%	/
	官方	数量	13	0	0	/	/	4	/	/	/
		占比	100%	0.00%	0.00%	/	/	100%	0.00%	0.00%	0.00%
	总计	数量	48	25	3	1	0	7	5	3	0
		占比	63.16%	32.89%	3.95%	100%	0.00%	46.67%	33.33%	20.00%	0.00%

（续上表）

标识类型			汉英（总数量76）			汉阿拉伯（总数量1）		多语（总数量15）			
			汉	英	无	汉	阿	汉	阿	英	无
字体大小优势语码	私人	数量	46	12	5	/	/	2	5	4	0
		占比	73.02%	19.05%	7.94%	/	/	18.18%	45.45%	36.36%	0.00%
	官方	数量	13	0	0	/	/	2	/		2
		占比	100%	0.00%	0.00%	/	/	50.00%	/		50.00%
	总计	数量	59	12	5	/	/	4	5	4	2
		占比	77.64%	15.79%	6.58%	/	/	26.67%	33.33%	26.67%	13.33%
颜色搭配优势语码	私人	数量	29	9	25	/	/	1	2	4	4
		占比	46.03%	14.29%	39.68%	/	/	9.09%	18.18%	36.36%	36.36%
	官方	数量	0	0	13	/	/	0	0	0	4
		占比	0.00%	0.00%	100%	/	/	0.00%	0.00%	0.00%	100%
	总计	数量	29	9	38	1	/	1	2	4	8
		占比	38.16%	11.84%	50.00%	100%	/	6.67%	13.33%	26.67%	53.33%

备注："/"或"无"表示语码之间"字体大小""颜色搭配"相同或两者区别趋近于无，难以分辨优势语码。

如表 5-3 所示，在宝汉直街得到的 158 个语言标识中，双语／多语标识共有 92 个，其中多以汉语作为优势语码，部分多语标识以英语作为优势语码。汉语在与其他语码组成双语标识中处于绝对主导地位，而英语则在少量标识中处于优势，大部分还处于劣势。阿拉伯语有 5 次作为优势语码（位置、大小）出现，说明只要店铺招牌中有阿拉伯语的，都十分重视非洲客户。这一调查也证明了语码地位按照语码使用情况的汉语—英语—阿拉伯语这一顺序排列，汉语为绝对主导语，英语保持了主要辅导语位置，阿拉伯语为第二辅导语。

同时，中国的语言政策对于语言景观中不同语言之间的地位影响不能忽视。广州市宝汉直街语言景观呈现的汉语—英语—阿拉伯语这一语码地位关系体现了官方语言政策"主体多样"的指导原则。

此外，语言景观的优、劣势呈现方式还与招牌制作者语言能力相关，也可能会由文化、行业、地区偏好等因素决定。宝汉直街属于广州市典型的多语言社区，社区内部的人群基本都有不同程度的多语言沟通能力。商家在制作招牌的时候，会更倾向于选择自己认同、社区认同的语言。（见图5-4、图5-5）

图5-4 "中国雄通讯"英语为优势

图5-5 "低格里西餐厅"阿拉伯语为优势

2. 标识语言数量及种类

单、双、多语标识的判定是按照其上出现的语言数量而定的，出现一种语言的标识视为单语标识（汉语拼音属于汉语，本章将汉语与拼音组合的标识视为汉语单语标识），出现两种语言的视为双语标识，出现三种或三种以上语言的则视为多语标识。据数据统计分析，通过对广州三地调查得出：在上下九步行街445个有效标识中，有285个单语标识，占比64.04%；有160个双语标识，占比35.96%。在沙面岛364个有效标识中，有246个单语标识，占比67.58%；有118个双语标识，占比32.42%。宝汉直街158个有效标识中，有单语标识66个，占比41.77%；有双语标识77个，占比48.73%；有多语标识15个，占比9.49%。除宝汉直街外，其他两地均无三语或以上的多语标识（详见表5-4）。这充分证明了广州著名商业区单语标识在数量上占极大优势，双语标识占有一定的比例，而多语标识极其缺乏。宝汉直街的语言景观中出现汉语（含拼音）、英语（含粤语音译英语）、日语、阿拉伯语等形式的语码。单语标识中，纯汉语出现的频率最高，纯英语极少；出现频率在二者之间的双语标识以汉英混合的居多，也有英语加日语、汉语加阿拉伯语；多语标识中，以汉语加英语加阿拉伯语居多。可见广州市商业区的语言生态随着国际化的发展，外来游客逐渐增多，汉英组合占一定比例（35.13%），但汉语仍占主要优势（57.99%），英语主要起辅助汉语的作用。（见表5-5）

表 5-4 广州市三个调查地点语言景观中单/双/多语标识对比

标识分类	店铺招牌		指示牌	
	数量	占比	数量	占比
上下九步行街				
单语标识	175	59.32%	110	73.33%
双语标识	120	40.68%	40	26.67%
多语标识	/	/	/	/
沙面岛				
单语标识	71	57.26%	175	72.92%
双语标识	53	42.74%	65	27.08%
多语标识	/	/	/	/
宝汉直街				
单语标识	43	37.07%	23	54.76%
双语标识	62	53.45%	15	35.71%
多语标识	11	9.48%	4	9.52%
合计				
单语标识	289	54.02%	308	71.30%
双语标识	235	43.93%	120	27.77%
多语标识	11	2.06%	4	0.93%

表 5-5 广州市三个调查地点语言种类

语言种类	数量	占比
汉语	548	57.99%
英语	47	4.97%
汉英	332	35.13%
英日	1	0.11%
汉阿	1	0.11%
汉英法	1	0.11%
汉英阿	15	1.59%
总计	945	100%

3. 标识语符组合

标识语符组合，即语言景观符号由文字、图片、汉语拼音以及 logo 组成。根据表 5-6 的数据统计，上下九步行街标识中纯文本以及文本 + logo 的组合居多；沙面岛则以纯文本居多，官方标识中，除了纯文本，文本 + 图片的数量也较多；而宝汉直街标识中，纯文本占主要优势，但此地区有一部分标识以图片或 logo 作为辅助。

从上下九步行街和沙面岛来看，由于此地区为商业区和住宅区混合，商铺标识和官方标识数量都比其他地区丰富，且标识也有更多分类情况。在上下九步行街，商铺标识为纯文本的有 211 个，占比 63.75%，表明超过六成店家只注重单纯文本的指示，例如品牌名称、介绍等。而有 29.00% 的商铺会用文本 + logo 来增强自己商铺的名称存在感，形成品牌效应。而有部分商铺会用图片来强调或解释标识内容，帮助顾客直截了当地理解商铺内容。

而从官方的标识来看，大部分也是使用纯文本，比如公示、宣传等。在重点突出内容时，官方会使用中国或全球统一的标识来配合文本，甚至有些情况下文本可以被忽略，人们看到图片就能立即理解其意思，如停车场等。有些政府标识，会使用显眼的 logo 来表达该场所的服务部门，如警察局等。官方标识往往会选择更能强调内容的形式去展示标识，而非商铺等突出品牌的标识（见图 5-6），官方标识通常都是使用规范的文本和图片或 logo，一切内容都必须有条理（见图 5-7）。

图 5-6　商铺标识（文本 + 图片）　　　图 5-7　官方标识（警告）

由于宝汉直街的面积较小，所以收集到的数据量在三个地点中最少。此地点的数据显示，虽然纯文本依旧在标识中占优势，但相比其他地点，宝汉直街的纯文本占比有所下降，文本 + logo 和文本 + 图片的标识合计占比超出四成，说明该地区商铺注重采用多种形式表达意思。由于宝汉直街内非中国人比例较大，较多商铺会采用最能表达含义的标识，此时带有英文的 logo 或图片更能帮助消费

者加深印象。

从总体来看，纯文本标识最多，共 644 个，占比约 64%；文本 + logo 和文本 + 图片的相差不大，分别为 181、172 个，占比约为 18%、17%；而文本 + 拼音的形式最少，只有 20 个，占比约 2%。以此得出，广州市内，大部分语言景观仍为纯文本，接近四成标识会使用 logo 或图片来辅助品牌宣传或内容解释。但只有极少数标识会采用文本 + 拼音的形式，大多数为中文加汉语拼音，这些标识均为商铺标牌，说明一部分商铺没有增加多样性的想法，而只注重本地市场，不额外花心思在 logo 或图片方面。

表 5-6　广州市三个调查地点标识语符组合情况

语符组合情况		数量	占比
上下九步行街			
私人语言景观	纯文本	211	63.75%
	文本 + logo	96	29.00%
	文本 + 图片	14	4.23%
	文本 + 拼音	10	3.02%
官方语言景观	纯文本	75	62.50%
	文本 + 图片	35	29.17%
	文本 + 拼音	10	8.33%
沙面岛			
私人语言景观	纯文本	79	67.52%
	文本 + logo	29	24.79%
	文本 + 图片	9	7.69%
官方语言景观	纯文本	187	64.71%
	文本 + logo	12	4.15%
	文本 + 图片	90	31.14%
宝汉直街			
私人语言景观	纯文本	92	57.50%
	文本 + logo	44	27.50%
	文本 + 图片	24	15.00%

（续上表）

语符组合情况		数量	占比
总计			
私人＋官方	纯文本	644	63.32%
	文本＋logo	181	17.80%
	文本＋图片	172	16.91%
	文本＋拼音	20	1.97%

如表5-7所示，在上下九步行街443块标牌中，汉语标牌共264块，所占比例为59.59%；标识呈现形式则有单语、双语2种。在沙面岛401块店铺标牌中，汉英对照的标牌总共88块，汉语单语标牌共292块，其他各类标牌共21块，所占比例分别为21.95%、72.82%、5.24%，标识呈现形式也是单语、双语2种。在宝汉直街158块店铺标牌中，汉英对照的标牌共89块，汉语单语标牌共53块，其他各类标牌为16块，所占比例分别为56.33%、33.54%、10.13%，标识呈现形式则有单语、双语、三语3种。

在笔者搜集的千余例商铺及官方样本语料（商店标识或官方标识）中，上下九步行街和沙面岛的标识中汉语占据了显著优势，因为汉字构成的语言景观更好地传达了标识信息，具有语用信息功能，符合该语言社区群众语言使用特点。同时，英语在商店标识中出现的频率也有一定比例，一般以汉字底下配注翻译的形式出现。这也印证了上下九步行街和沙面岛中西合璧的风情特色。宝汉直街的相关数据显示，该街店铺标识使用频率最高的是汉英对照，其次为纯汉语。上下九步行街和沙面岛两个调查地的数据表示，区域内纯汉语标识占比最高，其次为汉英对照和汉语＋英语logo，最后为纯英语标识。汉语占据明显的优势地位。宝汉直街的语言景观出现了包括汉语、英语、阿拉伯语等至少3种语言，其中汉语、英语为该地区使用频率最高的两种语码。

汉语主要出现在宝汉直街后街居民区位置，以规范汉字、拼音的形式出现在店铺标识上，个别在宝汉直街周围的店铺使用繁体字和英文双语。此外，汉语标识广泛分布于上下九步行街和沙面岛区域内。汉语由于是我国的官方语言，有政策导向及周边人口优势，成为宝汉直街可视程度最高的语码，也是其他两个街区内的优势主导语码。

英语以辅助汉语标识为主，大部分中文排版占比更大，英文翻译在下方或者外围，小部分店铺招牌以英文为主，只有很少的中文方便理解。由于这三个街区的文化因素，英语成为该地区最常使用的交流语言，商铺和景点为了使外籍人士能更好地理解，大部分采用中英对照翻译，因此英语成为该地区可视程度第二高的语码。

除汉语、英语外，阿拉伯语为宝汉直街非洲人口使用的主要语言，在部分店铺招牌以及店内翻译、菜单翻译等有所体现，虽使用频率较低，但仍作为该区域除英语外的第二辅助外语。阿拉伯语在非洲国家为官方语言或通用语言，其在语言景观的可视性是对宝汉直街非洲人口的一个反映，因此在该地区语言景观中占有重要地位。

表5-7　广州市三地标识语码组合形式分析

语码组合形式	宝汉直街		上下九步行街		沙面岛	
	数量	占比	数量	占比	数量	占比
纯汉语	53	33.54%	264	59.59%	292	72.82%
汉语＋英语logo	11	6.96%	76	17.16%	11	2.74%
汉英对照	89	56.33%	84	18.96%	88	21.95%
纯英语	0	0.00%	19	4.29%	10	2.49%
三语	5	3.16%	0	0.00%	0	0.00%
合计	158	100.00%	443	100.00%	401	100%

综上所述，广州市宝汉直街作为非洲人口聚集地之一，有多民族、多种族混杂而居的现象，语言景观呈现出多语言现象，语码种类相对较多，整体的语言格局较为清晰，汉语为该地区店铺标识中使用频率最高的语码，英语为第一辅助语码，阿拉伯语为第二辅助语码。上下九步行街和沙面岛，分别作为广州市三大传统繁荣商业中心之一和广州历经百年的重要商埠，在漫长的历史长河中，逐步形成了当今商业步行街中西合璧的风情特色和著名旅游景点特色，保留了汉语在各种语码中的优势地位，重视中华文化的凝聚力和表现力，重视中华文化的传承和弘扬，同时保持与时俱进的精神，使用中英对照的语码标识，体现对外国友人的友好精神。（见图5-8、图5-9）

图 5-8　益百纷超市

图 5-9　二姐甜品屋

四、广州高校语言景观

（一）研究背景及意义

近年来的语言景观研究中，从微观角度来分析语言景观的文献占绝大多数，从城市公共空间语言景观（如商业区、旅游区、标牌等）研究到多语研究再到翻译研究，提出语言景观的翻译、译写规范等方面存在的问题，并进一步分析和提出改进对策；而在语言教育层面，语言景观如何影响语言（尤其是二语和外语）的教学与习得，研究文献和成果则相对较少。张晖、张恒（2021）指出，过去语言景观研究主要探究公共空间内的语言选择所表征的社会意义，随着其研究边界的扩大，近年来国外学者对语言景观的考察逐渐从社会语言学视角拓展至教育教学视角。相较之下，国内学者对语言景观的研究多集中在社会语言学领域，极少有学者将其纳入教育教学的视域下进行考察。

文献计量统计发现，截至 2022 年 2 月，在中国知网所有 648 篇与语言景观相关的中文文献中，仅有 13 篇文献从教育教学视角对语言景观进行探讨（其中 10 篇有关高等教育，3 篇有关学前教育），约占文献总量的 2%，其中涉及语言习得的文献更是少之又少。（见图 5-10）

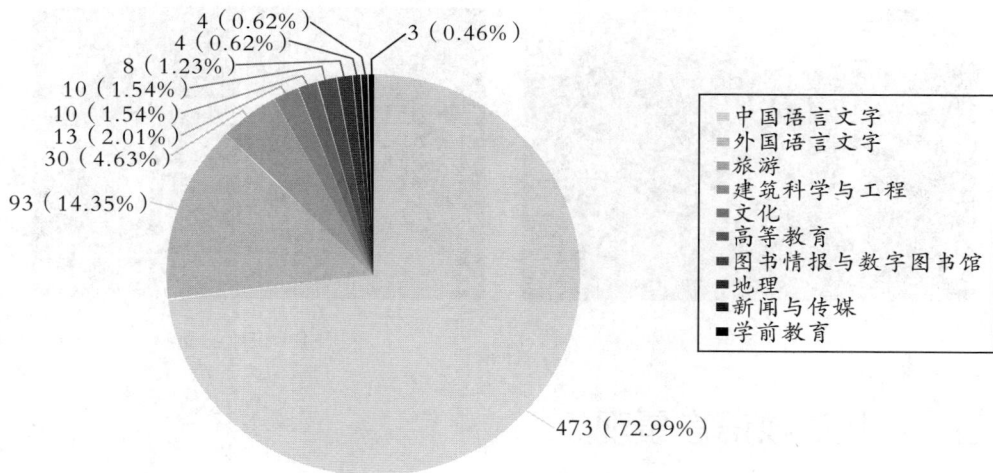

图 5-10 语言景观文献统计

尚国文（2017）从偶发性学习、语言意识、语言能力等方面探讨语言景观对二语／外语教学的价值和作用。魏笑梅（2017）指出，语言景观可被视为外语教学环境的重要组成部分，明确语言景观研究在外语教学中的意义，进而提出语言景观视角下外语教学的改进策略，从而优化外语教学课堂，提高外语教学效能。罗颖和於雪丹（2021）认为语言景观既是一种教学资源，也是一种教学工具，可以从建设校园语言景观、调研景区语言景观、开发家庭语言景观和探究社会场域语言景观这四个方面将语言景观融入小学英语教学。周晓春（2021）提倡在教育全球化的新潮流下，教育场域语言景观承载信息的交际功能和服务教学的工具作用不容忽视。同时，在对外汉语教学方面，郑雨馨（2020）、穆亚格（2019）、秦曈（2019）从多个角度证明了语言景观在对外汉语教学中间接发挥作用，进一步为对外汉语教学建设工作提出新思路。

由此可见，语言景观不仅可以作为第二语言习得过程中额外的输入资源，还在促进语言学习者语用能力和多语能力的发展、培养多模态技能、提高语言意识方面发挥着重要的作用（张晖、张恒，2021）。现实世界中语言景观是很有价值的语言资源，在语言教学中宜善加利用，可以很好地为语言教育服务，但我国学者尚未充分意识到语言景观应用于教育教学场域的潜在价值，也缺乏对国外相关研究动态的了解。

因此，本节集中探讨广州市内高等院校的语言景观现象，目的是通过实地考察、数据统计及分析，研究高等院校内语言景观与语言教育的关系和相互作用。运用地理符号学进行分析，揭示现存的语言景观的不足和错误，并进行进一步的研究分析，提出改进和完善的相关建议，以达到以下调查目的：了解现存的语言景观的分布情况；了解现存的语言景观的书写构成；明确语言景观的设计与语言教育的联系；总结出语言景观与语言教育的相互作用；为语言景观提出与语言教育相关的有推动性的合理建议。

语言景观和语言教育的研究是语言景观研究领域的一大重要板块，通过研究其与语言教育的相关性，可以改善目前语言景观研究本身和研究数据稍显单薄的情况。目前各国人民普遍掌握两种或以上的语言，而语言教育也是教学领域的重中之重，除了课授教学之外，生活环境对于语言学习也有很大的影响。语言景观的相关研究，可以为语言教学提供多样的渠道和方法。语言景观的多语化和高准确度，还能够反映城市地区的国际化程度，也有助于文化之间的交流与融合。

由于广州市内的高等院校数量较多且分布较为密集，下文选取部分相对具有代表性的院校作为实地调查对象，即暨南大学石牌校区、暨南大学华文学院、中山大学南校区、华南师范大学大学城校区和广东外语外贸大学大学城校区。笔者在调查这五校区的语言景观时采用了实地调查、拍照收集校内用语语料包括区域内道路牌、指示牌、店铺名和机构名等，并使用分类、统计和分析的方法，这也是目前学界研究社会语言学语言景观的主要方法之一。在实地收集语料时，我们通过用相机拍摄的方法，如实记录语言景观的用语情况，避免传统的手写记录方法所产生的干扰，尽最大的可能排除了在收集过程中出现的不可靠性和不准确性。在语料分析时，我们采用量化的方法，即从量化的角度分析，统计各类语言景观的数量以及所占比例，以此来看各种语言在公共空间中的使用情况。

（二）样本介绍

1. 暨南大学石牌校区

暨南大学是广东省内位列前三的名校，是中国第一所由国家创办的百年侨校，是中央部属高校、全国重点大学，直属中央统战部领导，被誉为"中国第一侨校"。石牌校区作为暨南大学在广州的原始校址，较于其他校区更具历史文化底蕴和调查价值。

2. 暨南大学华文学院

暨南大学华文学院长期致力于华文教育和汉语国际教育，先后被国家教育部确定为"国家对外汉语教学基地""支持周边国家汉语教学重点院校"，是暨南大学"面向海外、面向港澳台"开展华文教育、汉语国际教育及预科教育的专门学院；此外，学院在新加坡、英国、意大利、日本等国设立了二十多个教学点，招收兼读制研究生及汉语言本科生。

3. 中山大学南校区

中山大学作为广东省内最高学府，由孙中山先生创立于 1924 年，有着百年办学传统，是中国南方文化学术重镇和人才培养高地，也是国内一流、国际知名的现代综合性大学，而其南校区有一批建于清末民初的建筑物，建筑风格独特、文化积淀厚重，调查价值高。

4. 华南师范大学大学城校区

华南师范大学现有广州石牌、广州大学城、佛山南海、汕尾滨海 4 个校区，本次调研地址选定其大学城校区。其大学城校区筹建于 2003 年，坐落在广东省广州市番禺区小谷围岛内，有文学院、经济与管理学院、法学院、政治与公共管理学院、体育科学学院、音乐学院、物理学院、化学学院、旅游管理学院、信息光电子科技学院、环境学院。

5. 广东外语外贸大学大学城校区

广东外语外贸大学现有白云山、大学城、大朗、知识城 4 个校区，本次调研选址为其大学城校区，有国际经济贸易学院、国际工商管理学院、法学院、英语教育学院、信息科学技术学院、政治与公共管理学院、新闻与传播学院及艺术学院。

另外，本次调研选定华南师范大学大学城校区及广东外语外贸大学大学城校区主要考虑其坐落于广州大学城的独特地理位置，具有浓厚的学术氛围。下文将位于广州市中心的中山大学南校区、暨南大学石牌校区及华文学院这三个建筑历史较为悠久的样本划为一组，大学城内两个建筑历史较短的样本划为一组进行分析讨论。

（三）数据分析

本研究调查了广州市四所高等院校的语言景观的语言种类使用状况，笔者将从语言数量、语码组合、第一优势语言和书写方式角度对收集到的数据进行分类统计，并以语言景观为切入点，描述各大高等院校的语言使用的总体情况和特征，得出相关结论。

1. 语言数量

根据语言景观上语言数量的多少，可以把语言景观分为单语标识、双语标识和多语标识。只有一种语言的语言标识称为单语标识（汉语拼音属于汉语，本部分将汉语与拼音组合的标识视为汉语单语标识），有两种语言的标识称为双语标识，有三种及三种以上语言的标识称为多语标识。另外，为了满足国际国内交流的需要，国际植物学会给每种植物都设立统一的拉丁名称，所以植物牌上出现汉语名称的同时通常会一并出现拉丁文，本部分将植物的汉语名称与拉丁名称视为一个整体，作为汉语进行统计，否则会变相抬高拉丁文的地位，不能真实反映语言景观的状况。对于仅有图标的照片将不予考虑。

（1）暨南大学石牌校区、暨南大学华文学院和中山大学南校区。

通过拍照收集法，对中山大学南校区拍摄了 80 张有效照片；暨南大学石牌校区有 167 张有效照片；暨南大学华文学院有 74 张有效照片，它们都位于广州的老城区。表 5-8 数据显示，中山大学南校区和暨南大学石牌校区总体语言数量类型差异不大，但是暨南大学石牌校区的单语标识比例要比中山大学南校区高，双语标识比例要比中山大学南校区低，说明在语言景观的角度下，中山大学南校区相对暨南大学石牌校区而言更多样化。而暨南大学华文学院单语标识和双语标识所占比例将近平分，与前两者不同，由此可见，暨南大学华文学院的国际化特征显著，与其专业方向相对应。

表 5-8　三校区语言景观的语言数量类型占比

语言数量类型	大学			合计
	中山大学南校区	暨南大学石牌校区	暨南大学华文学院	
单语标识	64.90%	82.70%	57.50%	68.40%
双语标识	35.10%	17.30%	42.50%	31.60%
多语标识	0.00%	0.00%	0.00%	0.00%

从数据上看三个校区的标识，单语标识占 68.4%，双语标识占 31.6%，多语标识为 0。这些数据说明了校园内单语标识在数量上占极大的优势，双语标识占有一定的比例，而多语标识极其缺乏。

（2）华南师范大学大学城校区和广东外语外贸大学大学城校区。

我们对这两所大学的大学城校区进行了数据采集。通过拍照收集法，对华南师范大学大学城校区拍摄了 94 张有效照片，对广东外语外贸大学大学城校区拍摄了 117 张有效照片。大体上看，两校语言标识比例相差不大，但华南师范大学大学城校区拥有 1 个多语标识，广东外语外贸大学大学城校区没有多语标识。广东外语外贸大学大学城校区还出现了纯英语标识，而华南师范大学大学城校区没有。（见表 5-9）

表 5-9　两校语言景观的语言数量类型占比

语言数量类型	大学		合计
	华南师范大学 大学城校区	广东外语外贸大学 大学城校区	
单语标识	58.50%	59.00%	58.80%
双语标识	40.40%	41.00%	40.70%
多语标识	1.10%	0.00%	0.50%

在调查中发现，华南师范大学大学城校区的双语标识多出现在学校建筑名称、地图、大型路标指引及音乐学院里粘贴的海报。广东外语外贸大学大学城校区的双语标识则大多出现在学校建筑名称、地图、大型路标指引、学生海报及教学楼内名人名言宣传栏。从数据上看两校标识，58.80% 是单语标识，40.70% 是双语标识，0.50% 是多语标识。这些数据说明了在两校园内单语标识在数量上占有优势，但与双语标识差距并不悬殊，多语标识极其缺乏。

（3）两组样本对比。

从以上两组数据及分析情况来看，广州大学城内的两所院校的双语标识占比相对较多，并存在多语标识的情况，由此可以推断出高等院校校区的建设时间与语言景观的语言数量有一定的关联。我们可以理解为，由于大学城是 2004 年才建成并投入使用，所以大学城内的高等院校校区的语言景观比城区的高等院校校区的语言景观在双语标识和多语标识上的投入更大，其表现的是高等院校对于学生的外语学习日渐注重，院校的现代化和国际化程度越来越高。

2. 语码组合

语码组合即语言标识中出现的语言组合形式，在此只考虑语言组合的数量，不考虑语言组合的顺序或是凸显程度（如两个标识上分别是汉英和英汉的语言组合，在这里视为一种语言组合，不做分类讨论）。

（1）暨南大学石牌校区、暨南大学华文学院和中山大学南校区。

由表5-10的数据可得，暨南大学石牌校区仅使用汉语的比例要比中山大学南校区高，汉英组合使用比例要比中山大学南校区低，而暨南大学华文学院的汉英组合比例遥遥领先，说明暨南大学华文学院更多地考虑到国际学生的语言环境需求和国际化环境的创建。但是，两所大学都存在语言组合类型单一化的情况。

表 5-10　三校区语言景观的语码组合占比

语码组合	大学			合计
	中山大学南校区	暨南大学石牌校区	暨南大学华文学院	
汉语	64.90%	82.70%	57.50%	68.40%
汉英	35.10%	17.30%	42.50%	31.60%

从数据上看两校的标识，纯汉语占68.40%，汉英占31.60%，其他组合的标识为0，单语标识比多语标识多出36.80%。这些数据说明了校园内汉语在语言选择上占极大的优势；英语占有一定的比例，但都是与汉语组合，更多地起辅助语言的作用。

（2）华南师范大学大学城校区和广东外语外贸大学大学城校区。

由表5-11数据可得，华南师范大学大学城校区仅使用汉语的比例比广东外语外贸大学大学城校区多2.90%，汉英双语标识多0.50%，但总体相差不大，且造成这部分差距有部分原因是广东外语外贸大学大学城校区出现了3.40%的仅使用英语的标识。这说明两校语言选择上差别不大，且都存在语码组合类型单一化的情况。

表 5-11　两校语言景观的语码组合占比

语码组合	大学		合计
	华南师范大学大学城区	广东外语外贸大学大学城校区	
汉语	58.50%	55.60%	57.10%
英语	0.00%	3.40%	1.90%
汉英	41.50%	41.00%	41.00%

从数据上看两校的标识，57.10% 仅使用汉语，1.90% 仅使用英语，汉语和英语都有的占 41.00%。高达 98.10% 的标识使用了汉语，这说明校园内汉语在语言选择上具有较大优势，只有在广东外语外贸大学大学城校区学生经营的咖啡店的店内装潢中出现了个别仅使用英语的简单标识。虽然英语在标识中出现率达到了 42.90%，但其中的 41.00% 都是与汉语组合，起辅助作用。

（3）两组样本对比。

从以上两组数据来看，我们能发现暨南大学华文学院、华南师范大学大学城校区和广东外语外贸大学大学城校区的汉英占比都超过了 40%，而另外两所院校仅使用汉语的标识占比突出，这说明了英语在高等院校的地位有明显的提高，也反映了当代大学的英语教学质量和水平得到提升。这类现象也反映了高等院校内语言景观的语码组合的不统一，校园各处的语言景观出现汉英标识和单一英语标识的情况并不规律，校园内没有系统性的语言景观书写要求，造成语言景观的书写方式不规范的现象。

3. 第一优势语言

优势语言是指双语或多语标识上最显眼的语言，可以体现其在该言语社区或该区域的社会地位。本研究判定优势语言的第一标准是文字的大小，若字体大小一致，再按照文字的排列位置来确定：文字横向排列时，优势语言位于标识上方（见图 5-11）；文字纵向排列时，优势语言位于标识右侧（见图 5-12）。因本次调查对象仅有汉英这一语言组合模式，故只进行第一优势语言的数据分析。

图 5-11　优势语言位于标识上方　　图 5-12　优势语言位于标识右侧

（1）暨南大学石牌校区、暨南大学华文学院和中山大学南校区。

从表 5-12 中可看出，三个校区的优势语码都表现出非常一致的特点，第一优势语言均为汉语，说明汉语在语言景观中是极其强势的语言，占据着当之无愧的官方语言地位，其他语言均起辅助作用。

表 5-12 三校区语言景观的第一优势语言占比

第一优势语言	大学			合计
	中山大学南校区	暨南大学石牌校区	暨南大学华文学院	
汉语	100%	100%	100%	100%
英语	0%	0%	0%	0%

从数据上看，中山大学南校区和暨南大学石牌校区所有的标识数量均以汉语为第一优势语言，反映出对母语教育的重视但同时缺乏多样化的发展。而暨南大学华文学院作为汉语言教学基地，其第一优势语言为汉语体现了其浓厚的汉语言学习环境。

（2）华南师范大学大学城校区和广东外语外贸大学大学城校区。

从表 5-13 中可看出，两校的优势语码都是汉语，汉语在两校语言景观中占据着绝对的主导地位，只有广东外语外贸大学大学城校区学生经营的咖啡店中，出现了 3 处全英文标识。

表 5-13 两校语言景观的第一优势语言占比

第一优势语言	大学		合计
	华南师范大学大学城校区	广东外语外贸大学大学城校区	
汉语	100%	96.60%	98.10%
英语	0%	3.40%	1.90%

从数据上看，华南师范大学大学城校区和广东外语外贸大学大学城校区绝大部分的标识均以汉语为第一优势语言，反映出对母语教育的重视但同时缺乏多元化的语言环境。而广东外语外贸大学大学城校区非官方标识中出现的 3.40% 的全英语标识，展现了其学校作为语言类大学的定位，学校相对注重语言环境对学生第二语言习得的影响。

（3）两组样本对比。

从以上分析可以看出，各大高校的优势语码都表现出基本一致的特点，其第一优势语言均为汉语，说明汉语在高等院校的语言景观中占据着最重要的地位，体现了中国高校的基本地域属性，而其他语言则作为第二语言或外语的角色来发展。

4. 书写方式

每一种语言都会有多种书写方式，汉语主要分为繁体和简体两大类，繁体字能够让人产生对历史文化价值的视觉感知。为了不产生错误的人为地位提升，本研究不把学校名字中的繁体字列入统计。另外，拼音的书写也属于汉语的一种特殊形式，本研究将拼音书写划入讨论范围。

（1）暨南大学石牌校区、暨南大学华文学院和中山大学南校区。

从表5-14中我们可以看出，三校区标识大多采用简体书写方式，符合官方标识设定标准规范，存在少数繁体和拼音的书写方式。而中山大学繁体字所占比例要比暨南大学高，侧面反映了中山大学南校区相对比较重视对传统文化的继承。另外，拼音现象仅存在于暨南大学华文学院，突出了其汉语言学院的特征和学校为汉语言学生营造的学习氛围。

表5-14　三校区语言景观中的书写方式占比

书写方式	大学			合计
	中山大学 南校区	暨南大学 石牌校区	暨南大学 华文学院	
简体	90.00%	98.80%	94.50%	94.40%
繁体	10.00%	1.20%	1.40%	4.20%
拼音	0.00%	0.00%	4.10%	1.40%

数据显示，三校区合计简体书写方式占比94.40%，繁体书写方式占比4.20%，而拼音书写的现象仅限于特定汉语言学习环境，说明了简体书写方式在语言景观中的绝对优势地位，语言标识主要功能为传达信息，缺少了对语言景观功能多样性的挖掘与运用。

（2）华南师范大学大学城校区和广东外语外贸大学大学城校区。

从表5-15中可以看出，两校标识大多采用简体书写方式，符合官方标识设定标准规范，存在少数繁体书写方式。而两校繁体字所占比例仅相差1%。

表 5-15　两校语言景观中的书写方式占比

书写方式	大学		合计
	华南师范大学 大学城校区	广东外语外贸大学 大学城校区	
简体	95.70%	94.70%	95.20%
繁体	4.30%	5.30%	4.80%

　　数据显示，两校合计简体书写方式占比 95.2%，繁体书写方式占比 4.8%，说明简体书写方式在语言景观中占绝对优势地位，语言标识主要功能为传达信息，繁体字大部分只出现在 logo、学生海报、年代较久远的建筑物中。

　　（3）两组样本对比。

　　从以上分析可以看出，暨南大学华文学院的汉语书写方式较为特殊，存在拼音书写的情况；而另外四校区的情形较为统一，繁体字均有出现，但出现的比例并未超出 10%。暨南大学华文学院的语言景观出现拼音的比例虽不高，但也在一定程度上反映了其汉语言教学的特殊性。而据实地考察发现，大部分的繁体字主要出现在能展现浓厚历史文化气息的地方，例如图书馆、校史馆以及大学名称的书写等。从这类情况可以推断出，高等院校有意保留代表其浓厚历史文化的语言景观，这些语言景观存在的主要目的是渲染文化气息，其阅读功能并不显著。

（四）结语

　　本部分从语言景观的视角出发，调查了广州代表性高校语言景观的语言使用状况，通过对其语言数量、语码组合、第一优势语言和书写方式的数据分析与横向对比，发现各大高校的语言景观整体呈现单一性，汉语占据绝对优势地位，英语占有一定比例但是无法满足外语学习的环境营造要求。同时，通过部分数据分析和实地考察，我们发现各大高校语言景观设计主要服务于：①信息功能，指示牌、告示牌等标识提供信息、指引道路、标识机构、推广服务、宣传商品等；②象征功能，语言景观能映射语言权势与社会身份和地位。也就是说，语言景观包含着语言群体成员对语言价值和地位的理解。如中山大学相对较高比例的繁体书写方式在一定程度上反映了其对历史文化的重视，与学校定位相匹配，广东外语外贸大学的单一英语标识一定程度上反映了其对英语教育的重视。而对于本次调查的研究重点——语言景观中的教育功能（这里指的是语言景观作为无形的语言输入来源，能够创造有利于语言学习的环境），我们发现各大高校的语言景观设计者并未对其进行深入具体的探索和研究，因此绝大部分无法拓展语言景观在教育学习上的功能。仅在广东外语外贸大学大学城校区教学楼内设有中英对照名人名言的学习标识（见图 5-13）。双语标识虽然占据一定比例，但是其关注的焦点主要在标识上的语言特点和规范化等方面，主要作用也只是为了建立校区多语化形象，而不是为了营造沉浸式的语言学习环境。

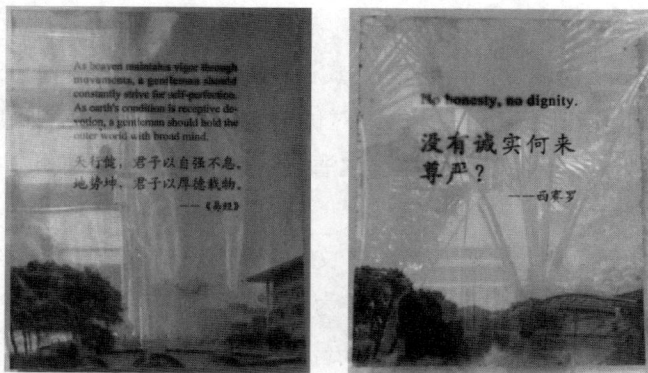

图 5-13　中英对照标识

作为现实语言环境的重要组成部分，语言景观在语言教学与习得过程中是一个非常有力的教育工具和重要的输入来源，它可以成为学习者真实、语境化的语言输入来源，增加第二语言或外语学习者偶发性学习的机会，为语言学习中的意义构建服务。我们认为，语言景观设计者可以将教育学习纳入整个语言景观设计过程，确保整体语言景观状况在满足其基本功能的同时，还能够尽可能考虑到语言生态环境与教育学习的相互关系。同时，在外语教学实践中，教师可以把语言景观纳入语言课堂，指导学习者开展语言景观相关的学习活动，走出教室，亲身体验和思考现实环境中的语言实践，在培养语言能力的同时了解社会乃至整个世界的结构和秩序，从而将语言景观从潜在的语言资源转化成实际的教学工具。

五、广州语言景观对城市形象的影响

（一）城市景观形象识别

当今社会城市的形象很重要，是城市的灵魂，是城市先进文化的体现。一座城市要实现可持续发展，"城市精神"是不可缺少的精神支撑。关于广州市城市精神，曾有人提出了"务实、求真、宽容、开放、创新"的观点。CIS 是指导城市文化建设与城市形象塑造的重要指导思想和准则，也是检验城市文化建设与城市形象塑造工作的评价依据和重要标准。参考国家九五规划的城市形象工程的 CIS "三要素说"，城市景观形象识别系统的结构可延展成"城市景观形象识别五要素"，具体细分为：城市景观形象理念识别、城市景观形象视觉识别、城市景观形象行为识别、城市景观形象地缘识别、城市景观形象人文识别。

1. 城市景观形象理念识别

城市景观形象理念识别（Mind Identify）即通过对城市的核心价值观、文化内涵和经济发展思想的总结和提炼，确定城市形象定位和明示形象核心。城市语言景观是城市精神的表现之一。私人语言景观更能贴近社会现实，它灵活多样、富有创意，也更为混杂，难以提炼出统一的城市精神理念；而官方语言景观则反映城市建设和城市定位的情况，一定意义上能够体现城市当下和未来的建设方向。

根据对广州市三个街区的语言景观调查研究，广州市官方标识主要展现形式为指示牌（交通标识）、宣传栏公告、通知。根据置放地点不同，指示牌呈现形式不同，主干道以蓝底白字为主，语码组合多为"汉语 + 英语"，简洁大方、配色环保、信息明确，考虑到英语使用者的便利性；沙面旅游景区的道路标牌和景点介绍以木质板为信息载体，字体呈棕褐色，搭配景区图，属于语境化置放，因地制宜，同时语码组合以汉语单语标识为主，双语"汉语 + 英语"为辅，强调汉语作为中国官方语言的主导性，同时考虑景区游客的旅游体验，但仍有大量标牌使用"汉字 + 拼音"的语符组合，比如对"街"有音译为"jie"的情况，可导致外国人只知其音不知其意；宝汉直街是著名的"非洲街"，宣传栏语码多以"汉语 + 阿拉伯语"对照为主，内容为城市法规或社区公约，侧面体现建设法治城市、文明城市的主张。整体而言，官方标识能够体现广州市"务实、求真、宽容、开放、创新"的城市建设理念，但在翻译细节上仍存在需要斟酌的地方，上下九步行街和沙面岛汉语语码在官方和私人标识上所占比例都较高，尤其是官方标识与私人标识之间的比例差距大，外语其实对汉语起补充作用，不必太过于强调汉语的主导作用。

私人标识语言景观更为丰富多彩，呈现多模态形式，更富有民间创作的创造性。通过语码分析，上下九步行街和沙面岛的私人标识中，汉语语码的主导优势对比官方标识有所减弱，宝汉直街私人标识中双语标识所占比例超过单一汉语标识，体现更强的多元性、包容性和创新性，但私人标识管理不易，良莠不齐，要督促维护和适当管理。

2. 城市景观形象视觉识别

城市景观形象视觉识别（Visual Identity）将城市形象的基本理念转化为系统化的感官传达形式，塑造静态与动态形象相结合的城市外观，主要体现在城市标志性建筑和城市空间景观上。

城市语言景观作为一种城市景观存在，对城市外观具有塑造作用。人们可以通过对城市外观的整体感受，对城市形象进行整体感知。城市整洁美观的、风格化的语言景观建设，可以给人们带来良好的视觉体验，有利于理念和信息的传达与接收。反之，混乱不整洁的、无特色的语言景观容易导致人们产生审美疲劳，不利于城市形象的感知。根据广州市语言景观现状可知，官方标识较缺乏风格化建设，缺乏城市特色，不利于城市识别度的提升，可适当设计具有广州城市特色的城市语言景观标识，增强人们对城市语言景观的感知力，加深城市印象。语言景观的置放，存在语境化置放和去语境化置放、越轨式置放现象。语境化置放使语言景观与周围的环境氛围相得益彰，越轨式置放可能会导致语言景观杂乱，影响环境美观，降低视觉审美体验等。存在的字体脱落、标牌破损现象影响市容市貌。越轨式置放问题多出现于私人语言景观的置放上，个别私人景观如广告招租等，会出现在主干道路上、电线杆上，影响市容市貌，其内容未经审核，难以控制，容易扭曲人们对城市形象的感知。

3. 城市景观形象行为识别

城市景观形象行为识别（Behavior Identity）通过构成城市主要层次的主体的行为来寻求某种具体的有鲜明城市个性、细化城市理念的推行和运作模式。

通过官方标识可以窥见城市管理者的管理态度和管理思想，两者共同作用于城市形象。私人语言景观是商业个体与组织对社会情况进行一定的了解和调查后，结合消费者的心理、商品类型、店铺位置等，灵活对私人语言景观进行设计处理，达到经营目的，因此私人标识能体现城市居民的心理和偏好。

广州市官方语言景观风格、设置及其内容选择，是管理者行为的结果；私人语言景观则是商业个体行为的结果，其内容和风格受消费者行为和心理的影响。通过语言景观观察，可以窥见管理者、经营者和消费者的行为和选择，即城市主体行为，从而影响对城市形象的感知。广州官方语言景观虽简洁明晰、风格沉稳，但缺乏特色，有保守倾向；私人招牌接地气，风格多样，但内容较不可控，设计风格雅俗不一，个别标识需要官方的介入管理。

4. 城市景观形象地缘识别

城市景观形象地缘识别（Geographical Identity）就是凭借城市的地理位置、自然资源等优势而建立的该城市独特的景观形象，是每一个城市在景观形象设计时不可或缺的前提，也是不同城市景观形象识别的基础。地缘识别一般对城市构建、建筑特色、道路设计等起重要作用，这类视觉元素是公众对城市认识的重要来源，是识别城市形象的一条途径。

广州市是沿海城市，且作为中国重要的一线城市之一，有众多独特的景观设计。如沙面岛，作为中国近代对外渠道之一，有欧美式建筑群，官方标识也十分细致；上下九步行街，作为一线城市著名商业街，语言景观较为完善，各类标识内容合理，商铺名称也较其他地方更为大众化、规范化。与此同时，广州虽然是沿海城市以及一线城市的地缘结合，但中国存在较多拥有相同属性的城市，如深圳、上海。在语言景观设计上，广州在老城区明显不尽如人意，标识内容不完善、安排不合理，在新城区内，语言景观的设计和管理相比深圳等城市也有较大差距。

5. 城市景观形象人文识别

城市景观形象人文识别（Humanistic Identity）就是通过城市的历史、文化、风俗等人文状况，来展现该城市景观形象的个性化文化内涵。人文识别是一个城市的景观最持久、最有文化意义的识别系统，不同时期的印记都能存留在城市的景观形象中，而非随着时间而消亡。广州拥有很长的历史，在古代曾作为中国唯一的对外贸易大港，到近现代，广州仍有革命起义、城市变迁等一系列事件，同时也逐渐从一座普通城市发展为世界一线城市。

调查区域中以宝汉直街最为突出。由于历史原因，在此居住的外国人比例较高，因此此地的语言景观较其他地区有较大差异。该街道的宣传栏选用汉英阿三语，所有内容皆可一一对应，说明该地区阿拉伯语的使用范围广。与此同时，在商铺中，该区域主要商铺标牌都有英语，能给外国人直观的理解体验，在某些大型饭店，甚至标牌中阿拉伯语会作为优势语码使用。在沙面岛，因此地原为英法租界，留有一部分英法的语言景观设计，不少文物建筑都采用多语言景观设计。在上下九步行街，由于其为传统繁荣商业街，除大型品牌外，不少本地品牌依旧采取汉语为单一语言，但官方标识都比较完善。

但与此同时还存在许多问题。在不少情况下，标识的规范程度都不足，在宝汉直街，仍有一部分标牌、告示、警示语等，只用中文作为单一语言，可能造成外国人无法理解，影响工作正常进行。在沙面岛、上下九步行街等地，广州的人文识别已经部分被现代化进程所冲淡，官方语言景观全部更换为更系统完善的广州统一景观，而本地标牌所展现的当地人文气息也慢慢减少。

（二）广州市语言景观对城市形象塑造分析

郭杰（2019）提出，粤港澳大湾区语言建设要与区域特征相匹配，面向国际、民众、国家和民族承担相应的责任和义务。该区的城市语言服务要与战略定位和地域特色紧密结合。了解广州城市定位对广东省、粤港澳大湾区以及国家的战略意义，可以为语言景观的设立和管理提供重要指导。庞欢（2020）以城市形象提升的意义为切入点，指出语言景观设计在塑造城市形象中的作用：构成城市视觉识别的重要组成部分；语言景观标识提供人性化交通导向；展现城市特色。迁移到广州市的语言景观对城市形象的影响中，依然具有意义。结合其他研究可知，语言景观具有信息功能和象征功能，可更好地据此进行城市定位，塑造城市形象。

1. 语言景观构成城市视觉识别部分

语言景观作为城市公共景观的一部分，于大街小巷、组织机构、商铺广告等处，广泛出现在大众视野当中，构成城市视觉形象。广州市语言景观与城市视觉形象相关研究可分为语言景观设置主体与语言景观置放方式。根据主体的差异，主要研究角度有：语言景观的不同的字刻、语码组合、语言权势、颜色字体、语言风格等，形成一道独特的风景线；在官方标识作为意识形态和指示性主流的同时，私人标识具有独特的个性和鲜明的色彩。

2. 语言景观发挥交通指向作用

路牌起指示作用，交通标识展现城市的形象。出现在广州市街头巷尾的路牌语码由汉字、英语、拼音等语符组成，干道上的标牌一般为蓝底白字或绿底白字，显眼明确，具有舒适环保的特点，给行人带来良好的体验和形象感官。不过广州交通标识也存在一些问题，如：同一标识翻译方式不统一；汉语拼音翻译可能存在脱离语言意义的弊端，使外国人只知其音不知其意；同一地区不同标识翻译注解形式不统一，出现混乱。

3. 语言景观增强城市识别度

广州市语言景观是展示城市特色的窗口。文化上，广州市上下九步行街中的官方标识可据内容分为五类（广州传统民间歌谣、民间故事、传说绘本、地名与典故、中华传统美德）；产业相关度较高的非官方标识大致可分为三类（传统小吃、便民商铺招牌、中医养生馆招牌），都主要体现传统广府文化。自然景观上，在广州地铁站、公交站等位置，利用语言景观的多模态形式，展示标志性的羊城八景等，差异化落实广州作为旅游城市的定位。商业上，国内外各大品牌商店的官方标识也展现广州商业发达，塑造国际化现代化大都市的形象。大部分私人语言景观，如商铺招牌等，是消费者与商家互动、相互影响的结果，侧面展示城市人文色彩。城市管理上，官方语言景观体现政府对城市大方向的规划和定位，体现城市管理风格。广州市多语景观，如韩语特色街道、非洲人特色街道上的语言景观标识，体现了广州城市的包容性、多样性、国际化特色。

作为千年文化商都和岭南历史名城，广州融合传统与现代，保持独特个性和多元化色彩。语言景观发挥其信息传递功能，作为信息的载体，从正面展示广州市经济实力，以及传统与现代交融、本地与海外文化荟萃的文化现象，到侧面展示广州市的人文生活环境，向海内外人士传达城市形象信息，构造城市独特的记忆点。

第六章

香港语言景观研究

一、香港概况

香港（Hong Kong），简称"港"，全称为中华人民共和国香港特别行政区，位于中国南部、珠江口以东，西与澳门隔海相望，北与深圳市相邻，南临万山群岛，区域范围包括香港岛、九龙、新界和周围 262 个岛屿，截至 2024 年 1 月，陆地总面积 1 114.57 平方公里，海域面积 1 640.40 平方公里。截至 2023 年年中，总人口 7 536 100 人，是世界上人口密度最高的地区之一。香港自古以来就是中国的领土，1842—1997 年曾受英国殖民统治。"二战"以后，香港经济和社会迅速发展，不仅跻身"亚洲四小龙"行列，更成为全球最富裕、经济最发达和生活水准最高的地区之一。1997 年 7 月 1 日，中国政府对香港恢复行使主权，香港特别行政区成立。中央政府对香港拥有全面管治权，香港保持原有的资本主义制度长期不变，并享受外交及国防以外所有事务的高度自治权，以"中国香港"的名义参加众多国际组织和国际会议。"一国两制"、"港人治港"、高度自治是中国政府的基本国策。

2019 年 2 月，《粤港澳大湾区发展规划纲要》正式印发，明确指出巩固和提升香港国际金融、航运、贸易中心和国际航空枢纽地位，强化全球离岸人民币业务枢纽地位、国际资产管理中心及风险管理中心功能，推动金融、商贸、物流、专业服务等向高端高增值方向发展，大力发展创新及科技事业，培育新兴产业，建设亚太区国际法律及争议解决服务中心，打造更具竞争力的国际大都会。

2021 年 3 月 11 日，第十三届全国人民代表大会第四次会议通过《全国人民代表大会关于完善香港特别行政区选举制度的决定》。同月，《中华人民共和国国民经济和社会发展第十四个五年规划和 2035 年远景目标纲要》明确提出，支持香港提升国际金融、航运、贸易中心和国际航空枢纽地位，强化全球离岸人民币业务枢纽、国际资产管理中心及风险管理中心功能。支持香港建设国际创新科技中心、亚太区国际法律及解决争议服务中心、区域知识产权贸易中心，支持香港服务业向高端高增值方向发展，支持香港发展中外文化艺术交流中心。

二、香港的语言与语言景观状况

（一）语言政策及语言使用概况

1997 年，在第一份施政报告中，香港首任行政长官提出："若要维持香港在国际上的竞争优势，我们必定要有中英兼擅的人才。我们的理想，是所有中学毕业生都能够书写流畅的中文和英文，并有信心用广东话、英语和普通话与人沟通。"该论述后被进一步概括为"两文三语"能力，并在后续的施政报告中多次出现，成为香港语言政策的大方向。（陈瑞端，2012）

　　香港的语言政策对香港语言的使用状况产生了一定的影响。表6-1为香港1991—2016年各日常使用语言人口百分比的数据。根据该表，不难发现，香港的语言使用状况较为稳定，广东话作为惯用语言一直处于绝对高位；普通话和英语的使用比例有所增加，但是比例仍然较小；使用其他语言的人口比例显著下降。这一语言变化情况虽受经济、社会发展等影响，但不可否认，"两文三语"的语言政策对香港语言使用发展有着一定的推动作用。

表6-1　香港1991—2016年按惯用语言划分的5岁及以上人口比例

惯用语言	年份					
	1991年	1996年	2001年	2006年	2011年	2016年
普通话	1.1%	1.1%	0.9%	0.9%	1.4%	1.9%
广东话	88.7%	88.7%	89.2%	90.8%	89.5%	88.9%
其他汉语方言	7.0%	5.8%	5.5%	3.4%	3.0%	2.3%
英语	2.2%	3.1%	3.2%	2.8%	3.5%	4.3%
其他语言	1.0%	1.3%	1.2%	0.1%	0.7%	0.8%

（二）香港的语言景观研究状况

　　语言景观和粤港澳大湾区研究虽是近年研究的热门领域，但涉及香港和香港城市形象的研究成果却是寥寥。笔者在中国知网上分别以"粤港澳大湾区""语言景观""语言""香港""香港形象"等关键词进行多次搜索匹配，发现相关的研究仍然存在很大空缺。从搜索条目来看，完全符合"语言景观""香港""香港城市形象"的论文数量极少，可见对该领域进一步研究的必要性和意义。而拆分关键词进行搜索后，在尽量贴近本研究论题的基础上，笔者获得约30份研究成果，按照与本论题的相关度进行划分排序，分为以下两类。

　　（1）香港语言景观研究。

　　此类研究与本研究相关度最高，只有寥寥数篇。其中，宋歌（2017）从微观层面出发，采用田野调查的方式实地对香港地铁的广告牌、车站牌、告示等语言景观进行采样，对其语言数量、语言内容、语言排版、字号字体大小进行比较分析，得出结论，认为香港地铁的语言景观基本保留了回归前的样貌，中文具有强势地位，语言景观设计因目标受众的差异而各有侧重的特点，反映了香港市民国民身份的变迁历程，侧面点出了香港地铁"以方便乘客为主"的形象特征。该成果为香港语言景观研究提供了宝贵资料，但由于全文缺乏系统性的概括和提炼，数据样本也不够大，在参考价值上仍有很大的局限性。Alicia S. H. Wong、Susan S. S. Chan（2017）则采用实证方法和定性分析，通过研究1957—2014年香港年刊在香港公共场所拍摄的180张数码照片档案，发现香港的语言景观从汉语转成双语是一个渐进的社会过程，而其主要驱动力则在于权力关系和集体认同。在此过程中，英语代表了新鲜、年轻和现代，为香港塑造一个"奢侈"和"国际化"的城市形象（Backhaus，2007）。

一些学者则是通过田野调查法，实地考察分析香港的语言景观，探究各种语言目前的角色和地位以及在港不同族群之间的权力关系。

涉及香港语言战略的相关研究成果包括《方言与经济增长》（徐现祥等，2015），该研究对判断粤语对香港经济、国际形象的影响具有一定启示意义；《语言多样性与中国对外开放的地区差异》（李光勤等，2017）则利用数学模型和统计数据研究语言多样性和经济开放程度的相关关系。此外，《关于我国语言战略问题的几点思考》（蔡永良，2011）、《认识语言的经济学属性》（李宇明，2012）也从语言战略层面探讨了语言差异对大湾区建设的影响。

涉及香港的粤港澳大湾区语言环境建设相关研究成果中，郭杰（2019）的《粤港澳大湾区语言环境建设研究》对大湾区语言建设提出了四项发展需求，认为大湾区的语言建设要与其区域特征匹配；《粤港澳大湾区的语言多样性与语言战略问题》（殷俊、徐艺芳，2019）、《粤港澳大湾区发展和语言服务》（屈哨兵，2019）、《"粤港澳大湾区的语言生活"多人谈》（王宁等，2020）则采用定性分析，对大湾区语言环境建设提出了建议。

（2）香港城市形象研究。

这一类别的研究成果中，许光烈（2005）的《香港语言政策及思考》通过引用部分语言景观证据，表明香港在语言景观翻译方面存在不统一、普通话在香港地位不高；《粤港澳大湾区电视语言使用情况调查及其规划思考》（王海兰、何文晓，2019）则采用网络调查方法，对香港电视语言景观进行分析，认可香港作为"国际信息中心"的形象；陈瑞端、李楚成、李宇明、王海兰等学者则从香港"两文三语"格局、语言政策和语言环境建设角度探讨香港的语言使用状况，遗憾的是缺乏关于语言景观和语言发展对香港形象的影响的分析。

针对香港语言景观对香港城市形象的影响这一主题，目前学界存在的研究问题主要体现在以下三个方面。

（1）研究空间很大。

笔者在中国知网、维普资讯网、万方数据库等平台进行了相关搜索，发现内地学界对香港语言景观、香港城市形象的研究非常缺乏，以"香港"和"语言"作为关键词搜索，发现许多相关的研究成果都是由英文撰写，中文研究内容亟待补充。

此外，我国的语言景观和粤港澳大湾区研究虽然取得了一定成就，但是以香港为对象的研究成果仍然相当薄弱。寥寥数篇语言景观研究成果也基本是针对整个大湾区进行的，对大湾区建设的研究大多与经济发展相关，很少谈到语言景观，更毋论其对城市形象的分析。

（2）研究水平不足。

已有文献中，对语言景观的研究常常是停留在宏观层面，缺乏对现有具体材料的系统性分析。有的研究缺乏具体数据，且无系统性框架支撑，对该领域的贡献有限。而对于能够有效利用现有语言景观材料的研究成果，其研究不足则体现在缺乏理论框架，无法系统分析语言景观对城市形象的影响。

（3）研究方法单一。

现有许多成果的研究方法都是以田野调查为主，通过拍照的方式收集数据，再对数据进行简单量化分析统计。对统计数据的解读也仅仅停留在数量和比例等层面，对其背后原因的解读较少使用前沿和创新的研究方法。

笔者及团队通过实地调研，广泛采集香港的语言景观资料，并利用语言景观研究的 SPEAKING 模型和 CIS 理论，对香港的语言景观和城市形象进行深入的量化和质化分析，以丰富该领域研究成果。研究语言景观对香港城市形象构建的影响在一定程度上可以帮助分析香港的历史发展轨迹，明确香港的定位以及在发展中的优势和劣势，从而帮助香港制定相应的发展策略，形成合适的、可实施的城市规划方案，也可为其他城市提供借鉴。

三、研究过程及思路

（一）SPEAKING 模型分析

通过实地采集照片，选取香港市区及四所具有代表性的大学为样本收集语料，共采集到 353 个有效分析单位。采集过程中尽量选取不重样而又有效且具有代表性的语料，以求统计数据更有说服力、更清晰直观地反映香港的语言景观对香港城市形象构建的影响。在获得有效数据样本的情况下，本研究采用美国语言人类学家 Huebner 提出的 SPEAKING 模型，对香港语言景观的内容和形式进行分类。具体分类结果如下。

1. 背景与场合

背景与场合（setting and scene）指交际的时空背景和情境环境，可分为去语境化、越轨式和场景化放置三种形式。在已采集的样本中，这三种类型所占比重如图 6-1 所示。去语境化放置指语言景观的形式和意义不受所处语境影响，常见于知名度高的品牌（见图 6-2）；越轨式放置指标识出现场合不恰当，从而对城市形象造成负面影响（见图 6-3）；场景化放置指标识放置场合适宜，从而有效发挥其功能。

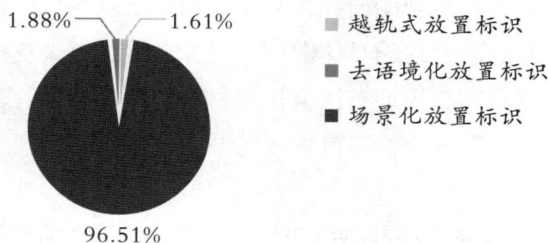

1.88%　1.61%

■ 越轨式放置标识

■ 去语境化放置标识

■ 场景化放置标识

96.51%

图 6-1　场景与语言景观形式占比情况

图 6-2　麦当劳海报　　图 6-3　涂鸦字迹影响城市景观

2. 参与者

参与者（participants）即语言景观中的说话人和听话人，根据其主体性（agency）可划分为官方标识和私人标识两类。官方标识如图 6-4 所示，私人标识如图 6-5 所示。在前期调研收集到的香港语言景观语料中，官方标识和私人标识的占比分别为 85.75% 和 14.25%。

图 6-4　香港中文大学校园语言景观　　图 6-5　深水埗的促销标语

3. 目的

目的（ends）指交际的目标及期待的结果，主要研究语言标识的普遍功能，例如广告牌的推销功能（promoting function）、路标的定位功能（locating function）等。香港语言景观的功能主要包括推销功能（见图 6-6）、定位功能（见图 6-7）和提示功能（见图 6-8）等，具体比例为 23.39%、20.43% 和 56.18%。

图 6-6　专卖店推销语　　图 6-7　"鸭寮街"路标　　图 6-8　港铁提示标语

4. 行为次序

行为次序（act sequence）指交际中言语行为与事件发生的形式和顺序，包括不同语言的置放顺序、显著性及信息价值。在收集到的香港语言标识中，主要呈现出两种形态：一种是中文更加显著，例如字体更大、空间排列位于其他语言的上方或左侧（符合习惯的阅读顺序）等；另一种是其他语言更加显著（以英文为主）。两者所占的比重分别为 64.52% 和 35.48%。（见图 6-9、图 6-10）

图 6-9　香港城市大学语言景观	图 6-10　旺角中环的标语

5. 基调

根据 Huebner 的定义，基调（key）主要考察语言景观中文字的数量、信息明晰程度以及语码的选择情况。由于信息明晰程度难以量化，因此本研究仅选取其他两个因素进行分析。

数量方面，按照中文的阅读习惯和信息获取习惯，将仅有一句的语言景观归为"文字数量少"，这类语言景观的文字数量一般在 15 字以内，其特点为读者能在几秒钟内迅速了解其内容，如路牌、建筑名称等（如图 6-11 所示）；将多个信息重叠、具有完整语篇的语言景观视为"文字数量多"，这类语言景观文字数量一般大于 15 字，需要读者停驻、花费较多时间辨别，如一些导览图、说明等（如图 6-12 所示）。就已采集的样本来看，香港语言景观的数量比例见图6-13。

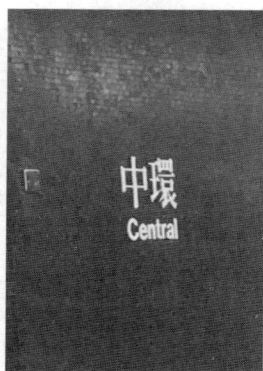

图 6-11　中环地铁站标识　　图 6-12　天后庙介绍

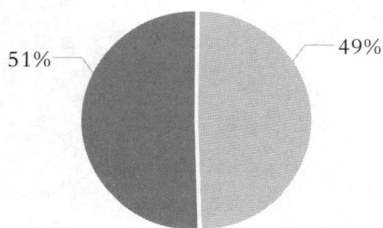

51%　　　　49%

■数字数量较多 ■文字数量较少

图 6-13　数量比例

语码选择方面，根据调研数据，分为四类：仅有汉语、仅有英语、汉英语混杂、其他符号。其中，"其他符号"一类包括除中英以外的文字，也包括非文字类的符号。具体比例见图 6-14。

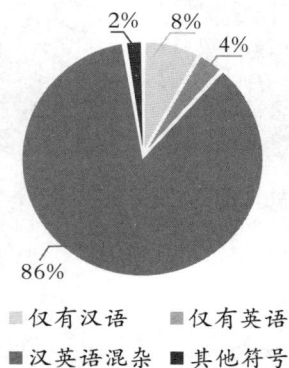

2%　8%　　4%

86%

■仅有汉语　　■仅有英语

■汉英语混杂　■其他符号

图 6-14　语码选择比例

6. 媒介

媒介（instrumentalities）即信息的传输渠道和方式，按已取得的照片分析，香港语言景观的媒介包括电子显示屏、纸或布料、铁板、石刻、立体贴字、墙面涂鸦、塑料。具体比例如图 6-15 所示。

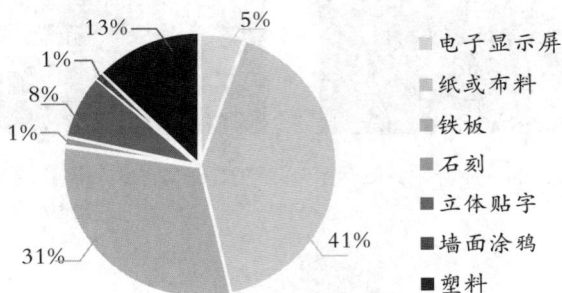

图 6-15　各媒介比例

7. 规约

规约（norms）包括交际规约和理解规约，其中前者隶属语言的具体行为，而后者强调行为的具体意义。按照定义所述，在已收集的语料中，将具有较强行为约束性特征的语言景观归为"交际规约"一类，如图 6-16 所示；将约束性较弱的语言景观视为"理解规约"，如图 6-17 所示。其比例分别为 32% 和 68%。

图 6-16　旺角中环的一处提示

图 6-17　旺角中环的广告语

8. 体裁

体裁（genre）即语言景观的类型，包括广告宣传（见图 6-18）、建筑或地名（见图 6-19）、路牌（见图 6-20）、警告提示（见图 6-21），这四者的比例详见图 6-22。

图 6-18　深水埗一处店铺

图 6-19　香港中文大学众志堂

图 6-20　旺角中环一处路牌

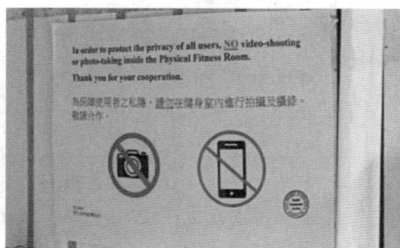

图 6-21　香港城市大学一处提示

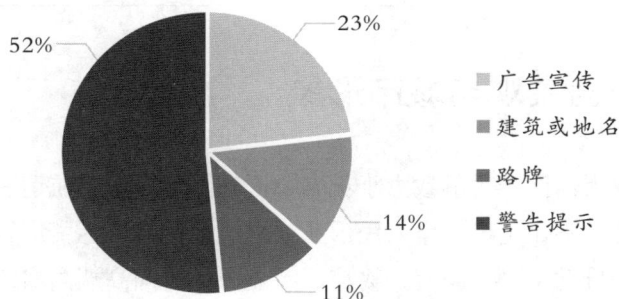

图 6-22　各体裁比例

（二）SPEAKING 模型与 CIS 理论的联系

通过使用 SPEAKING 模型对前期收集到的香港语言景观语料进行分析，笔者发现该模型的各个方面对于香港 CIS 城市形象系统具有对应的积极意义。具体分析见表 6-2。

表 6-2　SPEAKING 模型与 CIS 系统对应

SPEAKING 模型	CIS城市形象系统	对应关系
背景与场合（setting and scene）	视觉识别系统	在所统计语料中，香港的场景化标识占比高达96.51%，而越轨式标识仅占1.61%。设置适宜的标识能够更好地发挥其功能，并优化城市形象及给人的视觉体验。例如，香港中文大学校园内的"保护花鸟草木""慢驶"等标识与周围环境和谐共融，带来独特的美感和视觉上的享受
目的（ends）、规约（norms）和体裁（genre）	行为识别系统、城市规划识别系统	香港的语言景观中，目的为"提示功能"的标识占比为56.18%，体裁为对行为约束性较强的"交际规约"的标识也占到32%。这些标识在城市交通秩序、公共空间环境等方面起到了教育意义和行为规范作用，从而完善行为识别系统和城市规划识别系统
行为次序（act sequence）和基调（key）	理念识别系统、人文政策识别系统、社会社区识别系统	香港语言景观的国际化特点显著，以双语和多语为主导。语码选择"中英文混杂"的比重达86.3%，行为次序中英语占据优势的景观占比也达到35.48%。这体现出香港国际化城市的定位和包容多元文化的价值理念，并与其外向型的经济模式和政策相契合

四、香港语言景观与城市形象

位于粤港澳大湾区的香港致力于巩固和提升国际金融、航运、贸易中心和国际航空枢纽地位，强化全球离岸人民币业务枢纽地位、国际资产管理中心及风险管理中心功能，推动金融、商贸、物流、专业服务等向高端高增值方向发展，大力发展创新及科技事业，培育新兴产业，建设亚太区国际法律及争议解决服务中心，打造更具竞争力的国际大都会。

随着研究的深入，CIS 城市形象系统扩展成以下七个部分：理念识别系统、行为识别系统、视觉识别系统、城市规划识别系统、地域地缘识别系统、人文政策识别系统，以及社会社区识别系统。（见图6-23）

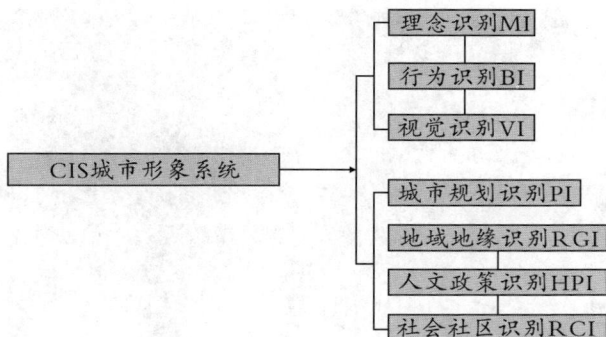

图 6-23 CIS 城市形象系统

（一）理念识别系统

理念识别系统是城市发展哲学和城市精神的有机结合，是城市为长期发展战略目标而确定的方针，是城市居民精神力量的基础和规范其行为的标准，包括区域精神、区域价值、伦理道德水平，城市的理念信条、发展哲学、历史故事、民俗民风、城市文化和市民精神等。进行理念识别可以为城市制定适合的、有竞争力的长期发展战略目标，为城市定制一个合适的城市形象，是城市发展的内在动力。香港因其特殊的历史因素和独特的地理优势，成为一个国际化都市，既有着独一无二的历史风貌，也展示了现代化城市的包容与开放，既富有生活的烟火气息，又有强烈的环境保护意识，展现着与自然的和谐共处之道。因此，其也在融合了古今中外文化理念之后成为中西合璧、面向国际的一颗东方明珠。

根据对香港四所大学语言景观的调查，生态文明教育标识占比超过 20%，绝大多数为垃圾分类标语。香港各大学内有着完善的垃圾分类系统和具有特色的垃圾分类点（见图 6-24），其各个垃圾分类点样式多变、颜色丰富鲜艳且数量不少，同时还承担着装饰的作用，构造成为独特的景观之一。其垃圾分类和环境保护、可持续性发展的理念深入人心，并且在大学内非常受重视。而垃圾箱的样式不拘一格，甚至有生动的图画创作，各处垃圾分类标语明确清晰，许多同时带有双语文字和图片指示；根据地点的不同，其内容略有变化，可以方便快捷地指引居民进行垃圾分类。可见在香港的理念中，垃圾分类已经是生活、学习，甚至艺术创作的一部分，保持城市的整洁干净和环保意识成为其城市区域理念不可或缺的一部分，可持续性发展和建设环境友好型城市成为其发展哲学中重要的一项。

图 6-24　香港中文大学校园内分类垃圾桶

在构建城市形象的语言景观中，绝大多数以中英双语形式出现，中文大多为繁体字，以香港本土的语言习惯为基础，充分展示香港本身独特的文化形象和精神。而其英文形式标语大小多数与其中文形式标语一致或略小一点，但依然清晰醒目，可给予国外友人明确清晰细致的指引，与其开放包容的国际化都市形象相应和，充分展示其面向国际，接纳多国、多民族、多文化的精神。而在各学校的公告栏、宣传活动和临时通告中，绝大多数为英文单语形式，还有一部分为中英双语形式，与其向国际开放并培养面向国际的复合型人才的理念有关。成为国际化都市已成为香港城市的理念信条，融入人们的生活中，指引着日常生活，并且共同构建香港开放包容的城市形象。香港城市语言景观注重导向功能，以指引人们生活为目标，有着详细的、明确的、人性化的指示导向标识，数量众多且指示明确清晰，多数以双语形式出现，展现了大都市的生活气息和人性化服务，体现其以生活化、人性化为目标，为人们生活方便而服务的理念哲学。同时，香港城市语言景观注重教育作用，注重提升居民的道德水平和平均素质，教育为本也成为香港城市精神之一。

总而言之，香港精神和理念吸收了古今中外各式各样的文化，使其既保留历史积累下来的独特的港风气息，又吸收了现代国际化城市的开放、包容、环保等精神和先进文化，并指导着居民的日常生活、工作和学习。

（二）行为识别系统

　　根据行为识别系统之定义，行为识别是理念识别的行动方式和动态显现，香港的行为识别必然围绕着"理念识别的结论"这一目标和认识展开。就行为主体来看，香港的城市形象建设存在香港特区政府、香港市民和香港城市三类行为主体，对应行为识别系统之政府、民众和企业三方面（朱俊成，2006）。朱俊成提出，行为识别包含有"基本行为、政府行为、市民行为、经济活动行为表现、游客行为、行业行为、媒介行为准则与传播策略"八方面，其中除基本行为及传播策略散布于各主体间外，政府行为与媒介行为准则可以归入政府主体；市民行为与游客行为可以归入民众主体；经济活动行为表现和行业行为可以归入企业主体。因此，下文将围绕政府、市民和企业这三类主体对香港城市形象建设的行为识别系统展开分析。

　　从政府主体来看，香港特区政府和媒体的行为呈现出的语言景观存在明显的中西交融现象，主要表现为政府机关和公共设施的告示标识绝大部分使用两种或两种以上的语言书写，比例远高于单一语言；其中使用最多的两种为繁体中文与英文，为香港的法定语言，这也可以看出香港围绕理念识别结论中所体现的城市形象建设目标。另外值得注意的是，除特区政府外，中央政府对香港的城市形象建设也存在着一定的影响，主要表现在简体中文告示的出现，这也凸显了香港"中西桥梁""内地窗口"的定位。（见图6-25）

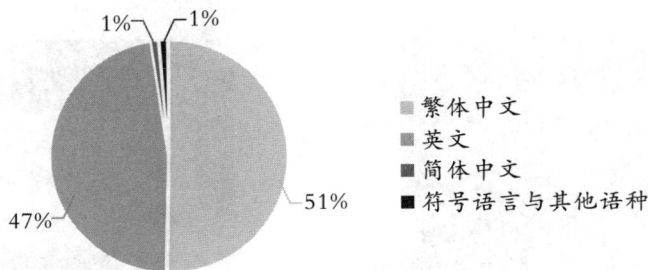

图6-25　香港语言景观中各语言占比

　　从民众主体来看，香港是世界范围内主要的旅游目的地之一，因此，游客行为对香港的城市形象建设有着较大影响。针对这一情况，香港的各种告示在内容上十分详尽，特别是其所涉及的各项规章惩处都会附带列出，公共场所的标识尤其如此。以禁止吸烟标识为例，图6-26是内地常见的样式，只有图标和"禁止吸烟"中英文字样，而香港的标识（图 6-27）则会附带所面临的罚款和指控。我们认为，这样附加强调的表达方式直白明晰，有利于将犯罪成本直观化、可视化，起到提醒文明、强化印象和防患未然的作用，同时也是香港"法治城市"理念的体现。需要指出的是，内地一些城市如深圳已经出现了相关样式的标识，如图 6-28 所示。在另一项基于深圳语言景观的调查中，我们已经发现了这样附带罚款说明样式的禁烟标识，这也从侧面证明它是优秀而值得借鉴的。

图 6-26　内地常见的　　　图 6-27　香港禁烟标识　　　图 6-28　深圳莲花山公园
　　　　　禁烟标识　　　　　　　　　　　　　　　　　　　　　　　的禁烟标识

从企业主体来看，香港是蜚声海内外的免税购物天堂。因此，香港超市所售货物的标签多为直接进口地的英文、日文原文，商铺指示牌、指路牌和招牌等也多为中英双语，也有相当一部分是英语单语。值得注意的是，这种中英双语的趋势不只见于大型商铺或者综合商场，在小商店甚至路边摊都十分常见。（见图 6-29、图 6-30）

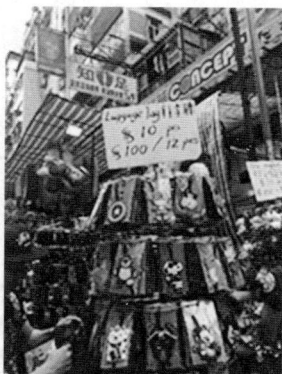

图 6-29　香港路边摊贩的中英双语招牌　　　图 6-30　香港中文大学之简体告示

（三）视觉识别系统

视觉识别系统，是以人们视线所及能够看到的事物，加以规划、管理所形成的系统，在 CIS 中占据重要地位，是 CIS 战略的外表形象与体现。视觉识别系统是通过视觉载体来传递各种城市信息的一种手段，是最直接有形的形象识别系统，是理念识别的表态描述。视觉识别系统中包括了城市的各种标识及大小环境等，是一个城市给予外来者最初步、直观的印象。一个优秀的视觉识别系统不仅能够给人们带来美的感受，提升生活品质，还能够展现一座城市自己独有的魅力与历史。在城市建设过程中，要充分考虑城市的特色，建设相应的建筑与标识，使其具有代表性。

香港以丘陵地形为主，少平地，面积较小，故建筑以高楼大厦为主。此次田野调查，笔者先后去了香港中文大学、香港城市大学、香港大学及香港科技大学。其中香港城市大学和香港大学建筑密集、高耸特点鲜明，其余两所校园面积较大，但其坡度变化也起伏较大，较少见到大面积的平地。

香港中文大学校园面积应该是这四所大学中最大的，其绿化方面做得十分到位，校园各个角落都有保护花鸟草木的字样，且标识颜色较为淡雅，与环境融为一体，能够起到警示作用的同时，不破坏原生环境的美感。在校道上，隔不远就能看到"慢驶""SLOW"的双语字样，以警示路人、司机要注意安全。校园内路标随处可见，全为双语标识，在视觉体验上不仅美观，且符合香港多语言的环境。

图 6-31 "慢驶"中英文提示语

香港城市大学位于商场中，校园占地面积极小，但空间利用率高。由于多是室内结构，室内标识占据校园内标识的绝大多数。与其他校园不同的地方在于，香港城市大学有专门为盲人设计的标语及指示牌，其盲文也不会因为盲人看不见而随意设计颜色及构图。盲文标识在城市背景中显得十分融洽与美观，重点是体现了一座城市的人文情怀。室内随处可见"禁止吸烟"等双语标识及警示牌。

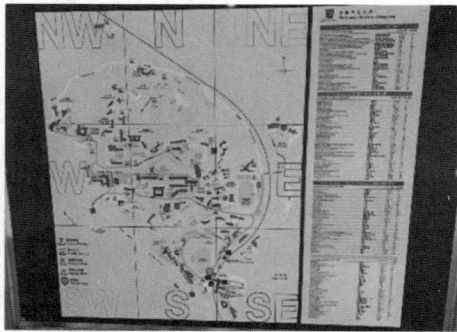

图 6-32　为盲人设计的标识

香港大学是一所山地特色鲜明的学校。校园建筑普遍较高，且处处相连，以楼高缓解山地起伏较大的窘境，整体给人一种生人勿近之感，高耸的校园建筑与陡峭的石壁共同构建出冷艳之感。香港大学内警示牌、标识以繁体中文、英文为主，少简体。有单一繁体中文或是英文标识，但没有单一简体中文字样。香港大学也多为室内标识，室内标识整体给人以严肃、安静之感，与其校园特色相吻合（见图 6-33）。

图 6-33　香港大学语言景观

香港科技大学位于海边，伴随着大海带给人们开放、广阔的第一感觉，香港科技大学整体建筑以白色为主，入眼清新、自然。故其建筑特色给人眼前一亮的欢快之感。校园标识以浅色、奶油色为主，契合校园的主色调，同时也能够起到警示作用。校园面积较大，户外标识以保护花鸟草木为主。同样是校园面积较大，与香港中文大学不同之处便在于其依山傍水的地理环境，使其看起来没有香港中文大学那么严肃、冷静，反而有活泼、轻快之感（见图 6-34）。

值得一提的是，随着田野调查的进行，笔者发现不止在这四所高校，在街边道路、大街小巷，随处可见至少四个分类垃圾桶，根据不同环境配以不同特点的外装饰。例如香港大学，其建筑以砖红色为主，垃圾桶多以橙蓝对比色设计，醒目的同时不破坏学校本身大环境色彩。

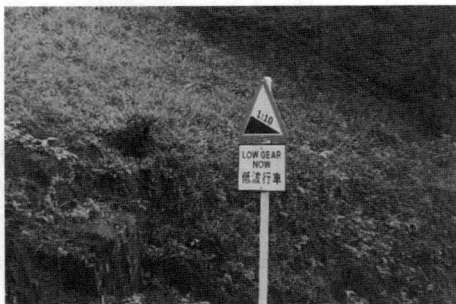

图 6-34　香港科技大学语言景观

大到建筑的设计，小到街边、校园一角的垃圾桶，都贯彻着香港这座城市浓厚的人文色彩。在注重美化环境的同时，也起到了宣扬城市特色的功效。

（四）城市规划识别系统

城市规划识别系统以明确完善的城市发展建设理念为核心，显现城市内部建设制度、法规、组织管理、教育、行为规范、用地规划等，对外举行有关城市建设发展的科研、技术、文化活动，社会信息反馈之公益活动，以求建立国内外社会大众对城市的认知和依赖。在城市规划识别系统中，该城市对自身的研究成了重点，分析城市的定位和发展目标、自身在发展中的优势和劣势，可以帮助城市制定相应的发展策略，形成合适的、可实施的城市规划方法，使城市按照规划稳步有序地针对现状、面向目标进行长期和短期建设。香港因其独特的历史、文化交融，展现出多方融合的城市规划理念。

香港城市语言景观多具有教育意义和行为规范作用，注重社会效应。在其城市规划中，居民素质教育和环保教育占重要的一环。有关环境保护、垃圾分类、禁烟等语言景观十分常见。在香港的城市规划中，素质教育和生态文明教育是实现城市持续发展、实现文明开放的重要动力。香港城市语言景观特点鲜明，以实用为基础，同时讲究对城市的美化作用，常与其建筑风格相辅，能很好地与周围环境相结合，共同构造其城市形象。可见，香港城市的语言景观是其构建城市特色景观、展示区域风貌、指引人们生活、构建城市形象的一部分。香港各处的语言景观比较显著，样式繁多，涉及内容众多，指示具体明确，其设计往往符合周围景色环境，起着对人们生活的指示作用、文明教育作用、环境美化作用及文化展示作用，是香港城市规划中不可或缺的一部分。同时，香港城市语言景观也反映一些地区规定，许多公共场所、垃圾桶上贴有禁烟标识；某些场所的严禁事项公告等，包含着各项制度、法规，体现其法制化的城市规划。其语言景观正在

把城市打造成一个生活便捷、环境友好、秩序井然的国际化文明大都市。（见图 6-35、图 6-36）

图 6-35 "严禁吸烟"标识　　　　图 6-36 关于随意弃置垃圾的罚款规定

香港因特殊的历史因素和地理因素，其城市语言景观既保留了繁体字文化和语言风格，也吸取了中文简体字、英文乃至日文等的文化特点，既充分展示了其生活化、人性化的大都市形象，也体现了其环境友好型可持续发展的现代化城市形象，成为香港城市规划中引人注目的一点。

（五）地域地缘识别系统

城市占有一定地表空间，本身表现为一种地域空间形态，本质上是一种区域现象，城市对外表现出来的形象因素首要的是其固有的、地理与地域上的，而不是人为制造的形象特征。香港地处华南沿岸，珠江口以东，由大大小小的岛屿组成，地形多以丘陵、低地为主，少平地。人口密集但土地面积较小，人多地少的现状让香港形成了高楼遍地的景象。但恰是遍地的高楼大厦，让香港有了自己独特的"港风"建筑特色。建筑是一座城市的物质载体，香港的高度逾90米的建筑超过3 000座，全球最高100栋住宅大楼中，至少一半位于香港，其摩天大楼数目居世界首位。故室内标识占多数，多个标识合在一起，也体现了与建筑一样的空间合理利用的理念。加之受粤、澳文化影响，香港多以繁体中文为标识语，辅之英文。（见图 6-37、图 6-38）

图 6-37　室内双语标识

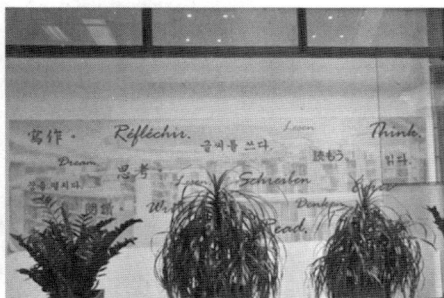

图 6-38　室内多语标识

一座城市在面向世界时，能够让外界第一时间感受其语言文化，便是其具有特色魅力与知名度的表现。香港便具备了这一特色，其发展离不开它独具色彩的城市魅力。依托地形，其标识语、告示牌上也体现出城市高楼大厦的影子，集繁体中文与英文双语文化及集成利用为一体。

（六）人文政策识别系统

城市是人类社会历史发展到某个阶段的产物，而非与生俱来的东西。城市的风俗习惯、民族风情、优秀民族传统、历史财富等人文状况是城市的个性特征，应该对此进行独立识别性研究，这些人文因子是城市中最持久、最具资源潜力、最具文化意义、最具稳定性和最具凝聚力的识别系统。

香港在 19 世纪被英国殖民者占领，直至 1997 年回归祖国。受到外来文化影响，英语得到广泛的使用。在经济上它也是最早受到西方影响的地区，经济发展快，经济发达。经济基础决定上层建筑，故香港的人文文化浓厚。在城市卫生上也极为注重，严格贯彻垃圾分类，共同维护城市公共环境的整洁。地铁、道路等都有各种各样的标识。（见图 6-39、图 6-40）

图 6-39 香港社区语言景观　　图 6-40 香港垃圾分类标识

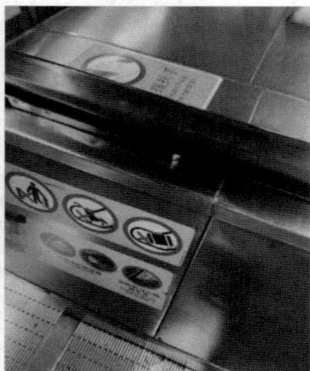

　　香港文化多样，文字具有极强包容性，有时甚至直接以英文书写通告，或加以繁体中文辅助。政策对城市经济发展具有极大的影响和导向性作用，政策是城市发展的指南针和方向盘，也决定了城市发展定位和目标模式。当然，政策的制定必须具有战略性、长远性、延续性，这样才能保证城市发展的计划性和连续性。

（七）社会社区识别系统

　　香港是典型的移民社会，人口构成多元化程度高，因此，香港的社区显现出多元化、国际化的特点。大学是社会社区的重要组成部分，一贯有"小社会"之称，社区所具有的文化也会体现在大学中。香港社区社会是开放多元的，香港的大学也是开放的，这一点直观地反映在其语言景观上。

　　就我们所考察的大学而言，除香港中文大学因自身多中文授课而中文景观较多外，其余大学皆是英文占主导。特别是香港科技大学的英文占比要高于其他高校，说明校园内的全英文景观较多，也凸显了其与国际接轨的趋势和对英文的重视。值得注意的是，香港中文大学出现了带有简体中文的告示，这也体现出改革开放下两地交流日趋频繁，随着越来越多内地学子前往香港深造，简体中文也正一步步融入香港的校园生活当中。（见图 6-41）

香港中文大学　　　　香港城市大学

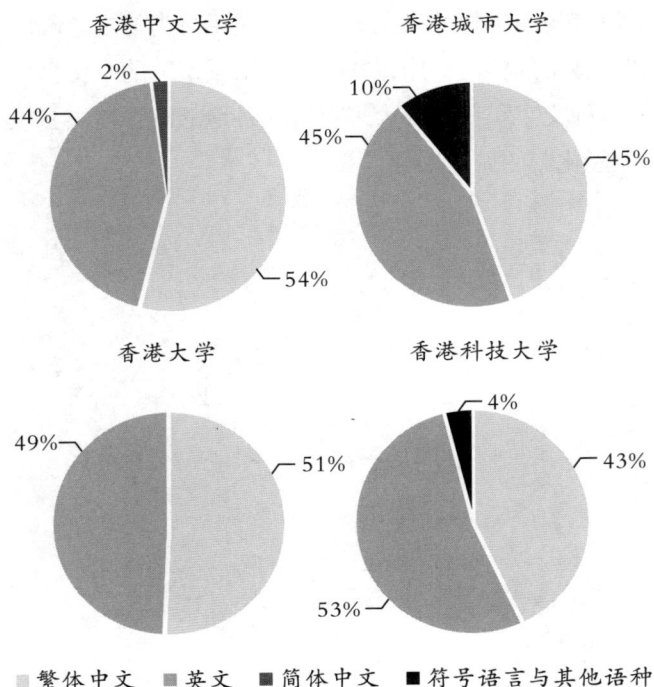

香港大学　　　　香港科技大学

■ 繁体中文　■ 英文　■ 简体中文　■ 符号语言与其他语种

图 6-41　四校语言景观中不同语言占比

朱俊成（2006）提出，"城市的社会工作是城市整体工作的重要一环，各种各样的社区活动中自始至终都融入文化的因素，是社区文化的重要内容，为此，对城市文化必然会产生一定的影响"。香港语言景观所展示出的多语言景观既是香港多元文化的产物，同时又反过来进一步强化了这种多元开放包容的城市文化理念，也显示出香港对多元文化的认同已经深入人心，根植于社会的方方面面。

五、小结

随着人类的过度开发，未来的许多资源将越来越稀缺，建设可持续发展和环境友好型城市将成为城市的首要发展目标。且随着科技的发展，人们对生活品质的要求逐渐提高，便捷化、友好化、国际化也成为大多数城市的发展目标之一。总体而言，香港语言景观较完善，对其城市形象具有积极影响。第一，分析此次田野调查中取得的语料数据可知，香港的标识设置大多贴合其所处语境，从而更好地发挥其功能并塑造良好的城市形象。第二，香港语言景观多与周围环境建筑和谐共处，融为一体。这反映出保护环境、文明生活、开放包容、与自然和谐共生等理念早已扎根于香港人民心中，展现香港作为一个高度现代化城市应有的风貌。第三，香港语言景观中随处可见关于城市文明行为的规章制度，如禁烟、停车时长等，有利于城市的整洁有序，并与"法制城市"的定位相呼应。第四，香港通用中、英等多种文字和语言，为来自世界各地的游客提供了极大便利，凸显其"多元化""国际化"的城市形象。

第七章

澳门语言景观研究

一、澳门概况

澳门（葡语 Macau、英语 Macao），简称"澳"，全称为中华人民共和国澳门特别行政区，位于中国南部，地处珠江三角洲。北与广东省珠海市拱北相接，西与广东省珠海市的湾仔和横琴相望，东与香港特别行政区、广东省深圳市隔海相望，与香港相距约 62 公里，南临南海。澳门由澳门半岛和凼仔、路环二岛组成，陆地面积 33.3 平方公里，总人口 68.37 万人（截至 2023 年 12 月）。1553 年，葡萄牙人取得澳门的居住权，1887 年 12 月 1 日，葡萄牙正式通过外交文书的手续占领澳门。1999 年 12 月 20 日，中华人民共和国中央人民政府恢复对澳门行使主权。几百年东西方文化的碰撞，使得澳门成为一个风貌独特的城市，留下了大量的历史文化遗迹。澳门历史城区于 2005 年 7 月 15 日正式成为联合国世界文化遗产。澳门，是国际自由港、世界旅游休闲中心、世界四大赌城之一，也是世界人口密度最高的地区之一。澳门著名的轻工业、旅游业、酒店业和博彩业使其长盛不衰，成为全球发达、富裕的地区之一。

2021 年 3 月，《中华人民共和国国民经济和社会发展第十四个五年规划和 2035 年远景目标纲要》明确提出，支持澳门丰富世界旅游休闲中心内涵，支持粤澳合作共建横琴，扩展中国与葡语国家商贸合作服务平台功能，打造以中华文化为主流、多元文化共存的交流合作基地，支持澳门发展中医药研发制造、特色金融、高新技术和会展商贸等产业，促进经济适度多元发展。

二、澳门语言景观与城市形象研究现状

（一）澳门回归前后的语言使用状况研究

1. 澳门的语言使用状况

据澳门统计暨普查局 2011 年人口普查结果，我们可了解到澳门公民日常使用的语言比例情况，虽然使用普通话的人数已由 2001 年的 1.6% 上升到了 5%，但以粤方言作为日常用语的人口占了 83.3%，所以澳门的语言使用状况是方言占主导地位，但普通话的使用也得到提升。（张媛媛，2017）

澳门回归前，Mann、Wong（1999）使用问卷调查法和访谈法，发现在澳门各个领域中，汉语粤方言和英语被认为最重要，然后是普通话和葡萄牙语。澳门回归后，Young（2006）调查了澳门本地和来自内地的大学生对英语的态度，研究发现，本地和外地学生均重视英语学习，因为国际化的发展，所以英语成为他们自身发展必要的工具。Young（2009）在 Mann、Wong（1999）的基础上研究回归后大学生对汉语粤方言、普通话、英语和葡萄牙语的态度，研究发现，学生最喜欢的语言是汉语粤方言，其次是英语、普通话和葡萄牙语。

2. 澳门语言景观研究情况

根据张媛媛（2017）对澳门语言景观的取样调查，澳门语言景观主要由繁体中文、英文、葡文三种文字和汉语普通话、汉语粤方言、葡萄牙语和英语四种语言构成，无论在使用频率还是使用的显著性方面都形成了中文优先于英文、英文优先于葡文的格局。根据调查结果分析，澳门的语言景观中，中文标识占79.7%，英文占16.8%，而葡文仅占3.2%。澳门语言景观出现语言混用现象，有双语现象（粤方言和普通话混用、汉英混用、汉葡混用、粤方言和英语混用），少数的多语现象（汉英葡、汉英韩），双语现象中出现极少数相关文化餐厅混用相关语言（汉日、汉韩、汉法、英韩等）；另外，澳门相邻内地的关闸附近区域会出现较多简体中文的使用，而其他区域大多使用繁体中文。简析澳门语言景观的调查结果后，结合语言景观的信息功能和象征功能可以了解到，澳门的主导语言是粤方言，但普通话和英语的地位也随着社会的发展而得到提升，葡萄牙语虽然在很多方面都占比较小，但不会因为其他语言的地位提升而消失，葡萄牙语已成为澳门特色的一部分，继而更凸显出澳门中西文化交融的特点。

3. 澳门语言使用的发展趋势

澳门青年是澳门社会未来发展的重要主导人群，所以对澳门青年的语言调查可以更好地帮助我们了解澳门未来语言发展的趋势。张璟玮（2020）采用"配对变语"的方法，考察了澳门回归20年之际青年对普通话、汉语粤方言、葡萄牙语、英语、带粤方言口音普通话（粤普）的语言态度，发现年轻人虽然对汉语粤方言保持高评价，但是普通话和葡语也逐渐被广泛接受，这展现了在"本土—国家—国际"力量的影响下澳门年轻人认同多元发展，也反映出了澳门青年的语言态度受本土和国家力量的影响最大。

（二）澳门城市形象的分析

澳门有与众不同的地域文化特征，除了博彩业，澳门的另一大特点是通过建筑、语言等景观表现出的中西文化交融，这也是澳门独具特色的旅游城市形象的体现。澳门向来以"赌城"的旅游形象著称于世，是闻名全球的世界三大赌城之一，别称为"东方赌城"。郑向敏、林美珍、陈传钱（2004）通过市场调查分析指出，中国内地、香港、台湾三地游客对澳门博彩娱乐形象的认同程度较高，而对于澳门其他特色形象认同程度较低。

2006年，蒋廉雄、卢泰宏（2006）以地区营销理论为基础，结合定位理论和国家竞争优势理论，再从形象资源的探索、差异性、时间一致性、公众态度、属性关联等步骤分析澳门形象，得出如下结论。

（1）自然风貌：澳门地少人多，属于典型的海岛地区，气候宜人。澳门自然风貌虽然宜人，但不具有差异化的竞争优势，不能作为澳门的特色，因为中国有许多其他城市也具有该风貌特点。

（2）建筑风貌：澳门的中西文化特色深入人心，从竞争优势方面衡量，具有国际区域范围的独特性。例如大三巴等建筑成为游客必到之处。

（3）人文特性：多元的宗教特色、多元的族群文化特色、葡萄牙语的文化优势、博彩文化。

（4）制度环境：除了"一国两制"之外，澳门还有独特的博彩合法化制度，这是澳门形象的制度资源。

（5）产业优势：澳门的支柱产业传统上被认为是旅游博彩业，因为澳门是中国境内唯一合法赌博经营地区，所以澳门的博彩业属于独占性的竞争产业从而大力带动旅游业。从地区营销的分析来看，澳门的竞争优势来自特殊的高差异资源，即通过极度差异化的竞争优势建立澳门的品牌形象，所以可得出博彩和旅游是澳门形象的核心概念。

黄光辉（2014）对早期（回归前）的澳门商业图（如火柴盒、炮竹盒）进行分析，认为当时澳门有浓厚的中西文化韵味。李韶驰、程文丽（2016）运用扎根理论对澳门城市发展的相关文献资料进行逐级解码分析，将澳门所具备的资源优势、文化优势、经济优势等进行概念化、类属化的分析。

通过以上分析可知，城市形象会随着一座城市的发展需要而产生相应的变化。随着与澳门相邻的一些国家和地区相继开放和发展博彩业，同时受其他因素影响，澳门博彩业自2014年6月起开始下滑，继而澳门特区政府提出了大力发展旅游休闲产业的规划，明确了澳门是"休闲之都、娱乐之城"的整体城市形象定位。

通过以上根据时间和不同角度对澳门城市形象的分析，再结合城市形象结构说，可简单总结出澳门的城市形象：它是"东方赌城"，但随着时代的发展，它不再只以博彩业为主，而需要发展旅游休闲产业；它既有中华传统文化的内涵和基础，又有以葡萄牙文化为代表的欧洲文化的渗入；它有形形色色的宗教文化，有佛教、道教、基督教、犹太教、伊斯兰教、巴哈依教等多种宗教；它有三种主要语言——汉语粤方言、葡萄牙语、英语，再加上各种语言的交汇流通，形成了丰富多彩的语言与人文文化；它有国际贸易自由港的商业地位，"一国两制"的特殊法律地位；它有中西合璧的建筑文化景观等。根据上述总结可知，娱乐形象和中西文化交融形象是澳门的核心形象。

语言是人类传情达意与认知世界的最重要工具与媒介，也是传达和展现城市形象最基本、最经济、最具感染力的手段与方式；语言不仅反映和展现城市形象，还具有构筑乃至重构城市形象的建构性功能（闫亚平、李胜利，2019）。所以，城市语言景观不仅能展现城市形象，还是构建城市形象的重要因素，其作为重要的人文地理表征和文化存在。加强城市语言景观建设有助于良好城市形象的展现与塑造。城市形象可通过社会公众对该地的印象反映出来，所以广大社会公众对该城市的印象和评价会影响该城市的发展，同时影响该城市内部民众对该城市的认同度。

结合上述对澳门语言景观和澳门城市形象的分析，澳门的语言景观特色表现为多种语言的使用，多语语言景观有助于建设澳门中西文化融合和文化多样性的城市形象。总而言之，澳门的语言景观与城市形象的相交处在于多语言现象，这一点体现了澳门中西文化交融的特点，从而构建了澳门中西交融的城市形象。

三、数据收集及分析研究方法

（一）数据收集

本研究团队语料库收集来自澳门新城区、旧城区和文教区。澳门新城区，以大三巴牌坊遗址、官也街为样本点。官也街和大三巴牌坊遗址是著名的旅游景点，有很多游客和当地人聚集在一起，因其独特的地方特色和丰富的民俗文化，可以作为新城区的代表性景点。旧城区以澳门塔和岛内其他住宅区为样本点。旧城区居住着大量的澳门本地人，那里的语言景观更具有澳门当地特色。文教区以澳门大学、澳门科技大学、澳门城市大学、澳门理工学院、澳门旅游大学为样本点。因为大学聚集了来自世界各地的学生，语言景观更加多样化和国际化，也将对教育产生潜移默化的影响。我们拍摄了上述样本点的大部分照片，包含了路标、警告标志、商店名称等，我们把每个标识作为一个单元，包括图像、数字，例如一些商店在墙壁或橱窗上展示的广告海报或广告牌。

（二）研究过程

为了研究澳门的语言景观，本研究采用了如下步骤：首先我们在这项研究中共收集了 307 张图片。然后根据官方标识和非官方标识这一标准对这些图片进行分类分析。根据统计数据，结合 CIS 理论分析语言景观对澳门城市形象的构建。最后根据澳门语言景观中出现的对澳门城市形象的负面影响，提出一些改善城市形象的建议。

（三）CIS 视角下的分类与分析

1. 澳门语言景观种类分析

根据标识制作者之间的差异，官方和非官方标识之间语言使用的差异有助于我们理解语言实践与地区语言政策之间的关系。所以我们使用这种方法对语料库进行分类。

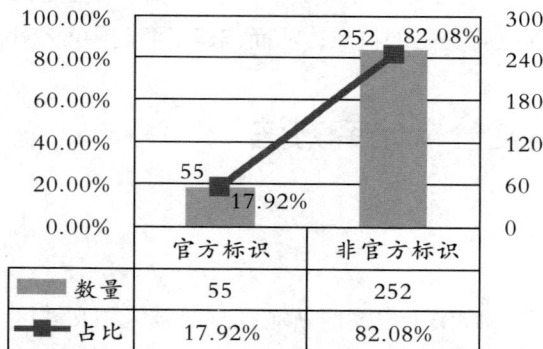

	官方标识	非官方标识
数量	55	252
占比	17.92%	82.08%

图 7-1　官方和非官方标识的数量

如图 7-1 所示，本研究收集了澳门的 307 个标识，其中包括 55 个官方标识和 252 个非官方标识。本章将使用企业识别系统理论框架，从概念、行为指导和视觉识别等方面分析官方和非官方标识。

目前，判断世界双语／多语语言景观有两个主要标准：①在单语国家，包含国家法律语言以外语言的标识被认为是双语／多语标识，即使在此标识上也只出现一种语言（Backhaus，1997）。②传统意义上的单语和双语标识，根据标识上出现的语言数量判断单语、双语、多语标识。只有一种语言的符号被视为单语符号，有两种语言的符号被视为双语符号，有三种或更多种语言的符号被视为多语言符号（Lai，2013）。本研究遵循后者，即传统意义上的单语、双语、多语标识。

表 7-1　语码类型和组合的分类

语码类型	语码组合	数量	占比
单语	汉语	39	12.70%
双语	汉英	113	36.81%
	汉葡	78	25.41%
多语	汉葡英	77	25.08%

　　表 7-1 是所有样本的单语、双语和多语分类情况。进一步划分制作者，如图 7-2 所示，在官方标识中，汉语的单语标识只有一个。在官方双语标识中，汉英标识的比例小于汉葡标识的比例。多语标识（汉葡英）的比例几乎与双语标识（汉葡）相同。在官方标识使用的三种语言（汉葡英）中，汉语占 100%，其次是葡萄牙语，最后是英语。

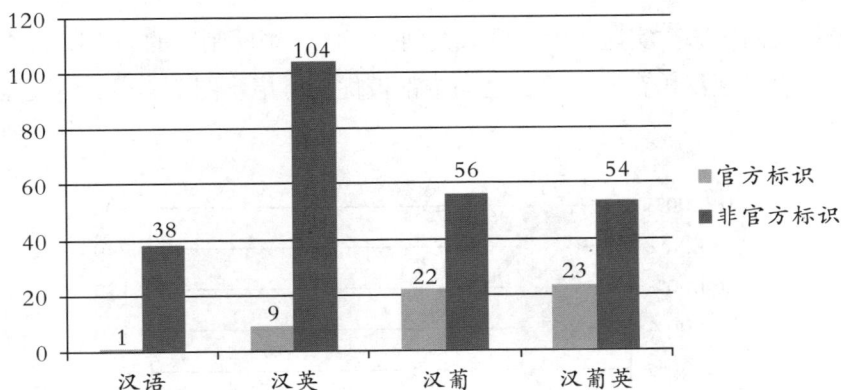

图 7-2　语码组合中官方标识和非官方标识的比较

　　在非官方标识中，双语标识占所有标识的最大比例，汉英标识的数量几乎是汉葡标识数量的两倍。中文的单语标识占 15%。多语标识（汉葡英）的比例几乎与双语标识（汉葡）相同，与官方标识相似。在非官方标识中，汉语仍然是 100% 优先的语言，其次是英语，葡萄牙语占比最少。

官方标识与非官方标识之间的相似性是单语标识的比例很小，双语和多语标识占很大比例。更重要的是，汉语占总数的100%，所选地点没有英语单语或葡萄牙语单语标识。而官方标识与非官方标识的区别在于：首先，在语言选择方面，除汉语外，最流行的官方标识语言是葡萄牙语，而最流行的非官方标识语言是英语。其次，在语言组合方面，非官方标识更多使用汉英双语标识，而官方标识更多使用汉葡双语标识，官方标识中多语标识的比例更高。这反映了民间使用语言和政府语言政策之间的差异。与官方语言中使用的语言政策不同，民间语言的使用更加注重语言使用的经济效应。

2. 澳门语言景观特征分析

（1）理念识别（MI）视角下澳门语言景观的语码特征。

理念识别在CIS中占据重要地位，是一个组织形成独立的形象特征的背后的驱动力。它常被比作组织中的大脑和灵魂，是构建行为认同和视觉认同的基础。

在澳门回归之前，葡萄牙语是澳门唯一的官方语言，用于行政、立法、司法和公务员办公等领域。回归后，《中华人民共和国澳门特别行政区基本法》将汉语和葡萄牙语均列为正式语言。政府事务中使用的汉语和葡萄牙语的比例发生了很大变化。

虽然我们在这次实地考察中没有找到关于"一国两制"的非常明显的标识，但我们可以发现汉语在所有语言趋向中都被优先考虑。图7-3显示了语言趋向的比例。

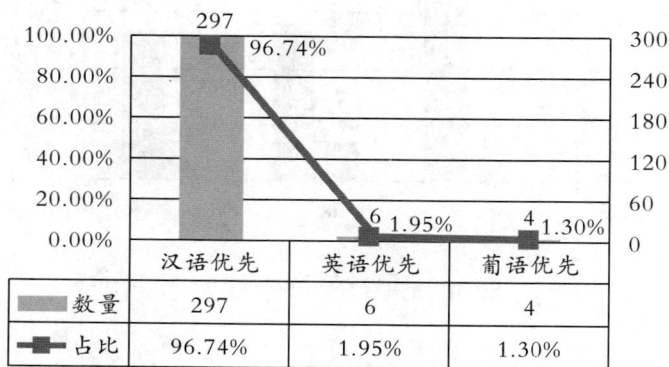

	汉语优先	英语优先	葡语优先
数量	297	6	4
占比	96.74%	1.95%	1.30%

图7-3 标识中的语言优先级

从图中我们可以看出，汉语在这三种语言中具有绝对的优势。英语优先的标识主要出现在一些大学，如澳门大学。澳门的文化教育区主要面向来自世界各地的学生，它们比澳门其他地方更需要国际语言环境。因此，英语是优先考虑的语言。

根据澳门行政及公务员事务局 1999—2003 年的调查数据，公务员中讲葡萄牙语的人数比例由回归时的 11.29% 下降至 8.8%。澳门回归以后，说汉语的人数比例从 87.62% 上升到 90.3%（黄伟，2007）。但葡萄牙语仍然是澳门社会非常重要的语言，大多数法律文件仍以葡萄牙文起草，其中许多涉及合法性问题。因此，了解葡萄牙语的法人需要参加所有事项。

英语已在澳门使用了一百多年，但其使用受到限制。20 世纪 80 年代以后，随着澳门国际经济的频繁交流，英语开始得到广泛应用。虽然英语不是澳门的官方语言，但它是金融商业、现代科学技术和高等教育领域的共同语言。这也是澳门人民获得高等教育和良好发展机遇的先决条件。澳门的小学和中学通常提供英语课程，英语也被用作高等教育机构的教学语言。

从理念识别的角度来看，随着英语的使用越来越多，特别是在私人标识上，澳门回归祖国后逐渐显示出强大的发展力量。葡萄牙语已经从原来的独一语言变成了标识上的第二语言甚至第三语言。汉语的标识也逐渐从繁体中文变为简体中文，以满足更多内地游客的需求。我们可以看到，澳门的语言景观既反映了特区的西方风格，又反映了葡萄牙独特的文化，以及"一国两制"的杰出成就。我们可以预计，随着澳门与内地关系日益密切，澳门的语言景观将更加清晰地反映出国家治理和政策含义。

（2）行为识别（BI）视角下澳门语言景观的内容特征。

从行为识别的角度来看，我们将标识分为三类：警示标识、引导标识和信息标识。警示标识提醒人们做某事的危险。引导标识扮演最基本的道路引导角色，为人们提供道路信息和方向。信息标识涵盖了广泛的内容，例如一些商店广告、特别提示等。

警示标识用于传达警告和禁止的行为。例如，危险警告和禁止吸烟标识如图 7-4 所示。

图 7-4　警示标识

　　警示标识主要由警示标语和标题组成。与内地不同，由于语言环境的复杂性，澳门的大部分警告标识都是由汉语、英语和葡萄牙语组成，因此内容较长，文本部分相对较多。在颜色组合方面，不超过两种颜色，因此非常简单直观。这也符合警示标识的基本原则，帮助读者一目了然地识别警告内容和禁止行为。但是，由于有三种语言，阅读起来很费时，读者很难捕获核心内容。虽然字体的大小可以反映信息的重要性，但页面上的文本信息太多而图像太小，这可能导致标识不能直观地传达信息。

　　路牌主要是指示道路名称和方向的标识。（见图 7-5）

图 7-5　路牌

　　道路标识的语言组合主要分为两种：第一种是汉语和葡萄牙语，第二种是汉语、葡萄牙语和英语。在旅游景点和拥挤的地方，大多数标识选择汉语、葡萄牙语和英语，以更好地指导全球游客。在其余的住宅区和游客较少的地区，大部分都是双语（汉语和葡萄牙语）标识。

在颜色选择方面，街道标识是双色组合，非常显眼。在设计方面，澳门道路上的道路标识与内地的道路标识相似，均采用方形铝合金胶合板制成。旅游景点的街道标识更具葡萄牙风格；设计中还有更多细节，这些路标也可在查看道路时作为风景进行观赏。

信息标识包括广告牌和公共信息标识等，见图7-6。

图7-6 信息标识

我们收集的信息标识可分为官方和非官方标识。官方标识如图7-7所示，是一些公共信息提示。在语言选择方面，官方标识主要是汉语和葡萄牙语，并且有少量的汉英双语。标识的颜色主要是黑白，以更明显地传达信息。

图7-7 官方标识

非官方标识的信息以多种方式呈现，颜色选择更加丰富。当游客和居民阅读时，他们将通过其样式和设计获得商店产品的信息。然而，有些非官方标识提供的信息非常混乱，并且在颜色和字体的设计方面也存在问题。

（3）视觉识别（VI）视角下澳门语言景观的外观特征。

Scollon、Scollon（2003）提出了公共场所识别研究的"地理符号学"理论框架，不同类型招牌之间字体设计的差异受标牌功能的影响。语言标牌的作用是向来访者传达信息，例如商店业务范围、业务特征、营业时间、小贴士等。同时，标牌也可以用作修改商店特征的手段，标志创建者通过材料选择和字体设计创造独特的风格。

根据我们收集的照片样本，可以找到标识的一些特征。官方标识使用的颜色一般不超过两种。字体基本上是繁体中文和葡萄牙文的组合，特别是在许多旅游目的地，如大三巴牌坊。路标全部使用铝合金胶合板，而旅游景点的标识使用带有绿色漆皮的铁质路标。字体是黄色的，更引人注目，也呈现出葡萄牙风格。道路标识由陶瓷和石材制成。白色陶瓷用作背景，字体为蓝色。在语言选择方面，道路标识语言选择使用传统的汉语和葡萄牙语，这些都是具有规范的。更重要的是，与普通铝合金胶合板路标不同，陶瓷和石材具有设计感和葡萄牙风格。

图 7-8 显示了官方标识中使用颜色的统计数据。可以看出蓝色和白色的比例很大，而红色、绿色和黄色等鲜艳的颜色只占一小部分，红色和黄色主要用于警示标识。

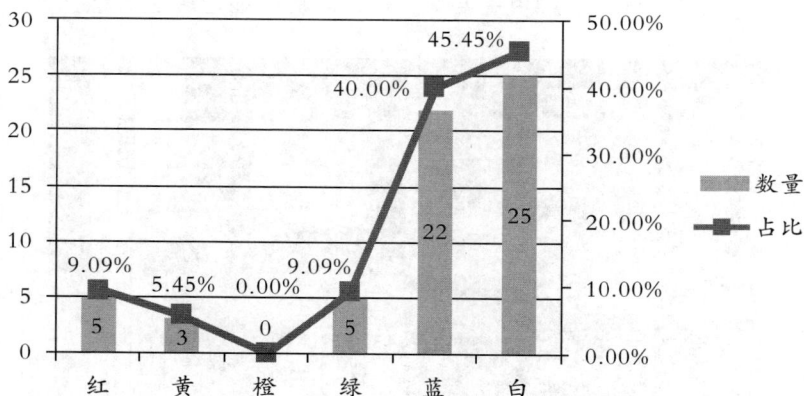

图 7-8　官方标识中颜色的数量和比例

非官方标识（见图 7-9）大多数使用的材料是胶纸，颜色几乎都是鲜艳的红色或黄色，能吸引游客。图 7-10 显示了非官方标识使用颜色的统计数据。可以看出，蓝色的使用比例很小，而红色、黄色和橙色等鲜艳的颜色则占很大比例，特别是在旅游景点。

图 7-9　非官方标识

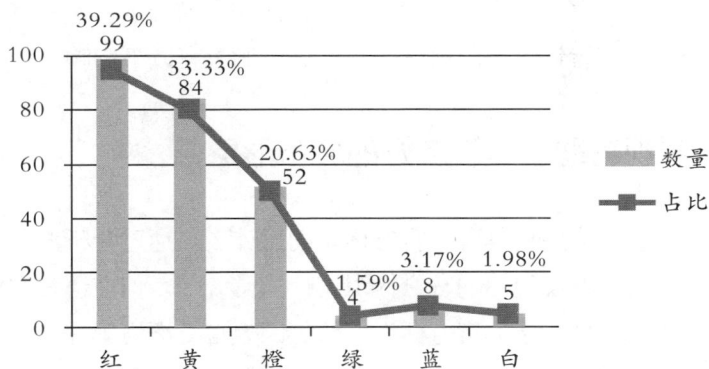

图 7-10　非官方标识中颜色的数量和比例

　　为了吸引顾客，大多数商家选择使用红色和黄色作为标识的颜色。同时，鲜艳的色彩更容易使人增加食欲，让人兴奋，从而增强了顾客的购物欲。有些商家使用白炽灯照明，有些商家则选择霓虹灯来直接嵌入字体。繁体中文字符用于具有较少特定信息和强烈象征意义的商店标识，而非具有更多信息和更实用的海报和广告牌。非官方标识中的商店企业的招牌上有大量发光字符，以便在夜间标记商业状况并吸引顾客。

简而言之，与非官方标识相比，官方标识在材料选择和字体的特定设置方面呈现出简单直观的特征和统一的方向。多样性主要体现在不同地区和场合。非官方标识更加个性化，不同功能类别的标识之间存在差异和共性。商店企业的标牌材料更加多样化。海报和广告牌的字体设置是所有类型标识中最活泼的。官方标识的设立，体现了政府机构监督和维护的责任。设立标识的根本目的是向公众提供信息。因此，标识材料选择需要考虑耐用性，字体清晰，显示权威、严肃。但仍然可以感受到其独特的葡萄牙风格，因其在不同的公共场所和旅游目的地提供不同的组合和配色方案。非官方标识由政府监管，由私营部门设立。因此，材料和字体的选择更加自由，呈现出不同的风格。

四、澳门语言景观与城市形象

澳门是一个以旅游业和博彩业为主要产业的城市。它的特点是中国传统文化与欧洲风格的和谐融合。欧洲文化，尤其是葡萄牙文化，在此与中国文化的融合已有 400 多年历史。澳门始终保留着其极具魅力的文化景观、休闲的生活节奏和小型旅游城市的氛围，这也是澳门与世界其他旅游城市的区别。基于前文关于语言景观的分析，笔者认为澳门语言景观对城市形象有以下影响。

（一）语言景观有助于建设友好的城市形象

首先，政府的行为主要体现在官方标识的设计上。通过分析澳门官方语言景观的特点，我们可以发现澳门的官方标识设计非常统一。但在语言选择方面，官方标识使用英语的比例低于非官方标识。这是因为官方严格遵守澳门官方语言的规定。官方标识大多数双语样本主要是汉语和葡萄牙语，而非官方则更关注经济因素，双语样本主要是汉语和英语。从交际功能的角度来看，汉语、英语和葡萄牙语能够满足澳门社会的交流需求。从内部语言和外部语言的角度来看，汉语是澳门居民的交流工具，而英语则是对外的交流工具。从使用领域来看，汉语是澳门社会日常交流、广播媒体、中小学教育的常用语言。葡萄牙语是行政、立法和司法的常用语言。英语是金融、商业、高等教育和高科技领域的常用语言。作为一种国际语言，英语的接受程度最高，因此英语的流行反映了一个地区的国际化程度。随着英语在官方语言环境中的比例不断上升，它可以促进城市形象的国际化。

语言景观对游客的影响更为直接。汉语优先的语言景观对内地游客更具吸引力，尤其是简体中文的使用。在收集语料的过程中，我们发现许多旅游景点为了吸引内地游客选择简体中文作为广告标语（见图 7-11）。由于非官方标识不太受政策影响，因此可以更直观地反映当地居民的行为和意图。从颜色、字体和编码的选择可以看出，非官方标识更倾向于吸引国内外游客，并通过文字寻求共鸣。非官方标识的语言景观也影响了游客的行为，从而影响了游客对澳门的印象。更倾向于内地游客的语言景观影响了游客的旅游行为和消费行为。在出游之前，他们更愿意选择具有更多中文指引的区域。在旅游观光过程中，标准化的语言景观指南可以帮助游客更好地规划旅游路线。创新和独特的标识也有可能吸引游客前来欣赏、拍照并在互联网上分享，如特别的旅游景点、地标、路标等，或来自私人商店的美味食品或其他产品，抑或是商店的广告标牌。在这个过程中，澳门的语言景观通过游客的观察和分享而潜移默化地被宣传。游客可以通过最基本的接触感受澳门的语言和文化氛围，分享他们认为值得分享的东西，包括语言景观。所有这些行为都将对城市的宣传产生积极的影响，人们对澳门的印象将会积累，最终形成澳门的城市形象。同时，对于外国游客来说，多语言环境特别是英语普及率高的环境，让他们感觉非常方便。在澳门的语言景观中，很大一部分标识是汉葡双语，但缺乏英语，这会给外国游客带来很多不便，甚至限制他们的旅游活动范围，可能使他们对澳门留下不好的印象。因此，多语言环境的不完善将导致游客的不良印象。

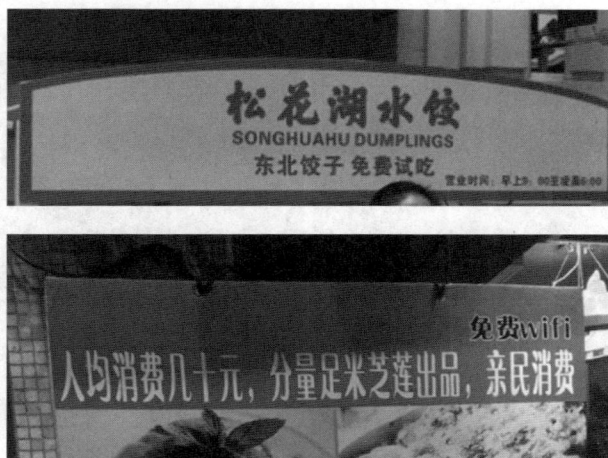

图 7-11　新城区的非官方标识

　　总而言之，标识创作者的行为直接影响语言景观的变化，语言景观将促进整个城市的行为，间接影响人们心目中的城市形象。

（二）语言景观有助于建设休闲的城市形象

视觉识别是基于整个城市形象的外部展示。它不仅可以展示城市的外部视觉形象，还可以塑造城市的精神内涵、气质和风格。城市形象的视觉识别是城市赋予其外部的具体形象，也是城市精神概念、城市文化和城市文明的具体表现。城市形象视觉系统体现在城市的各个部分，如城市地标、城市物体、城市标准颜色、户外广告牌等。

澳门城市形象的定位经历了以下三个发展阶段：第一阶段，自 1847 年澳门博彩业合法化以来，博彩业逐渐成为澳门的支柱产业，为澳门经济增长做出了巨大贡献。澳门被称为"东方蒙特卡洛"，与摩纳哥的蒙特卡洛和美国的拉斯维加斯并称为"世界三大赌城"。第二阶段，澳门回归后，由于实施"免费旅游"政策和开放赌博权，澳门博彩业进入快速发展期，博彩收入大幅增加。在此期间，澳门特区政府和社会各界将澳门发展的新目标定位为"亚洲拉斯维加斯"。澳门"赌城"的形象更深植于许多人的心中。第三阶段，澳门周边国家和地区的博彩业发展对澳门博彩业产生了一定的影响。澳门特区政府提出了适度和多元化的经济发展策略。直到今天，澳门的语言景观仍然充满了赌场风格。在氹仔，由于前来赌博的人来自世界各地，赌场中的许多路标都使用汉语和英语。晚上，澳门半岛的赌场，如葡京娱乐场和永利皇宫赌场，都点亮了霓虹灯，语言景观色彩丰富，与灯光效果相结合，体现了赌场风格（见图 7-12）。

图 7-12　赌场的标识

从视觉上看，澳门的语言景观充满葡萄牙风情，体现了赌场的特色，也能看出澳门的定位逐渐转向休闲旅游。在城市形象建设过程中，独特的标识设计使游客能够通过最直接的视觉接触感受到多语言文化的魅力。例如，在机场、火车站和其他交通枢纽中，大量的三语标识不仅方便了来自世界各地的游客，也反映了城市的国际化背景和开放形象。此外，非官方标识通过各种设计，主要是使用颜色和款式，让人们感受和了解葡萄牙甚至欧洲的习俗。一些非官方标识的独特设计反映了丰富多彩的城市形象。但是，由于澳门博彩业的发展推动了房地产业的发展，现代建筑迅速出现，它们逐渐侵蚀了葡萄牙风格建筑，摧毁了原有的和谐视觉空间。结果，澳门的城市风貌和旅游业发展出现了一些不和谐。澳门最初引以为豪的南欧小镇的文化景观和悠闲节奏开始消退。而且，英语的普及程度还不够高。从语言景观取向的不一致性可以看出，澳门目前的旅游服务仍然跟不上旅游业的发展。

（三）语言景观有助于建设多元的城市形象

城市形象的理念趋向反映了城市的发展方向和发展目标，是城市整体的体现。澳门语言景观对城市形象的影响微妙。语言景观的概念紧紧围绕着城市的形象，而开放的概念则通过语言景观的多样性来传达。这将使当地居民和不同地区和年龄的游客能够对城市形象产生新的见解。

相关数据显示，多语标识（汉语、葡萄牙语和英语）的比例几乎与双语标识（汉语、葡萄牙语）相同。双语和多语标识占很大比例。最流行的官方标识语言是葡萄牙语，而最流行的非官方标识语言是英语。在语言组合方面，非官方标识更多使用汉英双语标识，而官方标识更多使用汉葡双语标识，官方标识中多语标识的比例更高。澳门回归后，汉语和葡萄牙语是具有同等地位和权利的澳门官方语言。多样的语言环境体现了澳门多元的城市形象。在官方标识使用的三种语言（汉语、葡萄牙语、英语）中，汉语占100％，其次是葡萄牙语，最后是英语。这体现了未来澳门的语言景观必将采取与内地融合的形式，比如汉语语言景观的数量将会增加，以满足社会的需求。作为日常生活中最基本的应用，语言景观可以反映城市形象的微妙变化。这一变化反映了澳门积极融入粤港澳大湾区建设和践行开放城市理念的态度。语言景观的变化和风格也影响着澳门的城市形象和人们对城市概念的认知。

第八章

粤港澳大湾区城市群形象构建

《粤港澳大湾区发展规划纲要》指出，要进一步提升粤港澳大湾区在国家经济发展和对外开放中的支撑引领作用，以香港、澳门、广州、深圳四大中心城市作为区域发展的核心引擎，继续发挥比较优势做优做强。树立这四个大湾区中心城市的形象能够增强对周边区域发展的辐射带动作用，引领周边城市群合力发展，把大湾区打造成有世界影响力的区域。区域形象反映的是公众对一个地区的政治、经济、历史文化、社会民生等多个城市的印象，是城市群在历史底蕴和外在特征的综合表现，是城市群总体的特征和风格。积极的城市形象能彰显城市的内在实力、外显活力及良好的发展前景（杨莉明等，2021）。多语语言景观作为一种跨文化传播的载体，一种较为独特的应用文体，向人们传达提示、提醒、警告、请求、指引等意图，是社会用语的重要组成部分，有极其重要的社会功能，在公共信息的传递中扮演重要的角色。

一、四城语言景观比较

笔者通过收集四座城市的近 4 000 个图像资料和音频资料，对四城的语言景观做了以下对比。

（一）语码选择：国际化形象

语言景观非常直观地体现城市形象，对于城市形象塑造有着至关重要的作用。城市语言景观中的语言文字的类型、大小、颜色、位置以及与周边环境的关系都影响着城市的形象。地理符号学理论的组成部分——语码选择和语码组合，是指标识上不同语言的种类以及不同语言之间的排列组合形式。我们对语料进行了地理符号学中的语码取向分析。在双语或多语标识中，各种语言排列的先后顺序和空间位置可以体现其语码取向，反映该语言社区中某种语言所处的位置：重要、优先，次要、非优先。通过对比四座城市的商业中心区的语言景观，包括深圳罗湖，广州上下九步行街、沙面岛、宝汉直街，香港旺角、中环、油麻地，澳门半岛、氹仔，我们可以看出四座城市都有很大比例的双语标识，体现了广州、深圳（一文两语）、澳门（三文四语）、香港（两文三语）的语言生态，说明四座城市的开放性和国际化水平很高，但是也能看出澳门和香港的国际化水平更胜一筹（见表 8-1）。广、深单语（汉语）还是起主导作用，多语比例偏小，港澳多语数量大于单语，澳门的多语比例比较大，体现了葡萄牙语在当地的普遍性。从四城收集的多语数量和类型看，各语言之间的优先级关系为：汉语 > 英语 >

其他语种。作为国际通用语言之一的英语，能为不同国籍和母语背景的外籍人士提供语言服务。四座城市都体现出了多语种、跨文化的语言特征，体现了多样性和包容性，展示了国际化的城市形象。

表 8-1　四座城市语码选择统计

城市	单语（数量／占比）	双语（数量／占比）	多语（数量／占比）
深圳	241	132	2
	64.30%	35.20%	0.50%
广州	286	214	12
	55.86%	41.80%	2.34%
澳门	39	113	77
	17.03%	49.34%	33.63%
香港	42	304	7
	12.00%	86.00%	2.00%

（二）语码组合：语言权势

语言权势是指在社会背景下语言之间存在的交互关系，涉及交际双方。在社会活动中，权势主要通过语言的结构层面和互动层面来实现。城市的形象和气质通过语言景观得以更好地展现和传播。语言景观的象征功能是指语言景观能够映射语言权势与社会身份和地位，同时还能反映一定的文化景观。四座城市都有多种语言并存，但是汉语处于主导地位，体现了作为传播者对于民族文化的爱护和对多种文化的尊重。

表 8-2　四座城市语码组成情况

城市	语码组合
深圳	中文、英文、日文、韩文、法文、中文＋英文、中文＋汉语拼音、中文＋日文、中文＋法文、中文＋韩文、中文＋英文＋日文、中文＋英语＋韩文
广州	中文、英文、中文＋英文、英文＋日文、中文＋阿拉伯文、中文＋英文＋阿拉伯文、中文＋英文＋法文
澳门	中文、中文＋英文、中文＋葡文、中文＋英文＋葡文

（续上表）

城市	语码组合
香港	中文、中文（有简、繁体同时出现的情况）+英文、中文+日文、中文+英文+法文、中文+英文+日文

语言权势可从语言景观的语码取向上得到体现，如表8-2所示。在城市社区内，研究语言权势主要是分析各语言在标识上排列的先后顺序、置放位置。从某种角度来说，语码取向可反映多语或双语在语言社区内的社会地位。相关数据显示，汉语语言景观凸显性强。在四座城市的语言景观中，以单一汉语为语码的标识所占比例不低；同时，在所有语言景观中，汉语均放在主要位置，如街道路牌、商铺牌匾中，均是以汉语作为主要的标识景观。香港和澳门提供简体和繁体两种中文文字服务，这与香港和澳门的历史原因密切相关。简体中文作为国家通用文字，必然拥有最高语言地位。除了汉语之外，英语、法语、日语和韩语在四座城市有一定的社会地位，说明使用者有一定人数。从语言选择来看，中文作为官方语言在网站中表现为绝对的语言权势，而英语在全球化浪潮下以其毋庸置疑的强势外语的通用交际作用在网站语言景观中占据较高语言地位，但都是汉英占较大比重，多语语言组合比重低、数量少。警示禁止提示标识中汉英标识最多，这基本遵循了国家对旅游景区语言服务的文字规范。说明介绍标识的双语和多语比重高，能够为国外顾客提供很多便利。文化宣传标识以汉语为主，汉语单语所占比重较大。商业标识有多种语言组合形式，语言分布类型多样，汉语和汉英比重较高，汉语占绝大多数，其他语言组合类型多样，使用外语或多语不仅可以突出店铺特色，又可以吸引消费者眼球，促进消费，更多是一种象征意义。徐红罡等（2015）提出："一般而言，强势语族控制着整个语言景观，其语言在语言景观中会占主导地位，这样的语言景观反过来向社会传递这样的信息——其语言是有价值、有地位的，从而令使用和保护受到鼓励，影响人们的语言感知和态度，最终强化强势语言族群的身份、文化地位的认同。"汉语在城市语言景观中的优势地位体现了其强大的语言权势和族群的文化自信。

（三）语码类型：社会关系

时空中的话语研究空间组织与社交互动的关系，体现在空间和话语两方面。空间包括前景（公共空间）以及背景（私人空间），话语包括规约性标识、基础设施标识、商业化标识和越界式标识。时空和话语的交汇构成了符号聚集

（semiotic aggregate）。语码类型就是其中一个表现形式。广州、深圳、香港、澳门作为国际化、开放的大都市，城市语言景观包括官方所设立的公共标识和私人设立的商业标识两种。公共标识主要包括历史文物名牌、革命遗迹名牌、公共路牌、政府所设立门牌等；私人标识主要是私人企业、商户等用于商业运营的标识，比如营业时间标牌和各种店铺招牌（包括餐饮店、食品店、购物广场等）。这些符号聚集深刻折射文化多样性、政府政策以及文化权势等（崔亚茹，2020）。

表 8-3　四城商业中心语言景观种类数量统计

城市	官方语言景观（数量 / 占比）	私人语言景观（数量 / 占比）
深圳	184	414
	30.76%	69.23%
广州	409	608
	40.21%	59.78%
澳门	55	252
	17.92%	82.08%
香港	53	61
	46.49%	53.51%

如表 8-3 所示，我们分别调查了四座城市的商业中心，从这些语言景观中可以看出，语言带给我们的除了词汇本身的含义以外，还能代表一种媒介，连接着复杂的权势关系、身份建构和身份认同，突出文化的多样性。中央大街的官方标识的主导语言都为汉语，折射了当前社会意识形态、官方权势关系和社会地位；私人标识强调商业信息，与官方标识不同，主要是由文化权势的影响造成的。例如全球化的大发展背景下，英语为全球通用语，因此英语仅次于汉语；而澳门的历史原因也使葡语在官方语言景观里普遍存在。官方标识和私人标识都以汉语为主导语言，且都呈现出语言标识的多元化。官方标识设立多语标识是贯彻落实国家政策，给游客提供更多信息和便利；私人标识设立多语标识也给游客提供了更多信息和便利，但更多是出于商业动机，为了吸引游客、刺激消费。四座城市调查区域里都是私人语言景观多于官方语言景观，体现了当地经济的活跃和语言的多样性。城市中商业广告数量庞大，体现了城市的商业发达。

二、粤港澳中心城市群的城市形象构建

（一）各城市形象构建目标

城市形象是作为审美客体而存在的对象物，其审美主体是人。无论是作为符号的综合印象，还是人们审美意识的"对应物"，城市形象都是人对城市的一种最直观的感受，它是这座城市整体形象的表征，彰显了这座城市的建设形象、市民形象、政府形象、文化形象；它根植于每一个接触过这个城市的人的心中，是人们对这个城市外在的文化符号和内在的文化品格的情感认同。同时，城市形象也是可以构建、推广和传播的。《粤港澳大湾区发展规划纲要》提到优化提升中心城市，以香港、澳门、广州、深圳四大中心城市作为区域发展的核心引擎，继续发挥比较优势做优做强，增强对周边区域发展的辐射带动作用，其中对四座城市的城市形象规划是：

——广州。充分发挥国家中心城市和综合性门户城市引领作用，全面增强国际商贸中心、综合交通枢纽功能，培育提升科技教育文化中心功能，着力建设国际大都市。

——深圳。发挥作为经济特区、全国性经济中心城市和国家创新型城市的引领作用，加快建成现代化国际化城市，努力成为具有世界影响力的创新创意之都。

——香港。巩固和提升国际金融、航运、贸易中心和国际航空枢纽地位，强化全球离岸人民币业务枢纽地位、国际资产管理中心及风险管理中心功能，推动金融、商贸、物流、专业服务等向高端高增值方向发展，大力发展创新及科技事业，培育新兴产业，建设亚太区国际法律及争议解决服务中心，打造更具竞争力的国际大都会。

——澳门。建设世界旅游休闲中心、中国与葡语国家商贸合作服务平台，促进经济适度多元发展，打造以中华文化为主流、多元文化共存的交流合作基地。

粤港澳大湾区经济是当今国际经济版图的突出亮点，已成为带动全球经济发展的重要增长极和引领技术变革的领头羊。湾区的城市群是我国城市群中经济最有活力的地区。为了适应该区域经济一体化发展的需求，打造更具综合竞争力的世界级湾区城市群，城市形象也必须不断改进，提高城市辨识度。但是目前粤港澳城市群的形象构建没有形成明显合力，出现了以下问题。

1. 理念形象话语显示度不高

虽然改革开放以来，粤港澳大湾区建设取得了巨大的经济成就，但是相比于纽约、东京、伦敦等国际一流城市群的品牌形象建设，粤港澳大湾区无论从整体城市群品牌形象来看，还是从其各个城市的品牌形象来看，在设计和营销上仍然有较大差距，尚没有在世界舞台展现自己的话语和身份。而针对具体的城市形象编制内涵进行进一步挖掘以及探讨如何结合实际则较少（王进安等，2013）。城市理念系统，是城市系统性存在的灵魂，然而传统的城市形象构建往往从城市意象的五要素"道路（road）、边界（edge）、区域（district）、节点（node）、标志（landmark）"出发去构建城市形象体系（张锐，2017）。城市意象的五要素更多地从视觉角度去研究人对城市形象的感知，而对于特色地域环境和历史背景，城市内在的精神气质表达不足。因此，在城市形象构建中，理念形象往往被人忽视，本质来源缺乏探究，对于如何提取和构建城市理念形象更缺乏思考和关注。

2. 城市形象整合度不强

近年来，尽管香港、广州等少数几个城市打造出各自的城市标志形象，但目前粤港澳大湾区城市群作为一个整体概念，还未树立一个鲜明的、独特的整体品牌形象。比如，广州的城市品牌形象规划为"国家历史文化名城、我国重要的中心城市、国际商贸中心和综合交通枢纽"，深圳规划为"国际性综合交通枢纽""全国性经济中心城市和国家创新型城市"，澳门规划为"世界旅游休闲中心"等，但由于行政划分关系，各个城市都还是各自独立进行自身品牌的形象塑造，对城市群的品牌形象缺乏宏观共性的整合，导致城市群整体形象的合力丧失。

图 8-1　广州标识　　　　　　　　　图 8-2　深圳标识

图 8-3　香港标识　　　　　　　　　　图 8-4　澳门标识

3. 城市形象定位不明

　　品牌定位与品牌形象设计息息相关、密不可分，构成城市品牌塑造的两大方面。内在决定外在，文化决定形象。直到现在，粤港澳大湾区有些城市的品牌定位仍然摇摆不定，甚至出现各个城市之间的品牌定位相似和重叠的现象，缺乏整体的定位和恒久的坚持。比如澳门的形象是中西结合的，但是各个形象之间没有整合，形成统一的形象，也无法彰显澳门特有的文化特色。澳门的城市形象定位应当彰显出自己的优势资源，精确而鲜明，使人一看到就能马上明白这座城市的特色是什么，知道这是一座怎样的城市。各城市的自我定位还处于模糊不清的初级阶段，城市品牌传播口号（slogan）也不够简洁，这方面国内城市与国际城市相比还有一定差距。

4. 语言服务质量不高

　　由于语言景观管理机构的专业水平或责任心问题，广州和深圳的语言景观翻译出现了很多错译的现象。如乱译，表现在译文中即基本语法难以识别、选词随意致使无法认清原文意思。乱译这种行为，无法在信息匹配中为服务对象提供相应的信息指示功能，并没有为外国友人的本地生活带来便利，同时也严重影响城市形象。

　　除乱译现象之外，漏译现象也较为普遍，拼写错误和语法错误也出现在汉语的英译问题中。拼写错误和语法错误看似低级，却是最为常见，也是极易被忽视的一种问题。拼写错误包括字母顺序混乱、字母缺少或多余、单词大小写误用以及字母间缺少空格或多出空格等。只因译者的稍不留神或者是制作者的不负责任就给标识的使用者留下了不良的印象。

　　同时还有标识内容混杂陈旧的问题。主要是指一种功能属性的标识上具有不同一的内容，比如有的标识本属路标指示牌，结果在其上面又加上道德教育内容或交通警示语，又如旅游宣传语和店铺广告语没有区别地堆在一起。内容混杂使标识的功能发生紊乱，降低了标识信息值。有的语言景观字迹模糊不清，一些标识破损比较严重，还有的标识信息失去时效，没有及时更换。澳门的语言景观也有一些缺点。例如，官方标识中英语的比例很小，不能满足国际游客的需求，这对城市形象产生了负面影响。在语码选择方面，语码组合较为混乱，这对标识阅读者来说可能会造成混淆。这些方面需要政府部门和机构进一步加强整改。

这些问题使语言景观失去了信息指引的服务功能，给外国友人的日常生活带来诸多不便，阻碍了城市的国际化进程。不完善的语言景观有可能限制人员和交易往来，减少国际交流和跨国人口流动，阻碍国外投资商来华的脚步，进而影响经济的发展。错误的语言景观也没有有效地构建和谐的多语环境，扰乱了多语生态的同生共存。错误、僵硬和不规范的语言景观则不能把中华传统文化展示给来自不同国家的国际友人，一方面会阻碍他们对中华优秀传统文化的理解认识，另一方面甚至会造成对中华优秀传统文化的误解歪曲，影响了中华文化的对外传播（伍坤，2017）。

总之，城市语言景观建设，有利于文化交流、经济发展、安居乐业。城市语言景观不仅是寻路工具，也是城市形象的象征，对于展现前沿文化，建设多语言、多文化标准的城市而言很重要，因此，提升城市语言景观形象是扩大城市文化软实力的重要途径，影响着一个城市的良好国际形象的树立，乃至我国文化的对外传播。四座城市文化底蕴丰厚，受传统与现代、国内外文化的浸润，其语言景观呈现多样化、多语态的特点。建设完善的语言景观对于增强城市规划的科学性和权威性，打造智慧型的国际城市，意义重大。

第九章

建议与对策——以语言服务为视角

一、语言服务

语言景观是社会用语的重要组成部分，城市的语用水平是了解一座城市风貌的窗口。语言景观的重要意义不仅在于其实用价值，也在于它是城市精神文明建设的成果和社会文明程度的展现。从之前的论述我们得知，CIS 有三个子系统，即理念识别（Mind Identity）、行为识别（Behavior Identity）和视觉识别（Visual Identity），分别简称为 MI、BI 和 VI。这三者互相依存与关联，形成一个完整的城市形象识别系统。MI 是灵魂，是另外两个子系统得以建立和存在的基础。BI 相当于动态识别，往往相当于政府如何管理和市民如何生活。VI 相当于静态识别，是社会公众能看到的直观的识别，也是达到最佳品牌传播效果的最明显和最直接的手段。"语言景观"作为一种"符号景观"，是多种模态的符号资源协同进行的空间话语建构。语言景观及其翻译可以体现 MI，引导 BI，展现 VI。城市形象提升不是简单的形象再塑，而是城市精神理念、城市文化的深层发掘和抽象化、符号化的过程。在城市形象提升过程中，语言景观的设计既要具有构建形象的主体生动性，也要结合社会文化的深层内涵、现代的科学技术（庞欢，2020）。

语言景观代表一个城市的公共形象，而提升城市形象就要提升服务质量，旧金山湾区、纽约湾区、东京湾区等全球大湾区经济中服务业占 GDP 比重均超过 80%，其中纽约湾区甚至超过 90%。服务业占主体地位是大湾区经济长期分工演化的必然结果，也是大湾区承担创新发展领头羊重任的实现途径，因此服务业是粤港澳大湾区由大到强的关键因素，要想进一步提高粤港澳大湾区发展水平必须重点加强现代服务业发展。发达的公共社会服务体系是湾区现代服务业体系的重要支撑，其中一个重要分支就是语言服务。建设语言景观属于城市语言服务重要的一部分，作为一个学术概念，"语言服务"自 2005 年被提出以来（李宇明，2016），引起了社会和学界的广泛关注。狭义的语言服务最早是指语言翻译服务，当前除了翻译之外，还有与此相关的本地化服务等（袁军，2014；郭晓勇，2010）；广义的语言服务指以语言及语言产品满足他人或社会需求的活动行为（李宇明，2014；赵世举，2012）。广义的语言服务包括专业语言服务和行业语言服务。专业语言服务是提供语言产品的服务，包括语言翻译、语言培训、语言技术、语言支持等方面的服务；行业语言服务主要是依附在各个行业领域的以语言作为工具、手段的语言服务（陈鹏，2014）。城市的公共语言服务应包含以下内容：语言规划服务、语言咨询服务、语言教育服务、语言培训和语言测试服务、语言环境服务、特殊人群语言服务、城市方言传承和保护服务、语言舆情监测和统计服务、语言科研服务、语言信息化服务等（胡思敏等，2021），还涉及各服务行业特别是窗口行业的语言使用（李现乐，2018）。语言景观就是在语言服务视角下的城市语言环境建设内容，包括公共领域的语言文字使用。语言景观是语言服务的载体，是语言服务的表现形式与实现途径。比如工具效能是语言服务系统中最基础的效能系统，是指语言作为交际工具来发挥传递信息的作用。而语言标识上的语言用来向游客或居民提供信息，也发挥了其工具效能。语言标识种类多样，提供的信息也是多样的。

多种多样的信息在公共空间里共存，供受众阅读。还有经济效能系统，可以考察语言服务是否产生了经济效能。文化传播功能与政策宣传功能便是语言景观所提供的语言服务的非营利功能，最能体现这两种功能的标识是文物标识与公益类宣传牌。旅游形象塑造功能与商业利益功能是城市语言景观所能提供的经济效能。各大城市的语言景观为塑造旅游城市形象发挥了积极作用（王晓军、朱豫，2021）。比如 2017 年 5 月，北京冬奥组委、教育部、国家语委联合启动《北京冬奥会语言服务行动计划》，重点任务现场推进会在张家口市召开。经过各方共同努力，北京冬奥会语言服务工作取得较好成效，充分发挥国家语委语言资源优势，组织协调有关部门、高校、科研机构、企业和社会力量，成功地为 2022 年北京冬奥会的举办创造良好的语言环境，提供优质语言服务。

二、具体建议

语言服务的水平和城市的文化品位之间是呈现正相关性的，而且前者还具有社会、经济效益的带动作用。而混乱的语言景观不但会造成日常生活工作的不便，甚至还会影响整个城市迈向国际化的脚步。城市语言景观作为一座城市区别于其他城市的标志性符号，是人与文化的和谐统一。粤港澳大湾区中心城市以语言景观为切入点提升城市形象应结合线上、线下，即实体和虚拟景观并行发展，从城市的精神、行为、视觉形象三个维度着手进行。

（一）完善制度，加强监管

制度上，完善语言文字管理的立法和执法要立足城市建设的基础。目前我国初步形成三个层次的语言文字法律、法规构建的语言政策框架，包括第一层次法律（《中华人民共和国国家通用语言文字法》）、第二层次行政法规（主要有地方性法规）、第三层次规章（主要有国务院部门规章、地方政府规章）（魏丹，

2005）。语言功能的规划是语言本体规划的延伸，涉及八个功能层次，即国语、官方工作语言、教育、大众传媒、公共服务、公共交际、文化、日常交际；五种语言现象，即国家通用语言文字、少数民族语言、汉语方言、外国语言文字、繁体字（李宇明，2015）。我国根据"中华人民共和国各民族一律平等"的原则，一贯坚持语言平等政策，积极维护语言的多样化与和谐统一。除《中华人民共和国国家通用语言文字法》外，国家还颁布了一些规划纲要，包括《国家语言文字事业"十三五"发展规划》《国家中长期语言文字事业改革和发展规划纲要（2012—2020年）》《公共服务领域英文译写规范》等。城市语言景观作为城市公共空间语言的呈现方式，受语言政策和规划的直接影响较大。《中华人民共和国国家通用语言文字法》第十三条规定公共服务行业以规范汉字为基本的服务用字。因公共服务需要，招牌、广告、告示、标志牌等使用外国文字并同时使用中文的，应当使用规范汉字。

在管理方面，政府在所有传播主体中扮演着统领、引导、掌握大局的角色，政府是湾区的责任管理机构，对内对外有着介绍湾区信息、发展湾区经济的责任，同时具有把控湾区品牌形象传播的方向，设立和监督湾区品牌形象传播的主要内容，监控湾区品牌形象传播效果的变化的职能。政府在湾区品牌形象传播中担任着把关人的角色，作为权力的执行机关，政府有着不可置疑的权威性，因此，政府的每一个决定、每一次的策划活动，都会对粤港澳大湾区品牌形象的传播带来重大的影响，这也要求政府在行事之前进行周全的考量和周密的策划（申茜，2018）。有学者发现，新时期我国官方语言政策加强了对语言多样性的认识和包容，这对于粤港澳大湾区中心城市的多语生态保护起到了积极作用。如《国家中长期语言文字事业改革和发展规划纲要（2012—2020年）》指出，加强外国语言文字使用管理；研究制定公共服务领域外文译写规范标准；组织开展外语中文译名的监测、规范、审定和发布工作。未来的语言政策需要更多关注英语之外的语言翻译规范，同时提高语言的服务意识，进一步丰富和完善国际语言景观环境建设（徐茗，2020）。语言环境，也是一种投资环境。建立世界级城市群和国际一流湾区，成为"一带一路"重要支撑，这些发展定位要求湾区要加强多语环境建设，提升语言服务的国际化水平，吸引外商投资，增强在国际贸易中的竞争力。语言环境包括硬环境，也包括软环境；包括现实世界的环境，也包括虚拟空间的环境。大体有以下几个方面。

（1）公共领域的双语/多语景观和多语设施，如路标、路牌、广告牌等。

（2）语言使用环境，如购物、工作、政府部门办事等不同场域中的多语使用环境。

（3）通信和媒体领域中的语言环境，如各类应急电话、便民电话、企业客服电话接线员的多语能力，多语种的广播电视节目和报刊等。

（4）网络空间的语言环境，如门户网站、电商平台、微信微博、各类小程序的多语建设等（李宇明、王海兰，2020）。目前湾区政府、企业等组织机构的官方网站普遍实现了中英双语种。

同时，相关部门也要建立相应的语言景观工作机制，形成一个统一的城市语言景观规划、建设和保护制度。加强社会语言景观的使用监管，形成城市语言景观的管理规范。做好工商、文化和城管等部门之间的分工，利用定期的检查制度来实现责任落实，形成系统的监管机制。在语言景观翻译中很多时候会使用翻译软件或者外包翻译。软件翻译会导致翻译失去原文的意蕴与内涵，外包翻译则难以保证翻译人员的水平与翻译质量。语言景观的翻译不能随意应付，要确保翻译的规范性和准确性。我们在对语言景观的调查中发现，广州和深圳有些语言景观的错译在于管理人员语言素养不够，责任心不够，导致出现明显低级错误。如图9-1，建议将"normal/cool water"改为"room temperature/cold water"，"Long Press Dispense"改为"Press to Dispense"，"toget"改为to与get中间加空格；图9-2"Be safe with snakes"建议改为"Watch out for Snakes"。这不仅没有起到语言服务大众的目的，反而可能误导读者，也严重影响了城市友好、专业和国际化的形象。

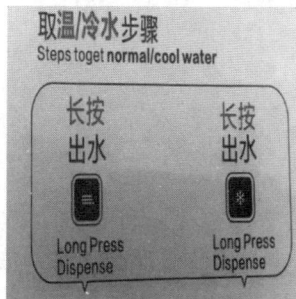

图9-1 深圳机场语言景观误译　图9-2 深圳某公园语言景观误译

此外，我们还要注重从业人员规范用字的宣传教育，加强私人景观的管理，提高商家用字的规范意识。对公共场所和设施的多语语言景观进行进一步规范。对重点区域的公共服务场所、商业设施、交通干线等公共性基建中的语言景观进行全新梳理和规范化操作，重新设立、修改和规范，注意多语种不同人群的需求。在标识语言的编写上，应避免词意表达错误以及语法错误，误导读者。为了能够取得更好的传播效果，应多关注受众——"信息接受者"或"信息服务对

象"的需求。唯有实现规范化的城市语言景观建设，才能够促使在进行城市形象打造和城市国际影响力建设方面取得更加出色的成绩。（伍坤，2017）。对语言景观设置不当的地方（包括没有设立路牌和设立了错误的路牌两种不当）规范设置路牌。更换外观破损、遮挡的公示语。在《公共服务领域英文译写规范》系列国家标准的框架下，充分调动地方知名高校和科研机构的学术资源，研制、颁布公共服务领域语言景观英文译写规范和标准势在必行，从而为地区语言环境的建设和语言资源的管理提供权威性解读。

在进行城市语言景观建设过程中，我们应该形成一整套鲜明、有个性的城市语言符号系统。同时，也要加强对虚拟语言景观的管理，强化网络宣传环境的建设，现在网络宣传比实体宣传更快速有效。比如广州举办的广州进出口商品交易会和铝门窗幕墙新产品博览会，深圳举办的中国国际社会公共安全博览会，其官方网站用于信息发布的语言文字超过10种，体现了对多语服务的追求（王海兰等，2020）。香港特别行政区、澳门特别行政区和广东省广州市、深圳市、珠海市、佛山市、惠州市、东莞市、中山市、江门市、肇庆市等地的11个政府门户网站都有中英两种语言文字，中文版基本都有简体汉字版和繁体汉字版，但英文网站在内容建设和更新方面还有待改善（王海兰、屈哨兵、谭韵华，2019）。在网络中，语言景观的指示性作用也越来越重要，因此要抓住宣传模式转向的风口，完善网络平台的建设、加强媒体语言的宣传准度、深度和力度；并提高对特殊人群的服务水平，在旅游景点等公共场所增设盲文指引，增设语音引导及无障碍设施等。

（二）象征功能提升理念识别

符号是人们之间沟通交流的中介，城市形象传播是以符号为载体的。城市符号代表了城市的整体形象，语言景观的象征功能是指景观中语种的大小、数量、位置甚至载体材质等情况，还能折射出一个国家或社会的语言政策、语言生态或民间的语言意识形态。象征功能之下又包括认同、文化、教育等功能（郭熙，2018）。显然，这是一种隐藏的、深层次的信息，也是语言景观的隐性功能，还是城市形象跨文化传播的重要助力，城市形象的打造必须突出其符号特征。城市形象传播者应加强对语言景观的展示方式以及语言选择的重视，以便充分展现母语及文化的开放程度和包容程度，进而有利于形成开放、包容的多样化文化软环境，塑造一种主动开放、尊重差异、积极交融互动的城市语言氛围（卢巧纯，2020）。

城市形象的理念识别是城市形象构建的灵魂，其包括城市的宗旨、精神、形象口号等各个方面，指城市独特的价值观、发展目标、城市规划、文化内涵等，是城市的"大脑"和城市形象的核心。如针对听觉语言景观，深圳地铁公共空间内将广告引入到站提示音以开发其经济效益，通过该方式发挥其文化和社会效益。城市理念的主要表现形式包括：城市性质、发展战略和规划、城市文化、城市精神等。语言景观的象征功能可以体现城市理念，确保城市符号的运用效果，从各个领域通过符号提升城市形象。通过不同的语码组合、优势语言的有序排列，进行语码符号的转换，体现出城市各区域对不同文化的重视和接纳；充分考虑受众的需求，全方位打造多元、包容的城市形象，这都是象征功能体现的。城市宣传语是通过高度凝练的语言形式，对一座城市的自然景观、历史渊源、文化积淀和人文情怀等进行概括与提炼的精华所在，是反映城市特色、打造城市形象、提升城市知名度、推进城市走向世界的快速、便捷的名片。因此，城市宣传语景观建设在城市形象的构筑和传播过程中意义非同一般（闫亚平、李胜利，2019）。比如广州是广府文化的发源地，兼容并包的广府文化容纳着来自五湖四海的人共聚在广州这座城市中。因此，可以制定"人文广府，魅力广州"的城市口号，用不同颜色、大小和语码排序来宣传广府文化城市特色，打造文化广州的核心定位，同时创新宣传手段，积极利用自媒体等宣传方式宣传。深圳很多景区的警示语、指示语等基本为双语标识，但其他后期呈现的软性宣传广告缺乏双语宣传，降低了信息传递的效率。双语语言景观中译文的严谨与否，在一定程度上反映着城市对其他文化的游客的关注态度。语言景观不应该是一种规范、一种硬性规定，而应该从服务受众的角度出发，思考如何能够最高效率地传递有效信息，以加深其对城市的印象。同时，城市应根据不同的环境进行语言景观的区别性建设。例如欢乐谷内的语言景观字体、样式等要醒目、明亮，给人留下活泼、欢乐的印象，而锦绣中华内的语言景观字体以及载体需要增加民俗文化元素，以此突显城市的精神理念，为塑造特色城市文化形象奠定基础。城市的精神理念是城市形象构建的核心和灵魂，也是具体行为实施的基础，可将听觉与视觉层面的语言景观结合起来，在地铁车站或车厢内张贴公益广告的同时，设计适当的播报内容，加强公益广告的宣传效果，向公众传递符合深圳市的环保、友好形象和积极理念。

利用语言的力量，让随处可见的语言景观成为树立城市品牌的生力军。可增设公益广告。如在深圳的很多地方可看到如下标语："深圳，不一样的精彩""来了，就是深圳人"等，彰显深圳城市风貌和精神。城市中的纯汉语、汉英双语、汉语加民族语言等语言景观可以反映出多元一体的语言格局，而各大旅游区和商业区招牌语中日益增多的英语或民族语言，除了服务国际游客，也能传递出语言景观设计者的语言意识。人是符号的动物，不同于自然景观，人类所创制的语言景观最重要的作用在于能够构建符号化的公共空间，使公共场所具有人文意味。因此，语言景观还具有文化教育功能。在外语课堂中发挥语言景观的教育作用，在城市的学校中设置双语或多语语言景观，将语言景观视作一种学习资源，给学生创造沉浸式学习氛围，对培养国际化人才大有裨益。通过语言景观，让多元文化下的人们在城市中找到认同感。（见图 9-3）

图 9-3　深圳语言景观

（三）信息功能引导行为识别

　　行为识别系统主要包括政府行为、社会群体行为和公众个人行为三个层面。政府行为主要通过政府决策、资源分配、公共服务、配套经济政策等要素综合体现；社会群体行为主要指各类节庆、公益、宣传活动等；公众个人行为则主要强调市民素质和行为规范。而语言景观的信息功能对城市行为的指引和展示最直接有效，因为它能有效传递交际信息，信息功能之下有交际、服务等功能。发挥语言景观服务功能，信息功能居于首要地位。最典型的例子就是城市景观建设。指示语作为人们日常生活和城市语言景观的重要组成部分，既包括公共交通的指示牌，如道路名称，也包括公共生活空间的提示语，如"吸烟有害健康"。与城市宣传语景观建设要求朗朗上口，富有独特内涵、诗情画意和回味空间不同，指示牌作为人们日常生活不可或缺的组成部分，其建设的基本要求便是要紧紧跟随城市经济发展的步伐。这就要求相应的指示语景观建设也要紧随经济发展的步伐向国际化水平迈进。与城市指示语不同，城市公共生活空间提示语设立的最终目的是让广大受众接受其要求、建议，注意自己的言行，并付诸相应的行动。而情感作为人性的一部分，并不是影响人们做决定的非理性障碍，而是交际活动中至关重要的动机力量。它赋予人们力量，引领行动的方向，是人类行为的调节器（闫亚平、李胜利，2019）。通过语言景观进一步强化城市行为系统。比如在深圳，通过不断宣传，把"绿色出行"持久化、制度化。每年设立"绿色出行周"，进一步激发市民的公民意识和自觉规范意识，打造深圳生态之城的形象。通过树立"深圳志愿者"语言景观标识，把"志愿者服务"经常化、普遍化。每逢重大活动和节假日，均有统一组织和自发形成的志愿者服务，使深圳成为名副其实的"志愿者之城"。通过在线上、线下倡导文明礼貌，香港把文明行为倡导贯穿在城市管理的各个环节，使乘车排队、不乱丢垃圾、不随地吐痰、不在公共场所大声喧哗、乐于助人、勇于助人等文明行为，成为市民自觉奉行的良好习惯，形成更加浓郁的城市文明之风。广州根据不同区域人口的情况，对政府窗口部门、公共服务窗口部门等进行外语培训，以模板形式教授高频使用的外语语句，提高外语服务的普遍度。（见图9-4、图9-5）

图9-4　广州语言景观

图9-5　香港语言景观

（四）文化功能打造视觉识别

视觉识别是城市形象最直观的部分，一切视觉景观都可以是城市形象的直接体现，是城市的"体形、面孔和气质"，包括建筑物景观、市徽、市花、市旗、吉祥物、城市别称、公共指示系统、交通标志、富有特色的旅游点、建筑、绿地等。需要把城市理念、城市精神等通过标语、口号、图案、色彩等形式表现出来，使人们对城市产生系统化的良好印象。城市语言景观是对城市形象的客观反映，既体现了一个地区的语言生态环境，也体现了当地居民的文化认同和经济发展水平（伍坤，2017），城市视觉识别的形成往往以城市的历史文化为背景，以城市的理念识别为基础，以城市的行为识别为依托，向公众直接、迅速地传达城市特征信息，形成城市形象识别的底色。语言景观与文化发展之间有着不可分割的密切联系。语言景观实际上是文化的载体和流传媒介，是文化的外在表现形式，它是伴随着社会文化发展而产生的一种社会现象。语言景观的形成依托于文化发展，而文化的发展又推动了语言景观的传承和变革（卢巧纯，2020）。因此要想治理好城市，就需要好好利用城市语言景观进行生产、传播、升华，以展现城市的文化和人文特点，因此语言景观可以从以下几个方面打造视觉识别。

第一，内容上，深入挖掘语言景观的历史文化价值以体现教育功能。如广州孕育着历史悠久的岭南文化，被誉为"花城"或"羊城"，深圳被誉为"鹏城"，香港被视为"东方之珠"，澳门被誉为中西文化交融碰撞的"东方拉斯维加斯"。对城市形象标志进行强化显示，比如在深圳火车站东广场和机场候机楼外及代表性公园、广场，树立大鹏形象雕塑，配上"大鹏一日同风起，扶摇直上九万里"的诗句，进一步强化深圳"鹏城"的形象标志，凸显它的象征意蕴。而广州的特色民居骑楼建筑、广州的视觉识别标志五羊石雕，在用语言景观进行形象跨文化传播时，需要综合考虑广州地方传统特色文化元素与国际文化元素的融汇，从丰富的地域文化入手，打造丰富多彩、形式多样的国内语言景观，从而激发外国游客探究中华文化的兴趣。四个中心城市都以丰富的旅游资源成为众多游客游览休闲的优选之地，有很多著名的景区，如广州的白云山、深圳的大鹏湾、澳门的大三巴牌坊、香港的太平山顶等。除了优美的风景，用文字传递这些景致的美好也可引导人们"走进来"进行深入的文化体验，人入景、景入心，使其成为语言景观的自觉参与者和传播者，才能增强中华文化辐射力及城市的内吸力。《旅游景区质量等级的划分与评定》将"文化性"作为一个新增的亮点，因此以文化传播力为导向建设语言景观是关键所在。同时可以将深圳、广州、澳门和香港本土文化融入各旅游景点标识、交通标识中。在城市各语言景观中，有意识地加入当地文化的内容，如岭南文化、广州五羊城、深圳鱼灯舞、澳门中葡文化等。同时，注重方言传承，在城市宣传中加入方言文化，增加外来游客对本土文化的兴趣。（见图9-6、图9-7、图9-8）

图9-6　澳门语言景观

图9-7　深圳语言景观

图 9-8　广州语言景观

第二，形式上，有效提升语言景观的艺术审美价值以体现传承功能。语言景观构建肩负文化传播功能和经济建设功能，同时还应牢牢抓住地域主题特色，量身定做，体现语言景观的审美性、地域性和唯一性。比如，历史文化街区的语言景观建设，要以符合历史文化传统为第一要义。即在符号形式上侧重于文字，且字体颜色倾向于金色黑底，而不是普通商业街区图文并茂、字体颜色多样；在书写形式上采用繁体字；在书写顺序上采用竖写左行的历史沿袭；在书写字体上倾向于篆书、隶书、楷体等形式；在用词上倾向于典雅词汇，温婉而含蓄。也就是要尽量符合传统匾额的语言标识形式，尽量避免语言标识的过度商业化。这些传统匾额类的语言标识，不仅透露着该城市深厚的历史底蕴，也渗透着博大精深的书法文化和书法美感情趣，从而营造出浓厚的历史感和文化感，彰显城市深厚的文化品格和良好的文化形象（闫亚平、李胜利，2019）。

第三，手段上，增强翻译语言景观信息传递力以体现交流功能。在四座国际性城市中，双语甚至多语城市语言景观的翻译在文化或信息传播中发挥着愈来愈重要的作用，译文的好坏取决于译者能否准确把握两种不同语言之间的差异及其所表达的文化内涵。语言景观的翻译是两种不同文化意识的交流与碰撞，有别于普通文本的翻译，强烈的跨文化交际意识是对译员最基本的要求。但是在广州和深圳某些区域，存在一些翻译不规范的现象，影响了城市形象的构建，如景区标识中的一些拼写错误、表达上的语法错误，极大地损害了城市国际化、专业化、服务型的城市形象。因此汉英语言景观的建设是城市文化形象建设中一项不容忽视的工作。在翻译方法上采用异化、归化、注解结合音译等方法进行语言优化，以实现顺畅的信息交流，避免因文化背景不同而造成误解。同时要改善包括城市软质和硬质景观、平面纸质宣传品、广告、展览、旅游网站、旅游纪念品及旅游用品、政府旅游机构及旅游行业协会、旅游服务中心办公用品等方面的视觉设计。特别要加强城市公共信息图形国际化，完善景点景区指示牌，加强旅游咨询服务，以实现公共信息图形符号的国际化。

第四，语种上，鼓励多语码化以强化宣传功能。要充分打造多语环境，营造城市国际语言环境。旅游语言景观中的标识并非简单、孤立的单一信息载体，而应以多种语码形式传播更多的旅游及商业信息，让来访者体验到"城市的温度"。多语标识的使用传递的是城市的国际语言交流能力和多元文化的包容能力。澳门的城市视觉形象有着与其他城市不同的城市个性。从历史的角度来看，澳门作为早期东、西方两种异质文化交流的特殊产物，可称得上是中华文明与西方文明直接发生纠葛、汇聚而成的文化绿洲。汉语是唯一的主导语言，官方语言景观语码组合主要是汉语和葡萄牙语，三语标识主要出现在靠近内地的地区。颜色设计则主要由两种颜色组成。非官方语言景观的语码组合同样大部分是汉语和葡萄牙语，但汉英双语标识的比例相对较大。颜色主要由鲜艳的颜色组成，如红、橙、黄，并且经常出现简体中文字符。这种现象是由于澳门回归祖国，得到国家政策的支持，促进了城市形象的转变和语言景观的国际化。

第五，渠道上，更新传统文化的现代表达方式以强化传播功能。随着互联网和传统新媒体的兴起，城市语言景观不仅包括现实公共空间的语言呈现，也包括虚拟公共空间的语言使用。虚拟公共空间与城市形象构筑与传播的紧密结合的语言景观，便是政府或相关组织网站（包括微信、微博）的语言使用情况。因此语言景观的线上表现也有助于城市形象的塑造。例如，广州市政府应有计划地制作有关广州"历史名城"的系列专题片并在广播、电视上播放，在报纸上开辟有关的专栏，在国际互联网上开辟有关的专页等，在国内外大众传播媒介上树立广州丰满的形象（刘青，2009）。广州可以通过兴建很多特色建筑来展现一个不一样的广州。表现形式可以多样化。如利用短视频社交平台对城市文化资源进行全世界范围的宣传，以日常视角生动展现普通居民的生活百味，以及粤港澳精神文化内涵和城市风貌；通过文化城市助推、定制城市主题挑战、达人深度体验、社交平台城市短片，全方位包装和推广广式生活；通过影视植入传递广式生活魅力，邀请影视剧和综艺节目剧组到广州取景，将广州美食、舞狮、粤语、粤剧、建筑等一系列文化符号和意象通过媒体的反复强调固有化，形成理想的传播效果。

随着行业融合这一新形态的发展壮大，"互联网＋"逐渐被大众熟知。作为与各行业融合发展的新理念，"互联网＋"与旅游业的融合也在积极尝试。二维码将官方网站、微信公众号、自助旅游导览的手机软件等互联网信息与传统的游览方式相结合，发挥了互联网的信息共享作用，拓宽了语言服务的渠道。充分发挥官方微博、微信公众号的作用，宣传广式生活理念、内涵和价值，引导公众对

广式生活美好景象的感知，更大程度地增强公众对广式生活的认同和支持。(见图 9-9)

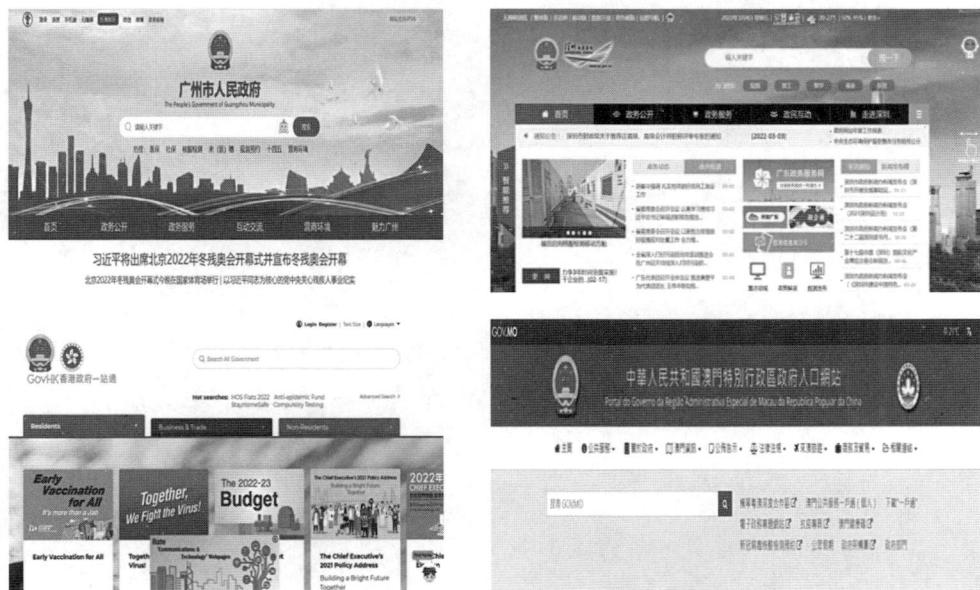

图 9-9　四城虚拟语言景观

　　语言景观作为语言服务的实用载体、表现形式与实现途径，是考察语言服务能力的途径之一。我们应该重复挖掘语言景观的象征、信息和文化功能，使它从理念、行为和视觉识别三个方面有效构建城市形象，充分利用新科技和技术，优化语言景观文本，提升语言景观的多模态呈现，实现语言景观在教育、交流和传承方面的服务功能。

第十章

结　语

一、总结

1997 年以来，Landry 和 Bourhis 提出了语言景观概念，其定义随后被广泛引用和接受，语言景观研究逐渐成为国际社会语言学的研究热点。本书首先对语言景观国内外研究进展进行了较细致的梳理和评述，选取了粤港澳大湾区四座中心城市广州、深圳、香港和澳门为研究对象，前后历时 4 年左右，收集了四城代表性区域的语言景观，分别选取了各地的老城区和新城区进行考察，并且走访了四地的文教区，挑选了当地的知名大学进行调查。而语言景观既包括视觉，也包括听觉，因此笔者也尝试对城市的听觉语言景观进行研究，团队共收集图片材料、音频材料近 4 000 条。然后运用语言学、社会学、地理学、教育学等理论和方法，对语料进行分类分析，讨论其语言学属性，并且依据 CIS 城市形象识别系统，详细分析了城市语言景观对城市形象的影响。通过对四座城市语言景观的逐一研究，笔者发现四座城市的语言景观基本能够体现城市形象的理念识别、行为识别和视觉识别。

（一）语言景观与理念识别

理念识别（MI）是城市形象构建的灵魂，其包括城市的宗旨、城市精神、形象口号等各个方面。通过语言景观，四座城市能够有效地传播自己城市的文化和思想。

深圳的语言景观基本体现了其文化和社会效益。不论是社区周边还是景区内部，汉英双语的警示语、指示牌均采用统一形式，体现了城市管理正规、建设优质环境、为人们提供方便的服务以及良好的生活体验的服务宗旨。在景区内，不管是纸质宣传手册还是部分语言景观，也都传递着各自的园区宣传主题。城市多处设置反映城市精神理念的标语，增强城市精神的感染力，语言景观表达形式、色彩、装饰基本能够和地方风格相匹配，具有良好的象征功能，易给游客留下深刻和区别化的印象。充分地向游客传达城市的思想、社会主义核心价值观的语言景观，体现了深圳作为社会主义先行示范区的榜样角色，如地铁里的听觉语言观、"来了就是深圳人"的口号标识彰显了深圳这座城市的包容、创新和热情。

广州的官方标识的主要展现形式为指示牌（交通标识）、宣传栏公告、通知。根据置放地点不同，指示牌呈现形式不同，主干道以蓝底白字为主，语码组合多为"汉语＋英语"，不同区域还有不同语言搭配，比如宝汉直街的宣传栏语码多以"汉语＋阿拉伯语"对照为主，简洁大方、配色环保、信息明确，考虑到英语使用者的便利性；沙面岛的道路标牌和景点介绍，以木质板为信息载体，字体呈棕褐色，搭配景区图，属于语境化置放，因地制宜，同时语码组合以汉字单语标识为主，汉英双语标识为辅，强调汉语作为中国官方语言的主导性，同时考虑景区游客的旅游体验，内容为城市法规或社区公约，侧面体现建设法治城市、文明城市的主张。整体而言，官方标识能够体现广州务实、求真、宽容、开放、创新的城市建设理念。

香港的语言景观对生态保护非常重视。城市里有很多垃圾分类标语，颜色丰富鲜艳，同时还承担着装饰的作用，构造成为独特的景观之一，其垃圾分类、保护环境、可持续性发展的理念深入人心，并且在大学内非常受重视。在香港城市形象的语言景观中，绝大多数以汉英双语形式出现，汉语大多以繁体中文呈现，以香港本土的语言习惯为基础，充分展示香港本身独特的文化形象和精神。而其英语标语的字号大小多数与其汉语标语一致或略小一点，但依然清晰瞩目，可给予国外友人明确、清晰、细致的指引，与其开放包容的国际化都市形象相应和。香港的语言景观数量众多且指示明确清晰，多数以双语形式出现，展现了在大都市中的生活气息和人性化服务，体现其以生活化、人性化为目标为人们生活方便而服务的理念哲学。同时，香港城市语言景观注重教育作用，注重提升居民的道德水平和平均素质，教育为本也成为香港城市精神之一。

在澳门回归前后，政府事务中使用的汉语和葡萄牙语的比例发生了很大变化。回归前，葡萄牙语是澳门唯一的官方语言，用于行政、立法、司法和公务员办公等领域。回归后，《中华人民共和国澳门特别行政区基本法》将汉语和葡萄牙语均列为正式语言。但论优先级，汉语具有绝对的优势。英语优先的标识主要出现在一些大学，如澳门大学。澳门的文化教育区主要面向来自世界各地的学生，比澳门其他地方更需要国际语言环境。从官方和私人的语言景观内容上看，澳门逐渐显示出回归祖国后的强大发展力量。葡萄牙语已经从原来的独一语言变成了标识上的第二语言甚至第三语言。汉语标识的文字也逐渐从繁体字变为简体字，以满足更多内地游客的需求。我们可以看到，澳门的语言景观既反映了特区的西方风格，又反映了其独特的文化，以及"一国两制"的杰出成就。

（二）语言景观与行为识别

行为识别主要包括政府行为、社会群体行为和公众个人行为三个层面。政府行为主要通过政府决策、资源分配、公共服务、配套经济政策等要素综合体现；社会群体行为主要指各类节庆、公益、宣传活动等；公众个人行为则主要强调市民素质和行为规范。

在对深圳的调查中，行为识别主要分为对内行为以及对外行为。通过对深圳历史老街的调查，可以看出私人和官方标识具有多种功能。其中，认知功能和指示功能是它们共有的功能，而交互功能是私人标识独具的功能。同时，官方标识的行为调节功能和象征功能更为明显。这反映了深圳官方标识功能的多样性以及政府语言服务的高水平和质量；体现了深圳城市的包容性和人文性，正确且详细的指引功能能体现深圳开放和友好的城市形象。

广州的官方语言景观风格、设置及其内容选择是管理者行为的结果；私人语言景观则是商业个体行为的结果，其内容和风格受消费者行为和心理的影响。通过语言景观观察，广州官方语言景观虽简洁明晰、风格沉稳，但缺乏特色，有保守倾向；私人招牌"接地气"，风格多样，但内容较不可控，设计风格雅俗不一，个别标识需要官方的介入管理。

在香港，从政府主体方面来看，香港特区政府和媒体的行为呈现出的语言景观存在明显的中西交融现象，主要表现为政府机关和公共设施的告示标志绝大部分使用两种或两种以上的语言书写，比例远高于单一语言；其中使用最多的两种语言为繁体中文与英文，为香港的法定语言，从这也可看出香港围绕理念识别结论所体现的城市形象建设目标。另外值得注意的是，除特区政府外，中央政府对香港的城市形象建设也存在着一定的影响，主要表现在简体中文告示的出现，这也凸显了香港"中西桥梁""内地窗口"的定位。同时香港的各种告示在内容上十分详尽，特别是其所涉及的各项规章惩处都会附带列出，公共场所的标识尤其如此。警示语言附加强调的表达方式直白明晰，既起到提醒文明、强化印象和防患未然的作用，同时也是香港"法治城市"理念的体现。

澳门的标识主要由警示标语和标题组成。然而，由于语言环境的复杂性，澳门的大部分警告标志都是由汉语、英语和葡萄牙语组成，文本部分相对较大。在颜色组合方面，不超过两种颜色，因此非常简单直观。这也符合警示标语的基本原则，便于读者一目了然地识别警告内容和禁止行为。路牌主要是指示道路名称和方向的标志。道路标志的语言组合多为双语。在旅游景点和拥挤的地方，大多数标识选择汉语、葡萄牙语和英语，以更好地指导全球游客；在其余的住宅区和游客较少的地区，大部分标识是双语（汉语和葡萄牙语）。在颜色选择方面，街道标志是双色组合，非常显眼。在设计方面，道路上的道路标志与内地的道路标志相似，均采用方形铝合金胶合板制成。旅游景点的街道标志更具葡萄牙风格；设计中还有更多细节，这些路标也可在查看道路时作为风景进行观赏。信息标识可分为官方和非官方标识，大都涉及公共信息提示。在语言选择方面，官方信息标识主要是汉语和葡萄牙语，并且有少量的汉英双语。标识的颜色主要是黑白，以更明显地传达信息，展现了澳门国际化、休闲和友好的城市形象。

（三）语言景观与视觉识别

语言景观是将抽象的城市精神理念转化为可视的识别符号，使人们对城市产生直接印象。

首先从语言景观的色彩、符号上分析，深圳语言景观表达形式、色彩、装饰基本能够和地方风格相匹配，具有良好的象征功能，易给游客留下深刻的印象。生动、形象、色彩丰富的设计能够让游客自然而然地将语言景观传递的信息有效地与园区游览经历融合，有利于游客体会特色城市文化，帮助城市塑造特色城市形象。同时，景区内的店铺招牌、广告设计非常新颖有趣，园区内多元化、创新性的语言景观设计也可以成为吸引更多广告投资的基础，从而提升传播效率，产生更大的经济效益。

广州市整洁美观、风格化的语言景观建设，可以给人们带来良好的视觉体验，有利于理念和信息的传达与接收，语境化置放使语言景观与周围的环境氛围相得益彰。外国人居住比例较大的宝汉直街，其宣传栏选用汉英阿三语，所有内容皆可一一对应，说明该地区阿拉伯语的使用范围广。与此同时，在商铺中，该区域主要商铺都有英语标识，能让外国人直观地理解。在沙面岛，因此地原为英法租界，留有一部分英法的语言景观设计，不少文物建筑都采用多语言景观设计。在广州地铁站、公交站等位置，利用语言景观的多模态形式，展示标志性的羊城八景等，差异化塑造广州作为旅游城市的定位。商业上，国内外各大品牌商店的官方标识，也展现广州商业发达，体现购物天堂、国际化现代化大都市的形象和风貌。

香港以丘陵地形为主，少平地，面积较小，故建筑以高楼大厦为主，密集、高耸特点鲜明。其语言景观设置明显与建筑风格相呼应。香港绿化方面做得十分到位，尤其在校园里，各个角落都有保护花鸟草木的字样，且标识颜色较为淡雅，与环境融为一体，能够在起到警示作用的同时，不破坏原生环境的美感。校园内路标随处可见，全为双语标识，在视觉体验上不仅美观，且符合香港多语言的环境。大到建筑的设计，小到街边、校园一角的垃圾桶，都显现出香港这座城市浓厚的人文色彩，在注重美化环境的同时也起到了宣扬城市特色的功效。

澳门的官方标识在视觉上使用的颜色一般不超过两种。字体基本上是繁体中文和葡萄牙文的组合，特别是在许多旅游目的地，如大三巴牌坊。路标全部使用铝合金胶合板，而旅游景点的标识使用带有绿色漆皮的铁质路标，字体是黄色的，更引人注目，也充满了葡萄牙风格。道路标志牌由陶瓷和石材制成，白色陶瓷用作背景，字体为蓝色。在语言选择方面，道路标志语言选择使用传统的汉语和葡萄牙语，这些都是具有规范性的。更重要的是，与普通铝合金胶合板路标不同，陶瓷和石材具有设计感和葡萄牙风格。综上所述，与私人标识相比，官方标识在材料选择和字体的特定设置方面呈现出简单直观的特征和统一的方向。多样性主要体现在不同地区和场合。

（四）语言景观不足

通过笔者研究，城市在行为识别及视觉识别语言景观设置中存在"表象化"问题。这在双语语言景观的建设中尤为明显。研究区域内，有硬性要求的指示语、警示语均为双语设计，但涉及后期添加的活动宣传、广告时，一般仅是活动名称有英语翻译，其余更加重要、更能凸显宣传效果的表演介绍和精彩的宣传语等均为汉语。新颖、便利的线上地图、线上语音讲解也均仅有汉语版，在一定程度上降低了这种新颖宣传方式的作用效果。

同时，城内双语语言景观存在的一系列外语翻译问题不容忽视，这些问题严重影响了语言景观的信息功能。英语译本字体过小，单词间没有空格，大小写、标点符号错用，词义混淆，语法错误，翻译不够流畅简洁等都是景区内英语译本出现的常见问题。

另外，笔者也对城市的听觉识别进行了研究。有调查研究显示，听觉所获信息占人类获取信息的11%，听觉是一个非常重要的获取信息的渠道。美中不足的是目前区域内听觉识别语言景观缺乏双语建设，而加强这方面的建设，能够进一步提高信息传递效率，加速国际化建设步伐。

城市的部分私人招牌管理不易，良莠不齐，要督促维护和适当管理。在翻译细节上仍存在需要斟酌的地方，比如广州上下九步行街和沙面岛在语言景观设计上不尽如人意，标识内容规范性不够。有些混乱、不整洁、无特色的语言景观容易导致人们产生审美疲劳，官方标识较缺乏风格化建设，缺乏城市特色，不利于城市识别度的提升。在澳门，少数私人标识提供的信息比较混乱，并且在颜色和字体的设计方面也存在问题。而且，由于有三种语言，阅读起来很费时，读者很难捕获核心内容。虽然字体的大小可以反映信息的重要性，但页面上的文本信息太多而图像太小，可能导致标识不能直观地传达信息。在澳门的语言景观中，很大一部分标识是汉葡双语，但缺乏英语，这会给不是来自中国或葡语国家游客带来很多不便，甚至限制他们的旅游活动范围，对澳门产生不好的印象。因此，多语言环境的不完善将导致游客的不良印象。

（五）改进建议

语言景观代表一个城市的公共形象，而提升城市形象就要提升服务质量，要想进一步提高粤港澳大湾区发展水平，必须重点加强现代服务业发展。发达的公共社会服务体系是湾区现代服务业体系的重要支撑，其中一个重要分支就是语言服务。语言服务的水平和城市的文化品位之间是呈现正相关性的，而且前者还具有社会、经济效益的带动作用。而混乱的语言景观不但会造成日常生活工作的不便，甚至还会影响整个城市迈向国际化的脚步。城市语言景观作为一座城市区别于其他城市的标志性符号，是人与文化的和谐统一。笔者通过大量的实证研究，提出粤港澳大湾区中心城市以语言景观为切入点提升城市形象应结合线上和线下，即实体和虚拟景观并行发展，从城市的精神、行为、视觉形象三个维度着手进行。

二、研究不足与展望

由于时间、能力和精力的限制，本书还存在着一些不足之处，未来的研究需要在以下方面进一步完善。

（一）进一步拓展研究思路

笔者研读了大量国内外相关文献，对语言景观、城市形象的基本概念、研究理论、分析方法等方面进行了梳理和整合，以其为起点，立足粤港澳大湾区，选取了四个中心城市的语言景观，讨论了其对城市形象的影响，做了有益的尝试。但是在以下几个方面还可以深入研究：本研究的对象主要集中在静态的语言标识，对于移动的虚拟的语言景观涉及不多，只对深圳的听觉语言景观稍作研究，而灯箱海报、LED 发光板、电子显示屏等新型语言景观的载体已随着技术的进步而被广泛使用。此外，车身广告、游行标语、街头艺术、文化衫等动态的新型语言景观也被广泛使用（Kasanga，2012）。随着数字通信技术的发展，在公共的虚拟空间里同样存在语言景观（Bolton，2012），也同样值得关注与研究。关于研究区域，笔者选取了粤港澳大湾区的四座中心城市的老城区、商业中心和教育区域进行研究，虽然这几个区域可以展示城市语言景观风貌，但对于背街小巷的语言景观是否也需要进一步研究呢？这需要思考。从研究角度来说，笔者通过语言景观研究其与城市形象方面的关系，但是语言群体之间的权力关系，经济推动，民族活力，语言选择、接触和改变，移民，旅游，全球化影响，身份建构，等等，这些都是很重要的话题，在今后的研究中可以进一步拓展和深入。作为社会语言学研究的增长点，语言景观研究潜力巨大，未来需要将该领域在理论、方法和思路上进一步深化，跨学科方面的研究可不断尝试，以提升该领域研究的科学化水平。

（二）强化语言景观与语言服务的结合

城市中公共空间的语言景观体现了不同语言进行接触、共存或竞争，也体现了语言发展、语言认同、语言融合和语言调整，反映了城市的语言生态。本研究调查表明，四个中心城市表现出不同程度的多语化趋势。随着全球化的加速、粤港澳国际化程度不断提升，城市语言景观管理与语言服务水平面临更高的要求。语言服务作为近年来应用语言学领域研究的热点之一，也受到越来越多学者的关注，既包括狭义的语言服务（语言翻译服务）（袁军，2014），还包括广义的语言服务（国家、社会团体或个人以语言作为资源手段向社会团体或个人提供帮助与支持的服务）。语言景观的何去何从将影响城市形象构建和语言服务质量。比如改善语言景观的信息功能和外语服务能力，纠正语言景观中的误译、漏译等现象，从语言服务的资源系统与效能系统，考察语言景观的形式与内容；在资源系统层面，通过场所符号学理论，从语码取向、字刻、置放来考察语言景观所提供的文字服务，通过非典型语言景观的分析来考察其所能提供的文字服务、语音服务和信息化支持；在效能系统层面，考察语言景观所具有的工具效能与经济效能。由于时间和精力有限，本书没有详细深入展开。相关研究包括：语言政策与语言规划，以及不同行业领域的语言服务等（屈哨兵，2018），它们都与语言景观有着密不可分的关系，对两者的结合研究有助于整体提升城市的语言服务水平，为城市语言政策制定，构建国际化城市和谐、高质量的语言生活提供政策支持。

（三）进一步探索区域语言生态研究

城市的外观语言，网络的虚拟语言，居民的语言能力、语言态度、语言行为、语言认同、多语多言等，这些都跟语言景观息息相关，语言景观建构上的规范程度直接影响了城市居民、外来游客、投资者和外籍人士的出行，影响一座城市的形象，展现了一座城市的风貌与文化底蕴（张先亮等，2017）。语言景观在城市中所发挥的作用不仅仅是交际工具和信息载体，还是城市文化的形象理念的构成元素，更是衡量城市文明的重要标志，也引导着城市价值观的走向。生态化的城市语言景观有利于倡导健康、文明、科学的价值观，有助于城市的精神文明建设。要构建和谐、生态化的社会，就需要有和谐、生态化的语言，本书对语言生态的探究涉及不多。今后的研究可进行典型区域的调查，通过详细描写，分析研究，提出相应的对策，这对于生态文明建设以及国际化城市发展，乃至为国家制定有关政策，都具有积极的意义。

对语言景观的研究涉及大都市、不发达城市，少数民族地区、特别行政区等。本书对粤港澳大湾区四座中心城市的语言景观进行研究，指出在粤港澳大湾区建设过程中，语言文字问题是必须考虑的重要事项之一。经笔者不完全统计，关于粤港澳的文献有 9 000 多条，但是研究粤港澳大湾区语言的仅有 60 多条。粤港澳大湾区建设面临的语言问题复杂，包括语言文字使用问题、语言服务问题、语言应急问题、语言信息化问题等（李宇明、王海兰，2020），这些跟语言景观都有着密不可分的关系，对它们的研究可以了解大湾区的语言。大湾区内还有另外七座各具特色的城市，它们的语言景观是大湾区整体形象的重要组成部分，在后续的研究中可以拓展到这几个城市，在统一标准的基础上加强不同案例的可比性，总结归纳某些规律性认识；并运用语言学、教育学、经济学、管理学、人工智能等多学科的理论和方法，帮助制定湾区语言规划以及湾区各领域语言规划，为建设和谐的湾区语言生活贡献力量。

参考文献

［1］王进安等：《基于 CIS 理论的城市形象构建方法探讨：以大理城市形象构建为例》，《城市规划学刊》2013 年第 7 期。

［2］王世红：《试论塑造澳门城市文化形象》，《文化杂志》1999 年第 12 期。

［3］黄竹君：《澳门城市形象变化与旅游发展》，《港澳研究》2019 年第 2 期。

［4］澳门特区政府旅游局：《澳门旅游业发展总体规划》，2017 年。

［5］赵慧媛、袁晶晶、王连成等：《从公示语看城市形象传播——以呼和浩特市公示语传播为例》，《新媒体研究》2019 年第 4 期。

［6］张鸿雁：《城市形象与城市文化资本论》，南京：东南大学出版社，2002 年。

［7］徐剑：《构筑城市形象的全球识别系统》，《探索与争鸣》2021 年第 7 期。

［8］伍坤：《城市语言景观的文化价值研究》，西华大学硕士学位论文，2017 年。

［9］索朗旺姆、强巴央金、毛红：《"一带一路"背景下西藏自治区语言景观规范化建设研究》，《西藏大学学报（社会科学版）》2021 年第 1 期。

［10］尚国文：《语言景观的语言经济学分析：以新马泰为例》，《语言战略研究》2016 年第 4 期。

［11］丛琳、程润峰：《美丽乡村语言景观与空间话语构建——基于海南 6 个美丽乡村的调查》，《海南热带海洋学院学报》2021 年第 1 期。

［12］张卫国：《作为人力资本、公共产品和制度的语言：语言经济学的一个基本分析框架》，《经济研究》2008 年第 2 期。

［13］庞欢：《语言景观视觉导识设计与西安"硬科技"城市形象提升——以回坊语言景观为例》，《吉林广播电视大学学报》2020 年第 2 期。

［14］刘洁、安琪、于风：《语言景观构建与城市形象提升策略分析——以冬奥城市张家口为例》，《智库时代》2020 年第 8 期。

〔15〕徐茗：《北京市语言景观多样性调查研究》，上海：上海三联书店，2020年。

〔16〕郭熙：《认识语言景观的多重功能》，搜狐网，2018年8月11日。

〔17〕卢巧纯：《跨文化传播语境下城市形象的塑造》，《文化产业》2020年第32期。

〔18〕刘悦淼、谢林：《基于语言景观文化功能的汉语文化传播路径》，《武汉冶金管理干部学院学报》2020年第4期。

〔19〕张艳翠：《语言景观的文化功能及对汉语文化传播的启示》，《文学教育》2019年第22期。

〔20〕曹明香、郑茵茵：《CIS识别：广州城市品牌形象之构建》，《绥化学院学报》2021年第11期。

〔21〕李莉：《文化传播视阈下旅游城市语言景观建设研究——以菏泽为例》，《旅游纵览》2021年第10期。

〔22〕闫亚平、李胜利：《语言景观建设与城市形象》，《石家庄学院学报》2019年第3期。

〔23〕刘青：《公共管理视域下的广州城市形象研究》，《柳州师专学报》2009年第6期。

〔24〕沈孔忠：《广州城市形象的历史演进和未来发展》，《珠江经济》1999年第1期。

〔25〕李彦冰、孟艳丽：《城市形象传播的三个基本问题》，《新闻与写作》2017年第9期。

〔26〕李宇明：《学术须回应社会之重大关切》，载屈哨兵主编：《语言服务引论》，北京：商务印书馆，2016年。

〔27〕杨莉明、黄莹：《湾区形象的新媒体建构与框架分析——基于2017—2020年粤港澳大湾区城市政务微博的研究》，《城市观察》2021年第4期。

〔28〕钟传康：《长沙城市形象构建及推广》，《城乡建设》2020年第15期。

〔29〕崔亚茹：《地理符号学视阈下语言景观研究——以哈尔滨中央大街为例》，《海外英语》2020年第10期。

〔30〕袁军：《语言服务的概念界定》，《中国翻译》2014年第1期。

〔31〕郭晓勇：《中国语言服务行业发展状况、问题及对策——在2010中国

国际语言服务行业大会上的主旨发言》，《中国翻译》2010 年第 6 期。

［32］李宇明：《语言服务与语言消费》，《教育导报》2014 年第 7 期。

［33］赵世举：《从服务内容看语言服务的界定和类型》，《北华大学学报（社会科学版）》2012 年第 3 期。

［34］陈鹏：《行业语言服务的几个基本理论问题》，《语言文字应用》2014 年第 3 期。

［35］李现乐：《语言服务研究的若干问题思考》，《云南师范大学学报（哲学社会科学版）》2018 年第 2 期。

［36］李宇明、王海兰：《粤港澳大湾区的四大基本语言建设》，《语言战略研究》2020 年第 1 期。

［37］王海兰、刘灵锋、揭晨：《粤港澳大湾区会展官方网站的语言服务》，载《中国语言服务发展报告（2020）》，北京：商务印书馆，2020 年。

［38］王海兰，屈哨兵，谭韵华：《粤港澳大湾区政府门户网站的语言服务》，载国家语言文字工作委员会组编：《中国语言生活状况报告（2019）》，北京：商务印书馆，2019 年。

［39］张天伟：《语言景观研究的新路径、新方法与理论进展》，《语言战略研究》2020 年第 6 期。

［40］张先亮等：《城镇语言生态现状研究》，北京：中国社会科学出版社，2017 年。

［41］王晓军、朱豫：《基于 CiteSpace 的国内语言景观研究述评》，《语言学研究》2021 年第 1 期。

［42］刘振平、黄章鹏：《广西风景区语言服务研究——以青秀山风景区语言景观为研究个例》，《广西师范学院学报》2019 年第 1 期。

［43］屈哨兵：《我国语言活力和语言服务的观察与思考》，《学术研究》2018 年第 3 期。

［44］尚国文：《语言景观与语言教学：从资源到工具》，《语言战略研究》2017 年第 2 期。

［45］陈睿：《城市语言景观和谐六维透视》，《江淮论坛》2016 年第 5 期。

［46］杨荣清：《区域特色文化与城市空间的景观语言生产》，《江淮论坛》2016 年第 5 期。

［47］单菲菲、刘承宇：《贵州侗族地区三语教育现状调查研究》，《民族教育研究》2016 年第 1 期。

［48］徐苏宁：《城市形象塑造的美学与非美学问题》，《城市规划》2003 年第 4 期。

［49］魏征：《新媒体语境下西安城市形象文化传播话语翻译探析》，《现代交际》2018 年第 17 期。

［50］卢燕红：《遗产话语修辞与城市形象构建——以厦门鼓浪屿文化遗产地为例》，《河南机电高等专科学校学报》2019 年第 6 期。

［51］张超：《中外"城市形象"研究知识图谱对比分析》，《北京城市学院学报》2021 年第 3 期。

［52］张鸿雁：《城市建设的"CI 方略"》，《城市问题》1995 年第 3 期。

［53］王晓军、朱豫：《旅游景区的语言景观与语言服务研究——以天津五大道景区为例》，载司显柱主编：《语言服务研究：第一卷》，北京：中译出版社，2021 年。

［54］唐东旭、刘倩、纪小清：《国内城市语言景观研究二十年——基于 Citespace 数据的总结与展望》，《商丘职业技术学院学报》2021 年第 3 期。

［55］朱明珍、唐丽君：《旅游景区语言景观中公示语的英译研究——基于生态翻译学视角》，《产业与科技论坛》2021 年第 6 期。

［56］李稳敏、张慷婷：《语言景观英译在城市环境构建中的审美逻辑》，《海外英语》2021 年第 8 期。

［57］王宗英：《国内旅游语言景观研究及发展趋势》，《海外英语》2020 年第 9 期。

［58］石琳：《旅游语言景观的设计与规划——基于文化资本论视角》，《社会科学家》2021 年第 2 期。

［59］张德禄：《系统功能理论视阈下的多模态话语分析综合框架》，《现代外语》2018 年第 6 期。

［60］潘艳艳：《战争影片的多模态转喻批评分析》，《外语教学》2020 年第 2 期。

［61］冯德正：《多模态隐喻的构建与分类——系统功能视角》，《外语研究》2011 年第 1 期。

［62］董普凡:《苏州山塘街的语言景观研究》,《商展经济》2022 年第 3 期。

［63］车旭源:《国际化城市义乌语言景观建设研究》,《现代交际》2021 年第 2 期。

［64］LAI M L. The linguistic landscape of Hong Kong after the change of Sovereignty. International journal of multilingualism, 2013（10）.

［65］LANDRY R & BOURHIS R Y. Linguistic landscape and ethnolinguistic vitality: an empirical study. Journal of language and social psychology, 1997.

［66］ITAGI N & SINGH S. Linguistic landscaping in India with particular reference to New States, 2002.

［67］HALLIDAY M A. Language as a social semiotic: the social interpretation of language and meaning. London: Edward Arnold, 1978.

［68］BACKHAUS P. Linguistic landscape: a comparative study of urban multilingualism. Clevedon: Multilingual Matters, 2007.

［69］BRUYEL-OLMEDO A & JUAN-GARAU M. English as a Lingua Franca in the linguistic landscape of the multilingual resort of S'Arenal in Mallorca. International journal of multilingualism, 2009（64）.

［70］DJONOV E & ZHAO S. eds. Critical multimodal studies of popular discourse. New York: Routledge, 2014.

［71］DJONOV E & VAN LEEUWEN T. The power of semiotic software: A critical multimodal perspective // FLOWERDEW J & RICHARDSON J E. eds. The Routledge Handbook of critical discourse studies. Abingdon: Routledge, 2018.

［72］FOOT J M. From boomtown to bribesville: The image of the city, Milan, 1980–99. Urban History, 1999（26）.

［73］JAWORSKI A X. Linguistic landscape, 2019（52）.

［74］LEDIN P & MACHIN D. Doing critical discourse studies with multi-modality: from meta-functions to materiality. Critical discourse studies, 2019（5）.

［75］LYNCH K. The image of the city. Cambridge, MA: MIT Press, 1960.

［76］THURLOW C & GONÇALVES K. X-Scapes: new horizons in linguistic landscapes. Linguistic landscape, 2019（52）.

［77］COLUZZI P. Italian in the linguistic landscape of Kuala Lumpur Malaysia.

International journal of multilingualism, 2017（142）.

［78］CURTIN M L. Languages on display: indexical signs, identities and the linguistic landscape of Taipei // SCHOHAMY E & GORTER D. eds. Linguistic landscape: expanding the scenery. New York & London: Routledge, 2009.

［79］PEROTTO M. The presence of the Italian language in the linguistic landscape of Moscow // LAITINEN M & ZABRODSKAJA A. eds. Dimensions of sociolinguistic landscapes in Europe. Frankfurt am Main: Peter Lang, 2015.

［80］NIKOLAOU A. Mapping the linguistic landscape of Athens: the case of shop signs. International journal of multilingualism, 2017（142）.

［81］PURSCHKE C. Apply the linguistic landscape: methodological challenges and the scientific potential of a citizen-science approach to the study of social semiotics. Linguistic landscape, 2017（33）.

［82］BLOMMAERT J. Ethnography, Superdiversity and linguistic landscapes: chronicles of complexity. Bristol: Multilingual Matters, 2013.

［83］BEN-RAFAEL E. A sociological approach to the study of linguistic landscape // SHOHAMY E & GORTER D. eds. Linguistic landscape: expanding the scenery, 2009.

［84］SCOLLON R & SCOLLON S W. Discourses in place: language in the material world. London: Routledge, 2003.

［85］ALVERMANN D E. Effective literacy instruction for adolescents. Journal of literacy research, 2002（342）.

［86］BACKHAUS P. Multilingualism in Tokyo: A look into the linguistic landscape. International journal of multilingualism, 2006（13）.

［87］BACKHAUS P. Linguistic landscape: a comparative study of urban multilingualism in Tokyo. Clevedon: Multilingual Matters, 2007.

［88］BEN-RAFAEL E. A sociological approach to the study of linguistic land-scapes // SHOHAMY E & GORTER D. eds. Linguistic landscape: expanding the scenery. New York: Routledge, 2009.

［89］BEN-RAFAEL E, SHOHAMY E, AMARA M, et al. Linguistic landscape as symbolic construction of the public space: the case of Israel. International journal of multilingualism, 2006（31）.

［90］BLOMMAERT J. Ethnography, superdiversity and linguistic landscapes: chronicles of complexity. Bristol: Multilingual Matters, 2013.

［91］BOLTON K. World Englishes and linguistic landscapes. World Englishes, 2012（1）.

［92］CENOZ J & GORTER D. The linguistic landscape as an additional source of input in second language acquisition. International review of applied linguistics, 2008（463）.

［93］CENOZ J & GORTER D. Language economy and linguistic landscape // SHOHAMY E & GORTER D. eds. Linguistic landscape: expanding the scenery. New York: Routledge, 2009.

［94］CHRISMI-RINDA K & DU PLESSIS T. Language visibility in the Xhariep: a comparison of the linguistic landscape of three neighboring towns. Language Matters, 2020（411）.

［95］COULMAS F. Linguistic landscaping and the seed of the public sphere // SHOHAMY E & GORTER D. eds. Linguistic landscape: expanding the scenery. London: Routledge, 2009.

［96］FLEITAS J. The power of words: examining the linguistic landscape of pediatric nursing. The American journal of maternal child nursing, 2003（286）.

［97］GORTER D. Linguistic landscape: a new approach to multilingualism. Clevedon: Multilingual Matters, 2006.

［98］IVKOVIC D & LOTHERINGTON H. Multilingualism in cyberspace: conceptualizing the virtual linguistic landscape. International journal of multilingualism, 2009（1）.

［99］JAWORSKI A & THURLOW C. Semiotic landscapes: language, image, space. London: Continuum, 2010.

［100］LANDRY R & BOURHIS R Y. Linguistic landscape and ethnolinguistic vitality: an empirical study. Journal of language and social psychology, 1997（16）.

［101］LEFEBVRE H. The production of space. Oxford: Blackwell, 1991.

［102］MALINOWSKI D. Opening spaces of learning in linguistic landscape.

Linguistic Landscape, 2015（12）.

［103］SHOHAMY E, BEN-RAFAEL E & BARNI M. Linguistic landscape in the city. Clevedon: Multilingual Matters, 2010.

［104］SPOLSKY B. Prolegomena to a sociolinguistic theory of public Signage // SHOHAMY E & GORTER D. eds. Linguistic landscape: expanding the scenery. New York: Routledge, 2009.

［105］SPOLSKY B & COOPER R. The language of Jerusalem. Oxford: Clarendon Press, 1991.

　　科研往往源自生活。我对语言景观的研究兴趣始于对生活中语言应用的一个小发现，并因此深切感受到城市语言景观的完善还有很长一段路要走。于是我开始在日常生活和观光旅途中留意每一个语言景观，研究它的语言特征，分析它的呈现方式，体会它带给我的阅读感受，然后逐渐有了一些积累，收获了些许心得，接着便有了这本书。

　　本书写作历时五年。在五年当中，我和团队成员走访了粤港澳大湾区的四座中心城市，努力收集了数千张照片和数百条录音，通过文字细致观察这些城市的面貌，用心感受它们的宁静和喧嚣。语言景观作为符号载体，与城市互动，为城市发声，体现着语言的自然性与人文性、实用性与艺术性的融合，成为每一座城市的独特风景线。我记录下散布在城市各个角落的文字和声音，并尝试用适当的方式尽我所能地分享给大家。掩卷之余，假若读者朋友能收获一些灵感或者得到一点启发，并从此开始关注身边的语言景观，那我就倍觉欣慰甚至是惊喜有加了。

　　在本书的编写过程中，从我个人生活到社会发展都发生了很大变化，虽然遇到了不少困难，但经过努力，本书最终得以成稿，要感谢的人有很多。我要感谢我的家人们，他们的陪伴和支持始终是我砥砺前行的动力。我父母对我的鼓励让我迎难而上，我先生对我的默默付出和宽容理解是我工作的最大动力，还有我的孩子，他们在我工作时的乖巧和照顾让我倍感贴心。我要感谢挪威卑尔根大学的尚国文教授、广东外语外贸大学的冉永平教授和香港理工大学的李德超教授，他们的无私提点开阔了我的研究视野和思路。我要感谢暨南大学深圳校区的领导和同事们，他们为我提供了宽松包容的科研环境，对我的科研工作提出了很多宝贵的建议。我要感谢深圳市翻译协会秘书长潘晶女士，她的大力帮助让我有了更多的研究灵感，我要感谢我的学生付小龙、郑锐霖、翟晨晖、李婉静、曾雯霞、孔德慧、彭昭君、曹雨晴、刘耀葆、林之新、高振嘉等，名字就不一一列出，在和他们的交流与合作过程中，我得到了不少收获和启发。我还要感谢暨南大学出版社的梁月秋女士，她在本书的很多写作细节上给出了中肯的意见。同时，本书研究得到了广东省哲学社会科学"十三五"规划项目的资助。

本书是我几年科研心得的一个阶段性总结，权当抛砖引玉。它也是一个新的起点，引导我继续怀揣期待，不断探索和思考。本书虽经多次修改，但一定还存有颇多不足和疏漏，敬请各位读者不吝赐教、批评指正。

罗　靖

2023 年 12 月